U1001743

中国传统文化品读书系

《庄子》品读·绘图本

ZHUANGZI PINDU HUITUBEN

郭令原/编著
伏应科/绘图

飞天出版传媒集团
甘肃文化出版社

图书在版编目（CIP）数据

《庄子》品读：绘图本 / 郭令原编著. -- 兰州：甘肃文化出版社，2013.12
ISBN 978-7-5490-0552-9

Ⅰ.①庄… Ⅱ.①郭… Ⅲ.①道家 ②《庄子》—通俗读物 Ⅳ.①B223.5-49

中国版本图书馆CIP数据核字（2013）第318992号

《庄子》品读·绘图本
郭令原 | 编著

责任编辑 | 王天芹
封面设计 | 陈晓燕

出版发行 | 甘肃文化出版社
网　　址 | http://www.gswenhua.cn
投稿邮箱 | press@gswenhua.cn
地　　址 | 兰州市城关区曹家巷 1 号 | 730030(邮编)

营销中心 | 王　俊　贾　莉
电　　话 | 0931-8454870　8430531(传真)

印　　刷 | 三河市明华印务有限公司
开　　本 | 787 毫米×1092 毫米　1/16
字　　数 | 305 千
印　　张 | 24.5
版　　次 | 2013 年 12 月第 1 版
印　　次 | 2017 年 10 月第 2 次
书　　号 | ISBN 978-7-5490-0552-9
定　　价 | 37.00 元

版权所有　违者必究（举报电话：0931-8454870）
（图书如出现印装质量问题，请与我们联系）

春秋战国之交，由于社会制度的剧烈变革，中国文化随之进入了一个新的发展阶段。政权的更替与人的能动性在各个领域里的彰显，使殷商、西周以来的天命神权思想在社会的剧变中逐渐失去了往日崇高的地位，由史官总结历代兴亡而服务于现实政治的历史理性思想逐步显现其光芒。各诸侯国统治者为其宗国计，于“国之大事，在祀与戎”之外，还特别注重延揽各类人才参与治国。在这样的大趋势下，诸子百家思想空前活跃，大师层出不穷，经典由此产生。他们从不同的路径、以不同的思维方式探索解决社会、政治、人生等各种现实问题的方法，又以创立私学和奔走游说的方式传播自己的学说主张。他们互相辩难，又互相吸收，在碰撞和激荡中造就了中国文化史上的奇观——百家争鸣。百家争鸣的学术思想格局不仅改变了中国文化在先秦时期的走向与格局，同时也深刻地影响了之后的中国社会与中国人，塑造了中华民族民族精神的深层结构。最为重要的是，先秦诸子的智慧虽经历两千多年，但其内在价值的影响至今仍在持续，其影响的空间范围甚至超越了国界而达于四面八方。

每个民族都有自己的经典，经典历经时间的淘洗与汰选，其核心思想都具有恒久性和普世性，是民族文化发展过程中赖以取资和借鉴的思想、智慧的源泉。儒家学派的《论语》《孟子》《荀子》，道家学派的《老子》《庄子》，墨家的《墨子》，法家的《韩非子》等诸子经典，都曾就宇宙本源、社会政治、人生命运等发表了令人警惕和发人深省的宏论，这些议论大多都能针对某一问题提出令人信服的观点。这些正是先秦诸子成为经典的内在原因。

生活在经济一体化、文化全球化的今天，由于公共性在各个领域里的泛滥，本土文化和民族传统被以技术包装过的文化霸权主义裹挟着，言不由衷地向“齐一化”迈进。如果这种趋势成为一种司空见惯的心理定势，甚至成为一种文化心理上的奴性，那么文化多样性的消解一定会像生物多样性的逐步消解那样变成血淋淋的现实！因此，文化抵抗是阻止悲剧发生的唯一手段。历史经验表明，经典的传承是完成文化抵抗的最有效的途径，而文化抵抗又不仅仅是社会精英的责任，而是每一个生活在自己的民族文化传统中的个体的责任。

从另一个层面来讲，决定着社会向何处去的文化自身，应当具备回溯性、同构性与前瞻性，这样文化才具备价值引领和道德导向的社会功能。换句话说，我们要建设有活力的社会文化，就必须向传统文化借智慧、引思想。先秦诸子正是那种汇集着我们今天可资借鉴和可资汲取的智慧与思想的经典。“人不通古今，马牛而襟裾”“积金千两，不如明解经书”“世间好语书说尽，天下名山僧占多”……这些朴素的道理都在说明一个问题，那就是阅读经典的重要性。

传媒时代的到来使文化的普及推广打破了传统社会中仅仅依靠政治与个体自发的文化传播格局，出版机构不仅成为联结作者、市场、读者的纽带，而且也成为文化传播的重要渠道。甘肃文化出版社依托高校，面向社会，以弘扬和普及传统文化为己任，组织编写出版“中国传统文化品读书系”，其用意不可谓不深，其视野不可谓不广。作为丛书的组织者和编写者，我们深为其勇于承担时代责任的决心而感佩于心。这一点，与其事者，有共识焉。大家本着对传统文化的一份至诚，认真谨慎地把自己的研究心得、内心感悟呈现给读者，希望以一种喜闻乐见的形式与读者分享遨游书海的快乐！开卷有益，益在神交古圣先贤；读书有得，得在心悟名言至理。愿我们都牢记数典忘祖的教训，做一个真正了解传统并且活在民族文化氛围中的中国人。

引　言

《庄子》是先秦时期道家的一部重要典籍，一般认为是庄周所作。

庄周生活在战国中期，和齐宣王、梁惠王同时，是宋国蒙地的一位隐士，司马迁在《史记》中给他作传相当简单，说他曾经做过蒙地的漆园吏。这大概是他唯一做过的官。另外，《史记》中还记载了庄周的一则故事说：庄周在家乡过着闲适的生活。一天，从南面来了一个车队，停到了庄周家门口，为首的人衣冠楚楚从车上下来，恭敬地告诉庄周，楚王久闻先生才华盖世，让他带着这满车的钱财货物来邀请先生，希望先生前往楚国做相国。庄周听完这位使者的话后，只是淡淡地一笑，回答说："给我的千金钱财，的确是诱人的利益；许诺我做的相国，也是令人羡慕的职位。不过，您见过天子在郊外祭祀时用作牺牲的牛没有？这头牛不用耕地，白吃白喝地享受了好多年，然后人们给它披上绣有花纹的锦缎，送到太庙中去宰杀。在这时，这头牛就是希望做一只没人理会的小猪，还有可能吗？您赶快走开吧，别影响我的心情。我宁可在泥沟里自求快乐，也不愿意受诸侯们的约束。我一辈子都不要做官，让我的精神永远放松快乐。"

这就是庄周。他的想法和当时，包括现在大多数人的想法截然不同，但仔细想想，从个人生命价值来说，却又不无道理。在《庄子》中，这种奇思妙想随处都是。而且，庄周从来不是板着面孔和人说话，最喜欢用说故事的方式娓娓道来，让听故事的人在欣喜和欢愉中得到人生启发。

今天看来，《庄子》中的许多篇章的确是庄周所作，但也有后代人附议的内容。这些人和庄周思想接近，许多论述同样充满了机智。

目录
MULU

壹 庄子论虚静

目录
MULU

肆 庄子说无为和无用

目录
MULU

叁 庄子说『自然』

目录

MULU

目录

MULU

庄子论虚静

大鹏和小鸟的故事 《逍遥游》

北冥有鱼，其名为鲲。鲲之大，不知其几千里也。化而为鸟，其名为鹏。鹏之背，不知其几千里也；怒而飞，其翼若垂天之云。是鸟也，海运则将徙于南冥。南冥者，天池也。

《齐谐》者，志怪者也。《谐》之言曰："鹏之徙于南冥也，水击三千里，抟扶摇而上者九万里，去以六月息者也。"野马也，尘埃也，生物之以息相吹也。天之苍苍，其正色邪？其远而无所至极邪？其视下也，亦若是则已矣。且夫水之积也不厚，则其负大舟也无力。覆杯水于坳堂之上，则芥为之舟；置杯焉则胶，水浅而舟大也。风之积也不厚，则其负大翼也无力。故九万里，则风斯在下矣，而后乃今培风，背负青天而莫之夭阏者，而后乃今将图南。

蜩与学鸠笑之曰："我决起而飞，抢榆枋，时则不至而控于地而已矣，奚以之九万里而南为？"适莽苍者，三餐而反，腹犹果然；适百里者，宿舂粮；适千里者，三月聚粮，之二虫又何知！小知不及大知，小年不及大年。奚以知其然也？朝菌不知晦朔，蟪蛄不知春秋，此小年也。楚之南有冥灵者，以五百岁为春，五百岁为秋；上古有大椿者，以八千岁为春，八千岁为秋，此大年也。而彭祖乃今以久特闻，众人匹之，不亦悲乎！

汤之问棘也是已。汤问棘曰："上下四方有极乎？"棘曰："无极之外，复无极也。穷发之北有冥海者，天池也。有鱼焉，其广数千里，未有知其修者，其名为鲲。有鸟焉，其名为鹏，背若太山，翼若垂天之云，抟扶摇羊角而上者九万里，绝云气，负青天，然后图南，且适南冥也。"

斥鴳笑之曰："彼且奚适也？我腾跃而上，不过数仞而下，翱翔蓬蒿之间，此亦飞之至也。而彼且奚适也？"此小大之辩也。

故夫知效一官，行比一乡，德合一君而征一国者，其自视也亦若此矣。而宋荣子犹然笑之。且举世而誉之而不加劝，举世而非之而不加沮，定乎内外之分，辩乎荣辱之境，斯已矣。彼其于世未数数然也。虽然，犹有未树也。夫列子御风而行，泠然善也，旬有五日而后反。彼于致福者，未数数然也。此虽免乎行，犹有所待者也。

若夫乘天地之正，而御六气之辩，以游无穷者，彼且恶乎待哉？故曰，至人无己，神人无功，圣人无名。

品读

有位哲人说过，人是生而自由的，但又无往不在枷锁之中。其实世界上的任何事物何尝不是如此。我们看庄子是如何给我们讲这番道理的：

中国四周被大海包围着，最北边的大海叫北海。这里有一条鱼，名字叫鲲。鲲又变化为鸟，名字叫鹏。鹏是一种很大的鸟，仅就它的背而言，不知道有几千里大，当它展翅高飞时，仅翅膀就大得简直像天边的云彩一样，让人只能看到它暴露在地面以外的一小部分。这只鸟一般是不起飞的，只有当海风大作、海水沸腾的时候才能起飞，然后就要飞到南海去。

古代有一部记载怪异事情的书，名叫《齐谐》。《齐谐》里也说："大鹏鸟要飞到南海去的时候，海水激荡起三千里的波浪，大鹏鸟拍搏着龙卷风，一直要飞到九万里的高处，而且这一起飞要飞半年才能休息。”当大鹏鸟飞到天上的时候，从地面到大鹏鸟所在的之间，有尘埃悬浮飘荡，像野马奔腾扬起的尘土，这大概是自然界的空气游动形成的景观。我们从地面看天，天空苍青一片，这难道是青天的本色吗？大概是天太高远了，我们看不到尽头，所以才感到苍青一片。可以想象，大鹏鸟从天上看人间也同样是苍青一片啊。可是，大鹏鸟为什么要飞那么高？并且还要等待海水沸腾时才起飞呢？我们知道，在水浅的地方，水的浮力很难负载起巨大的船只，这就好比我们把一杯水倒在地面的小坑里，放一棵小草，小草就像船一样漂浮起来了；但把水杯放进去，水杯就会粘着在地上。所以，要让巨无霸一样的大鹏鸟飞起来，就必须有九万里的大风在它的身躯下面啊。这样，大鹏鸟才能乘在风背上，无所阻拦，然后向南飞翔。

水池边有只小鸟听到这个事情，就笑起来了，说：“这大鹏鸟到底要飞到哪里去呢？我一跃就飞起来了，飞不了几十米落下来就算了，有时候在蓬草蒿草之间飞舞，这都可以说是飞翔的自由状态。但这个大鹏鸟飞那么高到底要去什么地方呢？”大鹏鸟真是像小鸟想得这么可笑吗？如果一个人要出去旅游，去郊野的人三顿饭工夫就回来了，肚子还饱饱的；去百里以外旅游的人，得花一夜时间准备干粮；去千里以外旅游的人，要用三个月时间聚集干粮。走得越远，需要做的准备越充分。小鸟当然是不能理解大鹏鸟为何要飞那么高的了。其实，世界上的智慧本来就有大小区别，这又和寿命的长短相联系，譬如朝生暮死之虫不知道世界上有早晨和夜晚，春生夏死的蟪蛄也不知道世界上还有春天和秋天。这都属于短小的寿命。楚国的南方有一只大海龟，以人类的五百年作为一个春天，以人类的五百年作为一个秋天；上古时候有一棵大椿树，以人类的八千年作为一个春天，以人类的八千年作为一个秋天。这又都属于长久的寿命。在我们人类中有一位名叫彭祖的人，就因为活了八百岁受到人们羡慕而声名远扬，那么人类再和冥灵、大椿的寿命相比，不是太可悲了吗？

在人类社会中，有一些人因为智慧、行为、道德、才能得到社会认可，他们也常常自以为是，沾沾自喜，真像是嘲笑大鹏的小鸟。古代有一位叫宋荣子的智者，他瞧不起这样的人，宋荣子做人有自己的独立标准，不受外界影响。尽管他做的事情得到了社会的一致赞同，但他并不因此而懈怠；即使受到社会的一致责备，他也不会因此而丧气。他对这个社会没有私人的要求，这是他比普通人高明的地方。但他又是一位积极为社会工作、希望改变社会的人，所以他还没有达到做人的更高境界。古代还有一位名叫列御寇的奇人，据说他可以驾驭风去旅行，飘然轻妙，只需要花十五天就可以旅行一个来回。所以，他对于乘坐马车、牛车的事情并不像世人有迫切的需求。他虽然免去了行走的劳累，却不能离开对风的凭借。

如果一个人能够和天地自然融为一体，顺应各种自然现象的变化，他还需要外在世界的什么帮助吗？所以，至人想不到自己，神人无所事事，圣人不追求名声。

庄周告诉我们，自然世界的任何事物都是相因相依的，都需要相互借助，同时又相互牵制，所以绝对自由是没有的。从这个意义上说，在自然界，高飞的大鹏鸟和水池边的小鸟一样，都达不到彻底的自由；在人类社会中，宋荣子、列御寇和世俗的能人、贤士也没有太多的区别，也都受到外在世界的制约。不过，庄周又想出一个实现自由的办法，他认为只有忘记自己的存在，把自己想象成为周遭世界的一部分时，就实现了绝对自由的状态，能达到这个境界的只有至人、神人和圣人。

孔子论王骀 《德充符》

鲁有兀者王骀，从之游者，与仲尼相若。

常季问于仲尼曰：“王骀，兀者也，从之游者，与夫子中分鲁。立不教，坐不议，虚而往，实而归。固有不言之教，无形而心成者邪？是何人也？”

仲尼曰：“夫子，圣人也，丘也直后而未往耳。丘将以为师，而况不若丘者乎！奚假鲁国！丘将引天下而与从之。”

常季曰：“彼兀者也，而王先生，其与庸亦远矣。若然者，其用心也独若之何？”

仲尼曰：“死生亦大矣，而不得与之变，虽天地覆坠，亦将不与之遗。审乎无假而不与物迁，命物之化而守其宗也。”

常季曰：“何谓也？”

仲尼曰：“自其异者视之，肝胆楚越也；自其同者视之，万物皆一也。夫若然者，且不知耳目之所宜而游心乎德之和；物视其所一而不见其所丧，视丧其足犹遗土也。”

常季曰：“彼为己，以其知得其心，以其心得其常心。物何为聚之哉？”

仲尼曰：“人莫鉴于流水，而鉴于止水，唯止能止众止。受命于地，唯松柏独也正，在冬夏青青；受命于天，唯尧舜独也正，在万物之首。幸能正生，以正众生。夫保始之征，不惧之实。勇士一人，雄入于九军。将求名而能自要者，而犹若是，而况官天地，府万物，直寓六骸，象耳目，一知之所知，而心未尝死者乎！彼且择日而登假，人则从是也。彼且何肯以物为事乎！”

鲁国有一位被刖足的人，名叫王骀，他的学生非常之多，可以和孔子相提并论。孔子的学生常季觉得很奇怪，就问孔子："王骀只是一个被刖足者，但在鲁国追随他的学生却和先生您的学生一样多。这个人，站着的时候，对学生从不教诲；坐着的时候，也一言不发。他的学生往往空空而来，却满载而归。他难道真是采用了不用语言、不用行为的教化，而是用心去感动别人吗？这是一个什么样的人呢？"

孔子赞叹地说："这位先生是真正的圣人，我孔丘也只能在他的后面，不可能超越他啊。连我都邀请他作为老师，何况那些连我孔丘都不及的人呢？别说鲁国的人们跟他学习，我将带领天下的人追随他。"

常季又问："这位虽然刖了足的人，却胜过先生您，和平庸之徒相

孔子论王骀

比，就太不同了。如果像先生说的这样，他心里的想法又是怎样的呢？”

孔子说：“生死是件大事，却不能让他由此发生变化，即使天塌地陷，他也不会随着天地一起毁灭。他可以不被假象所迷惑，不因为外在事物的变迁而改变自己的行为，清楚事物的变化又能坚持根本。”

常季对孔子说的话似懂非懂，又问：“这是什么意思？”

孔子说：“从差别的方面看，人的肝和胆离得是很远的，就好像楚国和越国的距离；从相同的方面考察，一切事物都是一样的。如果能这样认识问题，就没有必要去追求视觉和听觉的舒适，应该让心灵在道德的和谐中遨游。对于事物只去考察它的相同处，不要想到丧失，这样，对待一只脚被砍掉就好像只是丢了一块土而已。”

常季想了想，又问：“那么，王骀也还是注意自己的修养的。用自己的智慧获得分别万物的心，又用分别万物的心获得不作分别的平常心。但为什么大家都会聚集到他那里呢？”

孔子说：“人们不会在动荡的水面上映照自己的形象，而是在静止的水面上映照自己的形象，因为只有静止的事物才能把静止之物留下来。从土地上得到生命的树木，只有松树柏树具有了树木的正气，所以无论冬天或者夏天都能长得青翠茂盛；从上天得到生命的人们，只有唐尧、虞舜得到了人类的正气，所以在众人之中居于首位。幸好他们都能够端正自己的本性，所以也能端正众人的本性。那些保持最初本性的人，是无所畏惧的。就像一个勇士，冲入千军万马而无所畏惧。连追逐名利的人都是如此，更何况那些主宰天地，包容万物，只不过把躯体当作寓所，把视听当作表象，用纯净澄澈的智慧了解外物，心里从未想过死亡的人呢？像王骀这样的人，终有一天将达到超凡脱俗的境界，所以人们都愿意追随他。他还怎么会用做事和言说来教导学生呢？”

孔子和叔山无趾　《德充符》

鲁有兀者叔山无趾，踵见仲尼。

仲尼曰："子不谨，前既犯患若是矣。虽今来，何及矣！"

无趾曰："吾唯不知务而轻用吾身，吾是以亡足。今吾来也，犹有尊足者存焉，吾是以务全之也。夫天无不覆，地无不载，吾以夫子为天地，安知夫子之犹若是也！"

孔子曰："丘则陋矣。夫子胡不入乎？请讲以所闻！"

无趾出。孔子曰："弟子勉之！夫无趾，兀者也，犹务学以复补前行之恶，而况全德之人乎！"

无趾语老聃曰："孔丘之于至人，其未邪？彼何宾宾以学子为？彼且蕲以諔诡幻怪之名闻，不知至人之以是为己桎梏邪？"老聃曰："胡不直使彼以死生为一条，以可不可为一贯者，解其桎梏，其可乎？"无趾曰："天刑之，安可解！"

品读

鲁国有个被砍了脚趾的人，大家叫他叔山无趾，他用脚后跟走到孔子家，来见孔子。孔子责备他说："你看你，太不小心了，以前遭遇灾难以至于丢掉了脚趾。现在虽然到了我这里，但怎么能弥补你以前的过失呢？"

无趾说："我正是不识时务，轻易地使用自己的身躯，因此丢掉了脚趾。现在我前来，是因为还有比脚趾更重要的东西存在，所以我希望这东西能够得以完整，不再受伤害。上天是无所不覆盖的，大地是无所不承载的，我把先生您当作天地一样对待，没想到先生也竟然和世俗之人一样，抱着这种态度。”

孔子听后，觉得很惭愧，连忙给无趾道歉，说：“是孔丘我的见识太浅陋了。先生快请坐，请讲讲您的见识。”

无趾走后，孔子对自己的弟子说：“孩子们，你们要努力了啊！像无趾这样的人，脚趾都被砍去了，还在努力学习来弥补以前的过失，更何况我们这些身体完整的人呢？”

无趾知道后，就到老聃那里，对老聃说：“孔子和那些道德至高的人相比，应该还有赶不上的地方吧？他为什么经常到您这里学习呢？他是希望得到不同寻常的名声吧，却不知道道德至高无上的人把自己的身体都看作是束缚自己的枷锁啊。”

老聃想了想，说：“那为什么不直接让他知道，生死只是一条绳索上的两个阶段，可以或者不可以是相互联系、不可分开的。用这种办法，大致能解除套在他身上的枷锁吧！”

无趾说：“这是天然形成的枷锁，怎么能够解除呢？”

人为的残疾不可以损害一个人的自然完整，后天造成的认识上的残疾却是无法医治的。

孔子谈哀骀它 《德充符》

鲁哀公问于仲尼曰："卫有恶人焉，曰哀骀它。丈夫与之处者，思而不能去也；妇人见之，请于父母曰：'与为人妻，宁为夫子之妾'者，十数而未止也。未尝有闻其唱者也，常和人而矣。无君人之位以济乎人之死，无聚禄以望人之腹。又以恶骇天下，和而不唱，知不出乎四域，且而雌雄合乎前。是必有异乎人者也。寡人召而观之，果以恶骇天下。与寡人处，不至以月数，而寡人有意乎其为人也；不至乎期年，而寡人信之。国无宰，寡人传国焉。闷然而后应，泛然而若辞。寡人丑乎，卒授之国。无几何也，去寡人而行。寡人恤焉若有亡也，若无与乐是国也。是何人者也?"

仲尼曰："丘也尝使于楚矣，适见豚子食于其死母者，少焉眴若皆弃之而走。不见已焉尔，不得类焉尔。所爱其母者，非爱其形也，爱使其形者也。战而死者，其人之葬也不以翣资；刖者之屦，无为爱之；皆无其本矣。为天子之诸御，不翦爪，不穿耳；取妻者止于外，不得复使；形全犹足以为尔，而况全德之人乎！今哀骀它未言而信，无功而亲，使人授己国，唯恐其不受也，是必才全而德不形者也。"

哀公曰："何谓才全?"

仲尼曰："死生存亡，穷达贫富，贤与不肖毁誉，饥渴寒暑，是事之变，命之行也；日夜相代乎前，而知不能规乎其始者也。故不足以滑和，不可入于灵府；使之和豫通而不失于兑；使日夜无隙而与物为春，是接而生时于心者也。是之谓才全。"

"何谓德不形？"

曰："平者，水停之盛也。其可以为法也，内保之而外不荡也。德者，成和之修也。德不形者，物不能离也。"

哀公异日以告闵子曰："始也吾以南面而君天下，执民之纪而忧其死，吾自以为至通矣。今吾闻至人之言，恐吾无其实，轻用吾身而亡其国。吾与孔丘，非君臣也，德友而已矣。"

品读

有一次，鲁哀公问孔子："卫国有个长相丑陋的人，名字叫作哀骀它。但这个人却非常有魅力，男人一旦和他相处过，就总是想到他，不愿离开；女人一旦见到他，就会对父母请求说：'与其给别人做妻子，我宁可给这个人做妾。'这样的女人还不止十几位。我从没见他主动提倡过什么，总是应和而已。其实，他并没有君主的地位可以救济将要死去的人，也没有财富可以帮助别人填饱肚子。他相貌的丑陋让天下的人都深感震惊。他和我相处，不到几个月，我就注意到了他的为人；不到一年，我就开始信任他。当时正好国内缺少一个相国，我就想把国家交给他管理。他好长时间没说话，既不表示愿意，也不表示不愿意，后来才接受了下来；可又好像并不留恋这项工作，甚至有想推辞的样子。我很惭愧啊，最终还是把国家交给了他。可没过多久，他就离我而去。这以后，我一直都很郁闷，若有所失，虽拥有国家，但感到没人和我共同享受快乐。这个人到底是什么样的人呢？"

孔子说：“我曾经到楚国去，路上遇见一群小猪正在吃自己母亲的奶，其实母猪已经死了。过了一会儿，这些小猪才发现母亲已死，就都掉头跑了。它们爱自己的母亲，爱的不是它的形体，爱的是生育自己这件事。打仗死在战场上，战死的人被埋葬时没有棺椁和随葬物；被砍去脚趾的人也一样，他们对于鞋子不会去爱惜，因为都是失去了根本的人。天子的后宫妻妾，不剪指甲，不在耳朵上打眼；刚结婚的男子，可以在外面住宿，却不可以被指使，都是为了保证自己的自然躯体不被伤害。为了形体完整尚且如此，何况那些希望道德完整的人呢？现在这个哀骀它，不用说话就得到人们的信任，不做任何事，人们都愿意亲近，把自己的国家交给他打理，还唯恐他不愿意接受，这一定是他的自然天性得以保全，道德不外露的原因。”

哀公说：“那么什么是自然天性得以保全呢？”

孔子说：“一个人或者死亡，或者生存；或者聪明有才受人赞誉，或者愚蠢无能受人批评；有时挨饿忍渴，或者曝晒，或者受寒，这都由于事态的变化和命运的安排。白天黑夜替代而至，我们的知识却不能了解它们的开始。明白这个道理，各种外在的事物就不会搅乱心绪的平和，不会留在我们的心里。保持心情和悦，与万物一起保持春天的勃勃生气，和自己出生时的心情相连接。这就是我所说的自然天性得以保全。”

鲁哀公又问：“那么什么是道德不外露呢？”

孔子说：“水平是水处于静止的状态，它可以作为一切事物的法则，内部保持平静就不会受外部的摇荡。道德就和水一样，它承受着人平和的修养。道德不外露，这样万物都不会离他而去了。”

过了几天，鲁哀公见到孔子的学生闵子骞，非常赞叹地告诉子骞：

孔子谈哀骀它

“原来，我做一国国君，掌握着老百姓的法纪，替老百姓的生死操心，我以为对天下的道理了解得很通彻了。现在我听到像孔丘这样达到极高道德的人的言论，深感自己什么都不知道，轻易地使用自己，丢掉这个国家。我和孔丘已经不再是君臣关系，而是道德上的朋友了。”

人的魅力不是外在的，而是一种修养。这种修养隐藏在深处，并不取决于言行、形象、地位和身份。

闉跂支离无脤 《德充符》

闉跂支离无脤说卫灵公，灵公说之；而视全人，其脰肩肩。瓮㼜大瘿说齐桓公，桓公说之；而视全人，其脰肩肩。

故德有所长而形有所忘，人不忘其所忘而忘其所不忘，此谓诚忘。

品读

庄子曾经虚构出这样一个人，形象极为奇异，严重驼背，背隆得比头还高，两腿罗圈，小腿下部又向左右分开，像一个“Ω”形状，而且这个人没有嘴唇，白灿灿的两排牙齿就露在外面，不仅丑陋，而且可怕。庄子依照他的形象，给他取了个名字叫闉跂支离无脤。

闉跂支离无脤去游说卫灵公。卫灵公是个性情乖僻的国君，很难容人，孔子教导颜渊和蘧伯玉劝告颜阖的故事里都提到过卫灵公的情况，孔子自己也曾游说过卫灵公，可没几天就被逼走人。可是这个卫灵公对闉跂支离无脤却情有独钟，每次和闉跂支离无脤交谈时都很高兴，常常通宵达旦，达到忘我的境界。而且长时间不见还很想念。可是我们看看闉跂支离无脤这个人的形象，脖子却细得像鸭脖子。这种情况又何止闉跂支离无脤一个人呢？春秋略早的时候，还有一位脖子上长着像水罐一样大的瘤子的人也曾游说过齐桓公，齐桓公并没有对他感到厌恶，交谈时还很高兴，可看看那位游说者的形象，脖子也细得像鸭脖子。

闉跂支离无脤

当一个人道德出众的时候，往往让人忘记了他形体的丑陋。大多数人记住的只是该忘记的东西，而该忘的东西却往往忘不了，这才叫作真正的忘记。

颜渊坐忘 《大宗师》

颜回曰："回益矣。"

仲尼曰："何谓也？"

曰："回忘礼乐矣。"

曰："可矣，犹未也。"

他日，复见，曰："回益矣。"

曰："何谓也？"

曰："回忘仁义矣。"

曰："可矣，犹未也。"

他日，复见，曰："回益矣。"

曰："何谓也？"

曰："回坐忘矣。"

仲尼蹴然曰："何谓坐忘？"

颜回曰："堕肢体，黜聪明，离形去知，同于大通，此谓坐忘。"

仲尼曰："同则无好也。化则无常也。而果其贤乎！丘也请从而后也。"

颜渊坐忘

品读

有一天，颜渊高兴地对孔子说：“我最近有了进步。”

孔子问：“为什么这样说呢？”

颜渊说：“我已经忘掉了礼乐。”

孔子说：“这是可以的，但还有需要进步的地方。”

第二天，颜渊再次见到孔子，说：“我又有了进步。”

孔子问道：“为什么这样说呢？”

颜渊回答道：“我忘记了仁义。”

孔子还是说：“这是可以的，但还要继续努力。”

又过了一天，颜渊再次见到孔子，说：“现在我又有了进步。”

孔子还是问：“为什么这样说呢？”

颜渊回答：“我这回达到了坐忘的境界。”

孔子很吃惊，忙问：“怎么叫坐忘？”

颜渊说：“我感到形体已经离开了我，好像视听都不存在了。一个人既没有躯体，又没有智慧，和整个自然完全沟通，这就是坐忘。”

孔子听后，非常佩服，说：“和自然为一体就没了偏好，参与变化就不处于常态。你果然是道德出众的，我也愿意追随在你身后了。”

云将和鸿蒙 《在宥》

云将东游，过扶摇之枝而适遭鸿蒙。鸿蒙方将拊髀雀跃而游。云将见之，倘然止，贽然立，曰：“叟何人邪？叟何为此？”

鸿蒙拊髀雀跃不辍，对云将曰：“游！”云将曰：“朕愿有问也。”鸿蒙仰而视云将曰：“吁！”云将曰：“天气不和，地气郁结，六气不调，四时不节。今我愿合六气之精以育群生。为之奈何？”鸿蒙拊髀雀跃掉头曰：“吾弗知！吾弗知！”

云将不得问。

又三年，东游，过有宋之野而适遭鸿蒙。云将大喜，行趋而进曰：“天忘朕邪？天忘朕邪？”再拜稽首，愿闻于鸿蒙。

鸿蒙曰：“浮游，不知所求；猖狂，不知所往；游者鞅掌，以观无妄。朕又何知！”

云将曰：“朕也自以为猖狂，而民随予所往；朕也不得已于民，今则民之放也。愿闻一言。”

鸿蒙曰："乱天之经，逆物之情，玄天弗成；解兽之群，而鸟皆夜鸣；灾及草木，祸及昆虫。噫！治人之过也！"

云将曰："然则吾奈何？"

鸿蒙曰："噫，毒哉，仙仙乎归矣！"

云将曰："吾遇天难，愿闻一言。"

鸿蒙曰："噫！心养！汝徒处无为，而物自化。堕尔形体，黜尔聪明，伦与物忘，大同乎涬溟。解心释神，莫然无魂，万物云云，各复其根。各复其根而不知，浑浑沌沌，终身不离。若彼知之，乃是离之。无问其名，无窥其情，物固自生。"

云将曰："天降朕以德，示朕以默，躬身求之，乃今也得。"再拜稽首，起辞而行。

品读

云将到东方去漫游，路过长有扶桑树的地方，恰好遇到了鸿蒙。鸿蒙正拍打着大腿跳跃玩耍，云将看到眼前这位老者，立即站住，恭敬地问道："老者是什么人呢？为什么在这里？"

鸿蒙一边玩耍，一边回答，说："在玩耍啊！"云将说："我有话想问。"鸿蒙这才抬起头看到云将，说："啊！"云将说："现在天气散乱，地气收敛，自然六气不协调，春夏秋冬变化异常。而我愿意协调六气的精华，来养育万物，可该怎么做呢？"鸿蒙又拍着大腿，掉头跳跃而去，嘴里还一边说着："我不知道！我不知道！"

又过了三年，云将路过宋国的郊野，刚好又遇到鸿蒙。云将很高兴，小步疾走到鸿蒙跟前，反复问道：“您忘了我吗？您忘了我吗？”拜了两拜，然后叩首到地，停留一会儿，才向鸿蒙请教。

鸿蒙似乎不假思索地说：“随意游荡，不知道有什么欲望；随心所欲，不知道去什么地方。在纷纭变化中游玩，观看事物的真相。我还能知道什么呢？”

云将说：“我自认为随心所欲，老百姓也跟随我前往。我对老百姓没办法，现在只好给老百姓做榜样。希望您告诉我一句话。”

鸿蒙说：“扰乱自然的常规，违逆万物的常情，原始的状态不能保存；驱散兽群，所有的鸟类都夜晚鸣叫，连草木昆虫都因此遭殃。唉！这都是治理者造成的罪过啊。”

云将和鸿蒙

云将茫然地问道：“那我该怎么办呢？”

鸿蒙说：“唉！毒害人啊！快点儿回去吧。”

云将说：“我遭遇自然的灾难，希望您告诉我一句话。”

鸿蒙说：“唉！养心。你只是闲居无所作为，让万物自己去变化，忘掉你的形体，放弃你的智慧，忘记物我的区别，和自然之气融为一体。放松精神，魂飞魄散，众多万物，都回归了它们的根本，但是又不知道回归根本。糊里糊涂，始终不离根本，如果有了知识，这就脱离了根本。不要问它叫什么名字，也不要了解它的实情，万物可以自然生成。”

云将有所领悟，说：“大自然给了我道德，又用沉默体现出来，亲自寻求，现在才找到。”于是拜了两拜，然后叩首到地，停留一会儿，才告辞鸿蒙离开了。

封人批评唐尧 《天地》

尧观乎华。华封人曰：“嘻，圣人！请祝圣人，使圣人寿。”

尧曰：“辞！”

“使圣人富！”

尧曰：“辞！”

“使圣人多男子！”

尧曰：“辞！”

封人曰：“寿、富、多男子，人之所欲也。女独不欲，何邪？”

尧曰：“多男子则多惧，富则多事，寿则多辱。是三者，非所以养德也，故辞。”

封人曰："始也我以女为圣人邪，今然君子也。天生万民，必授之职。多男子而授之职，则何惧之有？富而使人分之，则何事之有！夫圣人，鹑居而鷇食，鸟行而无彰，天下有道，则与物皆昌；天下无道，则修德就闲；千岁厌世，去而上仙，乘彼白云，至于帝乡；三患莫至，身常无殃。则何辱之有？"

封人去之。尧随之，曰："请问？"

封人曰："退已！"

品读

唐尧到华地去参观。华地守边的人看到唐尧，非常高兴，说："啊！是圣人，我要祝福圣人，祝圣人长寿。"

唐尧很不愿意，说："谢谢！但我不接受。"

那人觉得有点儿奇怪，就说："那我祝福圣人多福。"

唐尧还是不愿意，说："谢谢！但我不接受。"

那人犹豫了一下，又说："那我祝福圣人多生男孩，家族兴旺。"

唐尧还是说："谢谢！但我不接受。"

那人真是抓狂了，汗都流了下来，不解地问："长寿、多福、多子，这都是世人最希望得到的，您却偏偏不希望得到，这是为什么呢？"

唐尧说："男孩多了就得一天到晚为他们担惊受怕，财富多了就会生出很多分配的事情，寿命长了就会经历更多人生中的羞辱。这三个方面和修养德行无关，所以我不愿意接受。"

那人听后，理解了唐尧的意思，有些鄙夷，说："一开始，我还当

封人批评唐尧

你是位圣人，现在才发现你只是个君子而已。上天生了万民，都会给每个人安排位置。你生的男孩多了，给每个人交代事情去做，这有什么可怕？财富多了，让别人去分配，这有你什么事情？圣人居无求安，食无求饱，像天上的鸟一样，飞过而不留踪影；天下自然有序，你可以和众人一起昌盛；天下烦扰混乱，你可以自我修养，顺应自然。如果千秋万岁嫌时间过长，可以远离人世，去求神仙，乘坐白云，去找天帝的居所。恐惧、多事、多辱的事情都不会找你，自己也不会遭受祸殃，又会遇到什么羞辱呢？”

那人说完转身就走，唐尧这才发现遇到了得道之人，赶忙追上，喊道：“请问……”

那人头都不回，说：“回去吧，我走了。”

恐惧、多事、多辱，其实都是庸人自扰，真正的圣人无可无不可，世俗的困扰并不存于心里。

老子和孔子的对话 《天地》

夫子问于老聃曰：“有人治道若相放，可不可，然不然。辩者有言曰：‘离坚白若县宇。’若是则可谓圣人乎？”

老聃曰：“是胥易技系，劳形怵心者也。执留之狗成思，猿狙之便自山林来。丘。予告若，而所不能闻与而所不能言。凡有首有趾无心无耳者众，有形者与无形无状而皆存者尽无。其动止也；其死生也；其废起也。此又非其所以也。有治在人，忘乎物，忘乎天，其名为忘己，忘己之人，是之谓入于天。”

品读

春秋后期，天下大乱，周王朝已经衰弱，各国有各国的治国办法，个人有个人的治国主张，孔子也不知所从，向老聃请教，说：“有的人治天下的道术好像是模仿前人，不可做的事情勉强要做，不对的事情却认为是对的。一些诡辩之徒声称：‘我提出的白石头的坚硬和白色没有关系，这样的观点就像日月悬在头顶，不需要置辩。’这些人可以算是圣人吗？”

老聃说：“这都是用才技束缚自己，费尽心力，劳累躯体的做法。

能捉狐狸的狗往往被猎人拴住，帮助狩猎；跳跃敏捷的猴子常常离开山林，被关进笼子。孔丘啊！我告诉你的，是你听不到的和说不出的东西。凡是头脚完整的人，没有心智和见闻，这种人在社会中是很多的；有躯体，却同时又无形无状的人却没有。一般的人，他们的动静、生死、穷达都是自然造成的，并不是自己能够做到的。治理是治理人的事情，忘记了身外之物，忘记了自然的存在，这就叫作忘记了自己。忘记了自己的人，就进入了自然的境界。”

老子和孔子的对话

谆芒和苑风 《天地》

谆芒将东之大壑，适遇苑风于东海之滨。苑风曰：“子将奚之?”

曰：“将之大壑。”

曰：“奚为焉?”

曰：“夫大壑之为物也，注焉而不满，酌焉而不竭，吾将游焉。”

苑风曰：“夫子无意于横目之民乎？愿闻圣治。”

谆芒曰：“圣治乎？官施而不失其宜，拔举而不失其能，毕见其情事而行其所为，行言自为而天下化，手挠顾指，四方之民莫不俱至，此之谓圣治。”

“愿闻德人。”

曰：“德人者，居无思，行无虑，不藏是非善恶。四海之内共利之之谓悦，共给之之为安；怊乎若婴儿之失其母也，傥乎若行而失其道也。财用有余而不知其所自来，饮食取足而不知其所从，此谓德人之容。”

“愿闻神人。”

曰：“上神乘光，与形灭亡，此谓照旷。致命尽情，天地乐而万事销亡，万物复情，此之谓混冥。”

品读

谆芒将要到东方的一个大山谷中去，刚好在东海的海边遇见苑风。

苑风问谆芒："你将去什么地方？"

谆芒说："去大山谷里。"

苑风问道："去做什么呢？"

谆芒说："那个大山谷，水不断流进去却装不满，不断地舀水也舀不完，我去那地方玩玩。"

苑风说："那你是对长着眉目的人们不感兴趣吗？我想了解一下圣人是怎样治理天下的。"

谆芒说："圣人的治理吗？安排职官能做到适宜需要，提拔人才能做到发挥特长，体察事物情理顺其变化，动作言行随心所欲，天下自然化育，招手目视，四方的老百姓都一起前来，这就是圣人的治理。"

苑风又说：“我还想了解有德之人的情况。”

谆芒说：“有德之人，在家时不思考，外出时不忧虑，对任何事情都不评价是非善恶。天下的人都得到利益就认为是喜悦，都得到供养就认为是安逸，若有所失好像婴儿失去了母亲，心神恍惚好像行走迷失了道路，财物富裕却不知来自何处，吃喝不愁却不知道应该做什么，这就是有德之人的样子。”

苑风又说：“我想了解神人的情况。”

谆芒说：“上等的神人和光影在一起，他的行迹是看不见的，这叫明亮阔大。达到生命和物情的极致，天地间只有快乐，各种琐事都消失了，万物恢复自然属性，这就叫作混冥。”

太师金论孔子不得志 《天运》

孔子西游于卫。颜渊问师金曰：“以夫子之行为奚如？”

师金曰：“惜乎，而夫子其穷哉！”

颜渊曰：“何也？”

师金曰：“夫刍狗之未陈也，盛以箧衍，巾以文绣，尸祝齐戒以将之。及其已陈也，行者践其首脊，苏者取而爨之而已；将复取而盛以箧衍，巾以文绣，游居寝卧其下，彼不得梦，必且数眯焉。今而夫子，亦取先王已陈刍狗，聚弟子游居寝卧其下。故伐树于宋，削迹于卫，穷于商周，是非其梦邪？围于陈蔡之间，七日不火食，死生相与邻，是非其眯邪？夫水行莫如用舟，而陆行莫如用车。以舟之可行于水也而求推之于陆，则没世不行寻常。古今非水陆与？周鲁非舟车与？今蕲行周于鲁，是犹推舟于陆也，劳而无功，身必有殃。彼未知夫无方之传，应物而不穷者也。

且子独不见夫桔槔者乎？引之则俯，舍之则仰。彼，人之所引，非引人也，故俯仰而不得罪于人。故夫三皇五帝之礼义法度，不矜于同而矜于治。故譬三皇五帝之礼义法度，其犹柤梨橘柚邪！其味相反而皆可于口。

故礼义法度者，应时而变者也。今取猿狙而衣以周公之服，彼必龁啮挽裂，尽去而后慊。观古今之异，犹猿狙之异乎周公也。故西施病心而矉其里，其里之丑人见之而美之，归亦捧心而矉其里。其里之富人见之，坚闭门而不出，贫人见之，挈妻子而去走。彼知矉美，而不知矉之所以美。惜乎，而夫子其穷哉！”

品读

孔子离开鲁国，前往西方的卫国去游说。颜渊问鲁国一位名叫师金的人：“我们老师的行为如何？”

师金惋惜地说：“太可惜了，先生会遭遇困厄啊！”

颜渊不解地问：“为什么呢？”

太师说：“你见过祭祀时用的刍狗吗？这些用草扎起来的牲畜，在还没有用于祭祀的时候，人们把它放在竹筐里，用有花纹的锦缎把它包裹起来，主持祭祀的尸祝提前禁荤斋戒，然后把它送到祭祀的地方。当祭祀完毕以后，行路的人踩踏它的头和脊梁，打柴的人把它拿回去烧火做饭而已。这时还有人愿意把它放在竹筐中，用有花纹的锦缎包起来，在这刍狗下面往来休息，他即使不会做噩梦，也会常遭梦魇。现在你的先生，也是把先王用过的刍狗取来，让弟子们在它下面往来休息啊。所

太师金论孔子不得志

以，先生到宋国，桓魋率人把他休息过的大树砍伐了；先生到卫国，被从卫国赶出来；在商、周旧地，几乎是走投无路。这难道不是噩梦吗？在陈、蔡等国，被人包围，七天没法烧火做饭，几乎饿死，这难道不是梦魇吗？在水中交通没有比船更便利的了，在陆地往来没有比车更好用的了，如果把本应在水中划的船放到陆地上推行，人的一辈子就是用完了，船也走不了几尺。古今的不同不正像水中和陆地之别吗？古代的西周和现在的鲁国，不正像船和车的不同吗？现在，你的先生希望把西周的制度用在今天的鲁国，正像是在陆地上推着船前行啊，不仅劳而无功，而且自己也会遭殃。你的先生难道不知道事物是没有常态的，应该应物而变化啊。你见过吊杆汲水吗？一拉它，它就低下水罐头来；一放手，水罐头又扬起来了。那个东西被人所拉，并不是它拉人，所以或下或扬，尽如人意。古代三皇五帝的礼义法度，不是因为世代沿袭而让人顾惜，而是因为可以治理国家而使人看重。所以可把三皇五帝的礼义法度比作柤、梨、橘、柚吧。这四种水果口味各不相同，但都是非常可口的。礼义法度，也是要随时变化的。现在有个人，捉到一只猴子，硬要给它把周公制作的礼服穿上，这只猴子必定会牙咬手撕，直到把礼服除去才甘心。看看古代制度和现在实情的不同，不就能理解猴子的感受和周公的想法是有别的了。古代的美女西施，有一天生了病，心胸疼痛，用手抚着胸部，皱着眉头，在村子里走过。同村有个丑女人，非常羡慕西施，觉得西施此时的举止尤为妩媚动人，于是，模仿西施的姿态在村里招摇。这把村里人吓坏了，富人把门关得紧紧的，不敢出门；穷人见她过来，连忙拉着妻儿跑得远远的。那人只知道皱眉的西施姿态漂亮，却不知道漂亮的原因，所以造成了这种结果。可惜啊，这也是你的先生不得志的原因啊。”

关尹论至人 《达生》

子列子问关尹曰：“至人潜行不窒，蹈火不热，行乎万物之上而不栗。请问何以至于此？”

关尹曰：“是纯气之守也，非知巧果敢之列。居，予语汝！凡有貌象声色者，皆物也，物与物何以相远？夫奚足以至乎先？是形色而已。则物之造乎不形而止乎无所化，夫得是而穷之者，物焉得而止焉！彼将处乎不淫之度，而藏乎无端之纪，游乎万物之所终始，一其性，养其气，合其德，以通乎物之所造。夫若

是者，其天守全，其神无郤，物奚自入焉！

夫醉者之坠车，虽疾不死。骨节与人同而犯害与人异，其神全也，乘亦不知也，坠亦不知也，死生惊惧不入乎其胸中，是故遻物而不慴。彼得全于酒而犹若是，而况得全于天乎？圣人藏于天，故莫之能伤也。”

品读

一天，列子找到关尹。这个关尹虽然是个守关的官员，但很有学问见识，很多有学问的人都愿意和他交往。列子问关尹道：“传说中的至人在水下潜行却淹不死，赴汤蹈火却感觉不到灼热，走在万物之上虽高不可及但并不因此心惊胆战。请问，这种人为什么能达到这样的境界呢？”

关尹回答道：“这种人能够守住自己的自然纯气。他们并不是聪明、机巧、果断、勇敢的那一类。”

接下来，又对列子说：“你坐下来，我慢慢给你说。”

待列子坐定后，关尹开始说了：“凡是有形象、声音、颜色的东西，都叫作物。物和物相差为什么那么远？凭什么要认为某物超过了某物呢？所有这些都不过是由形貌颜色造成的。物到了没有形貌，停留在没有变化，再去穷究，就会知道物何曾停止过呢？这种人将保持不过分的原则，遵循无始终的纲纪，在各类事物开始和终结的地方周游，让自己的本性都回到自然状态，调养自然造成的血气，让自己的德性专一不分散，然后通向制造万物的自然。如果能做到这样，他的天性就能够保守完整，他的精神就不会有漏洞，外物又能从哪里侵入

呢？举个例子吧。有人喝了酒，从车上摔下来，虽然受点伤，却没有摔死。这人的骨节和常人没有两样，但受害的结果却不同于常人，就因为他的精神是健全的。自己坐在车上却不知道在车上，摔下车也一无所知，死生恐惧的事情根本就不在他心里，所以遇到外来的伤害并不害怕。他能过得安全全在于酒醉，你说的那些人也就是这样。圣人是把自己隐藏在自然里，所以没有什么是能伤害他的。”

捕蝉的故事 《达生》

仲尼适楚，出于林中，见痀偻者承蜩，犹掇之也。

仲尼曰："子巧乎！有道邪？"

曰："我有道也。五六月累丸二而不坠，则失者锱铢；累三而不坠，则失者十一；累五而不坠，犹掇之也。吾处身也，若厥株拘；吾执臂也，若槁木之枝；虽天地之大，万物之多，而唯蜩翼之知。吾不反不侧，不以万物易蜩之翼，何为而不得！"

孔子顾谓弟子曰："用志不分，乃凝于神，其痀偻丈人之谓乎！"

品读

孔子到楚国去，路过一片树林。大概是夏秋时节，林木茂密，树荫清凉，蝉声鼓噪，有几个人拿着竹竿，顶上涂点糖胶捕蝉。其中一位驼背老人尤其让人关注，他捕捉树上的蝉，就像在地上捡东西一样，又快又准，从没失误过。孔子觉得很好奇，就上前问老人："您有什么技巧吗？您是通过什么途径学到的？"

老人说："我有我自己的学习方法。五六月份的时候，我把弹丸一个一个累在竹竿上，两个累起来不掉下的话，捕蝉就会十次失误二三次；三个累起来不掉下的话，捕蝉就会十次失误一次；五个累起来不掉下的话，这时捕蝉就会像捡地上的东西一样容易。我站在那里，形体就像一棵死掉的树根；我举起手臂，手臂就像枯树的树枝。虽然天地很大，虽然万物很多，但是我只看见眼前的鸣蝉。我不转身，不侧视，不会用万物来替换眼前的蝉翼，怎么能够捕不到蝉呢？”

孔子听得连连点头，完后，回头对弟子们说：“孩子们，懂了吧！专心致志，集中精神，指的正是这位驼背老人。”

操舟的故事 《达生》

颜渊问仲尼曰：“吾尝济乎觞深之渊，津人操舟若神。吾问焉，曰：‘操舟可学邪？’曰：‘可。善游者数能。若乃夫没人，则未尝见舟而便操之也。’吾问焉而不吾告，敢问何谓也？”

仲尼曰：“善游者数能，忘水也。若乃夫没人，则未尝见舟而便操之也，彼视渊若陵，视舟之覆犹其车却也。覆却万方陈乎前而不得入其舍，恶往而不暇！以瓦注者巧，以钩注者惮，以黄金注者惛。其巧一也，而有所矜，则重外也。凡外重者内拙。”

品读

有一次，颜渊问孔子说：“我曾经路过宋国，要渡过名叫觞深的水渊。渡口上渡船的人能力极高，随心应手，虽然波涛滚滚，船却平稳自如，简直不是人能做到的，像是鬼神的本领。我问他：‘你这种划船的技术是可以学的吗？’他漫不经心，边划边说：‘可以。善于游泳的人练几次就可以了。至于能潜水的人，在没见到船的时候就已经会划了。’我再问他个中的原因时，他就不再给我说了。我想问问先生，这是什么原因。”

孔子说：“善于游泳的人，练几次就可以学会，这是因为他忘掉了

操舟的故事

水的威胁。至于能潜水的人，在没见到船的时候就已经会划了，那是因为他把深渊看作山陵，把翻船看作是马车在山坡上下滑倒退一样。虽然经历过翻船无数，但从不放在心里，所以所到之处，无不气定神闲。这里以赌博为例，拿瓦块作为赌注的人，不怕输赢，往往敏捷而且多获胜；用玉钩作赌注的人，因为不愿输掉，所以心里恐惧；而拿黄金作赌注的人，心在黄金而不在赌博，往往精神迷惑，必然输掉。三种情况都是同一技巧，内心小心，往往是因为看重外在的事情。所以，以外物为重的人，就表现为笨拙。”

祝宗人开导猪 《达生》

祝宗人玄端以临牢策，说彘曰：“汝奚恶死？吾将三月豢汝，十日戒，三日齐，藉白茅，加汝肩尻乎雕俎之上，则汝为之乎？”为彘谋，曰不如食以糠糟而错之牢策之中，自为谋，则苟生有轩冕之尊，死得于腞楯之上、聚偻之中则为之。为彘谋则去之，自为谋则取之，所异彘者何也？

品读

一位负责祭祀的太祝，名叫宗人。因为职责的原因，常常看到宰杀牺牲的情况，虽然牛羊也有对死亡的恐惧，但只有猪，在被宰杀的时候拼命地挣扎嚎叫。有一次，宗人穿着黑色的礼服，站在猪圈的栅栏边，劝说那些将要用于祭祀的猪。他说：“你们为什么要怕死呢？如果我将要饲养你们三个月，还要静坐十天养神，三天不沾荤食，垫好白茅，然后把你们摆放在雕有花纹的食板上，那么，你们愿意吗？”

说完后，这人又诚心实意地替猪打算，说：“你们还不如每天吃着糟糠，待在猪圈里好。”

一个人为自己考虑，假如活着的时候，能够坐在高大的车上，享受

着尊贵的地位，死后能用灵车拉着，用漂亮的幔布围着，他是愿意的。人替猪打算，主张只要活着，宁可不要好看的修饰；而替自己打算，就宁可要漂亮的修饰。这种人和猪有什么不同呢？

齐桓公见鬼 《达生》

桓公田于泽，管仲御，见鬼焉。

公抚管仲之手曰："仲父何见？"

对曰："臣无所见。"

公反，诶诒为病，数日不出。齐士有皇子告敖者曰："公则自伤，鬼恶能伤公！夫忿滀之气，散而不反，则为不足；上而不下，则使人善怒；下而不上，则使人善忘；不上不下，中身当心，则为病。"

桓公曰："然则有鬼乎？"

曰："有。沉有履，灶有髻。户内之烦壤，雷霆处之；东北方之下者，倍阿鲑蠪跃之；西北方之下者，则泆阳处之。水有罔象，丘有峷，山有夔，野有彷徨，泽有委蛇。"

公曰："请问，委蛇之状何如？"

皇子曰："委蛇，其大如毂，其长如辕，紫衣而朱冠。其为物也，恶闻雷车之声，则捧其首而立。见之者殆乎霸。"

桓公辴然而笑曰："此寡人之所见者也。"于是正衣冠与之坐，不终日而不知病之去也。

品读

有一次，齐桓公在大泽中狩猎，管仲负责驾车。桓公感觉隐约见到了鬼，心里紧张害怕，抓住管仲的手问："仲父见到什么没有？"

管仲左右环顾了一下，回答说："臣下什么也没有看见。"

桓公回到宫里，失魂落魄，生了病，好几天都不出门。

有一位叫皇子告傲的人听说后，就去看望桓公。桓公无精打采，衣冠不整地侧卧在床上。皇子对桓公说："这是您自己伤害了自己，鬼怎么能伤害您呢？愤怒之气聚集，魂魄就会离散不返，于是精神有所

齐桓公见鬼

不足。阳气多而阴气少，容易使人生气；阴气多而阳气少，就会使人善忘。阴阳二气相争不下，一起冲到心上，就会让人生病。”

桓公一直想着那天发生的事情，打断了告傲的话，说：“那有没有鬼吗？”

告傲说：“有鬼。寝室里有厉鬼，灶房里有髻鬼。房院里有粪土，雷霆之鬼就住在那里；东北方的下面，倍阿、鲑蠪这些鬼就在那里跳跃；西北方的下面，泆阳之鬼就住在那里；水里有罔象鬼，山上有峷鬼，山里有夔鬼，野外有仿徨鬼，大泽里有委蛇鬼。”

桓公听到这里，想起自己的经历，就急忙问：“请问委蛇鬼是什么样子？”

皇子回答说："委蛇鬼，有车轴那么粗，像车辕那么长，穿着紫色的衣服，戴着朱红色的冠。这种东西样子丑陋，听到雷声，就会抱着头立起来。见过它的人，大概要成为诸侯中的老大吧！"

桓公听了"要成为诸侯中的老大"这话，来了精神，舒展眉头笑着说："这就是我见过的那个东西。"

于是，齐桓公整理好衣服，端正衣冠，坐了起来。没用一天工夫，病已不知不觉没有了。

其实鬼不能害人，害人的是人自己。

纪渻子养斗鸡 《达生》

纪渻子为王养斗鸡。

十日而问："鸡可斗已乎？"曰："未也，方虚憍而恃气。"

十日又问，曰："未也。犹应向景。"

十日又问，曰："未也。犹疾视而盛气。"

十日又问，曰："几矣。鸡虽有鸣者，已无变矣，望之若木鸡矣，其德全矣，异鸡无敢应者，反走矣。"

品读

周宣王喜欢斗鸡。有个叫纪渻子的人给周宣王饲养斗鸡，才养了十天，周宣王就迫不及待地问纪渻子："鸡可以用了吗？"

纪渻子回答说："还不可以。这鸡没有实力却很骄傲，只是依仗气势吓唬人罢了。"

过了十天，周宣王又问。

纪渻子说：“还不可以用。听到其他的鸡叫声它也跟着鸣叫，见到其他的鸡行走它也跟随行走。”

又过了十天，周宣王再问。

纪渻子仍是说：“不可以用。还是扫视其他东西太敏捷，带着战胜对方的气势。”

又过了十天，周宣王问。

这次，纪渻子说：“差不多了。虽有别的鸡叫，这只鸡却全然不动，呆若木鸡，这时它的德行已经培养周全了。别的鸡见到它的时候，没有敢应战的，都掉头跑了。”

要战胜对方，最重要的是眼里、心中都没有对方，只有自己。

纪渻子养斗鸡

蹈水之道 《达生》

孔子观于吕梁，县水三十仞，流沫四十里，鼋鼍鱼鳖之所不能游也。见一丈夫游之，以为有苦而欲死也，使弟子并流而拯之。数百步而出，被发行歌而游于塘下。

孔子从而问焉，曰："吾以子为鬼，察子则人也。请问，蹈水有道乎？"

曰："亡，吾无道。吾始乎故，长乎性，成乎命。与齐俱入，与汩俱出，从水之道而不为私焉。此吾所以蹈之也。"孔子曰："何谓'始乎故，长乎性，成乎命'？"

曰："吾生于陵而安于陵，故也；长于水而安于水，性也；不知吾所以然而然，命也。"

品读

孔子在吕梁山上观看山水。这个吕梁山在黄河壶口旁边，只见河水从三十仞的高处落下，激起的泡沫一直能流出四十里远，连鼋鼍鱼鳖都不敢往跟前游。

这时，孔子看到水里有一男子，大为吃惊，以为这人遇到痛不欲生的事情，想要沉水自尽，赶快让自己的弟子从下游迎过去拯救那人。但那人在水里漂游了几百步就从水里走出来，散披着头发在河岸上边走边唱。

孔子感到很奇怪，连忙追了上去，问道："你的水性真好。一开始我还把你当鬼了，仔细一看你却是人。我想请教一下，游泳是否有道

术呢？”

那人不以为然地说：“没有，我没有什么道术。我适应于本来的环境，在成长中养成了习性，完成了自然天命。和水中的漩涡一起沉到水底，又随着涌水游了出来，顺从水性的变化，不自以为是，这就是我游水的办法。”

孔子又问：“什么叫‘适应于本来的环境，在成长中养成了习性，完成了自然天命’？”

那人说：“我生在山上就安于高山，这就是所谓的‘适应于本来的环境’；长在水边就安于水边，这就是所谓的‘在成长中养成了习性’；不知其中的道理却在这样做，这就是所谓的‘完成了自然天命’。”

梓庆为虡　《达生》

梓庆削木为虡，虡成，见者惊犹鬼神。鲁侯见而问焉，曰："子何术以为焉？"

对曰："臣工人，何术之有！虽然，有一焉。臣将为虡，未尝敢以耗气也，必齐以静心。齐三日，而不敢怀庆赏爵禄；齐五日，不敢怀非誉巧拙；齐七日，辄然忘吾有四肢形体也。当是时也，无公朝，其巧专而外滑消；然后入山林，观天性；形躯至矣，然后成见虡，然后加手焉；不然则已。则以天合天，器之所以疑神者，其由是与！"

品读

鲁国有一位梓人名叫庆，是当时鲁国非常著名的木匠，他用木头制作了一台虡。虡是一种摆放大钟的支架，形状像怪兽，上面刻有一些图案。梓庆制作的这个虡，构思奇异，形象美观，见到的人都认为简直是鬼斧神工，非人为能够做出。

鲁侯看过后，把梓庆招来，问道："你用什么方法做出这样的东西呢？"

梓庆回答道："臣下只是一名工匠，能有什么方法呢？尽管如此，还是有一点可以说说。我将要做虡的时候，一点也不敢耗损自己的生命血气，必定要斋戒，让心里安静。斋戒三天以后，一点也不敢想着有关喜庆、赏赐和受爵的事情。斋戒五天以后，心里一点不敢想有关非毁、称誉、智巧及笨拙的事情。斋戒七天以后，完全忘记了自己还有四肢和躯体。在这时，心里不存朝廷和公家的事情，专注于技巧，外在的干扰都消失了。然后才到山林中去选材，考察木材的自然天性，形体达到极为精妙的境地，再想象出虡的现成的样子，然后着手加工。如果不是这样，就要放弃。我用自然心态去配合木材的自然材质，器具疑似鬼斧神工，大概就是因为这种情况吧！”

梓庆为虡

扁子论孙休　《达生》

有孙休者，踵门而诧子扁庆子曰：“休居乡不见谓不修，临难不见谓不勇；然而田原不遇岁，事君不遇世，宾于乡里，逐于州部，则胡罪乎天哉？休恶遇此命也？”

扁子曰：“子独不闻夫至人之自行邪？忘其肝胆，遗其耳目，芒然仿徨乎尘垢之外，逍遥乎无事之业，是谓‘为而不恃，长而不宰’。今汝饰知以惊愚，修身以明污，昭昭乎若揭日月而行也。汝得全而形躯，具而九窍，无中道夭于聋盲跛蹇而比于人数，亦幸矣，又何暇乎天之怨哉！子往矣！”

孙子出。扁子入，坐有间，仰天而叹。弟子问曰：“先生何为叹乎？”

扁子曰：“向者休来，吾告之以至人之德，吾恐其惊而遂至于惑也。”

弟子曰：“不然。孙子之所言是邪，先生之所言非邪？非固不能惑是。孙子所言非邪？先生所言是邪？彼固惑而来矣，又奚罪焉！”

扁子曰：“不然。昔者有鸟止于鲁郊，鲁君说之，为具太牢以飨之，奏“九韶”以乐之，鸟乃始忧悲眩视，不敢饮食。此之谓以己养养鸟也。若夫以鸟养养鸟者，宜栖之深林，浮之江湖，食之以鰌鲦，委蛇而处，则安平陆而已矣。今休，款启寡闻之民也，吾告以至人之德，譬之若载鼷以车马，乐　以钟鼓也。彼又恶能无惊乎哉？”

品读

有一天，一位叫孙休的人上门告诉扁庆子说：“我孙休的为人，如果住在乡间不被人注意，就只是当作自己缺乏修养；如果遭遇困难而不出现，就只是当作自己不够勇敢。但在田间劳作却遇不到好年景，侍奉君主又没遇上好世道，在乡里受到排斥，在州部又被驱赶，难道我得罪了上天吗？我孙休怎么会遇上这么糟糕的命运呢？”

扁庆子听后，回答说：“难道你没有听说过至人是特立独行的吗？忘记了自己肝胆的存在，对外面的事情不视不听，茫然无知地在世俗

扁子论孙休

之外游玩，无所事事，逍遥自在。这就是老聃所说的‘做了事情不要自负己能，完成事业不要居功自得’。现在你想体现出自己的聪明来震惊愚笨之人，修饰自己的行为来衬托别人的污垢，这就好像举着日月而行来炫耀自己。你能够身躯完善，九窍不缺，没有中途变成聋子、瞎子或跛子，而且还能够混在众人里，你就应该感到庆幸了。你还有什么要埋怨上天的呢？你走吧。”孙休被数落得无话可说，便离开了。

扁庆子回来坐下，没有说话，过了一会儿，仰天叹息起来。扁庆子的弟子很不理解，就问道：“先生为什么要叹息呢？”

扁庆子说：“刚才孙休来，我告诉他什么是至人的德行。我生怕他受到震动而变得更加迷惑。”

弟子说：“不会的。难道孙先生说的是对的，您说的是错误的吗？错误的不能让对的迷惑。又难道孙先生说的是错误的，您说的是对的吗？如果他是错误的，他本来就是带着迷惑来的，您和他讲道理，又有什么不对。”

扁庆子说：“你这样说是不对的。过去鲁侯喜欢鸟，用养人的方式把鸟养死了，所以应该用养鸟的方式养鸟。现在的孙休，只是一个见识浅陋，处于启蒙的人，我告诉他至人的德行，就好像让老鼠坐在车马上，用敲钟打鼓来取悦鹌鹑一样。这怎么能不让他受到惊吓呢？”

孔子以天人教导颜渊 《山木》

孔子穷于陈蔡之间，七日不火食，左据槁木，右击槁枝，而歌猋氏之风，有其具而无其数，有其声而无宫角，木声与人声，犁然有当于人之心。

颜回端拱还目而窥之。仲尼恐其广己而造大也，爱己而造哀也，曰："回，无受天损易，无受人益难。无始而非卒也，人与天一也。夫今之歌者其谁乎？"

回曰："敢问'无受天损易'。"

仲尼曰："饥渴寒暑，穷桎不行，天地之行也，运物之泄也，言与之偕逝之谓也。为人臣者，不敢去之。执臣之道犹若是，而况乎所以待天乎！"

"何谓'无受人益难'？"

仲尼曰："始用四达，爵禄并至而不穷，物之所利，乃非己也，吾命其在外者也。君子不为盗，贤人不为窃。吾若取之，何哉！故曰，鸟莫知于鷾鸸，目之所不宜处，不给视，虽落其实，弃之而走。其畏人也，而袭诸人间，社稷存焉尔。"

"何谓'无始而非卒'？"

仲尼曰："化其万物而不知其禅之者，焉知其所终？焉知其所始？正而待之而已耳。"

"何谓'人与天一'邪？"

仲尼曰："有人，天也；有天，亦天也。人之不能有天，性也；圣人晏然体逝而终矣！"

品读

孔子在陈国、蔡国之间被包围，七天不能烧火做饭，左手扶着一棵老树，右手拿着干树枝敲打，嘴里还唱着有猋氏的歌。手里虽握有击节的树枝，但没有节奏；虽然有歌声，但没有音乐宫商的配合；只有树枝声和歌声相配合，倒让人轻松，心中舒适。颜渊端正地站立着，两手合抱胸前，眼睛回视，偷看自己的老师。孔子恐怕颜渊推广自己的学说，妄自尊大；或者珍惜自己的生命，自我感伤。于是说：“颜回啊，不遭受上天的损害是容易的，不接受人类的好处是困难的，任何开始都是结束。今天唱歌的是谁呢？”

颜渊说：“请问‘不遭受上天的损害是容易的’，这话是什么意思？”

孔子说：“饥饿、干渴、寒冷、暑热，人都不能摆脱，这是天地的行为，是造物者运行而来的，我和自然一起行动，就像做人臣，不敢违抗君主的命令。人臣和君主的关系都是如此，更何况面对上天的要求呢？”

颜渊又问：“请问‘不接受人类的好处是困难的’，怎么理解？”

孔子说：“人在一开始得到试用的时候，就四通八达，非常顺利，爵位、俸禄同时而来，无穷无尽。但外在的利益，并不归属我本人，命运或者有从外面加给我的。君子不做抢劫的事情，贤人也不做偷窃的事情，我有时候却也接受身外的东西，这是什么原因呢？譬如说，鸟里头没有比燕子更聪明的了，见到不宜歇脚的地方，看到危险的事情，即便是嘴里的食物落到地上，也会弃物而逃；虽然害怕人，却又要在人生活的地方筑巢，就像国家有土地神、谷神一样，没有办法躲避。”

颜渊又问："那么什么是'任何开始都是结束'呢？"

孔子说："大自然运行事物，千变万化，生生不息，却不知道相互之间的嬗变关系，怎么能分得清哪是开始，哪是终结呢？守持自然一体，等待自然变化就行了。"

颜渊又问："为什么说人和自然是浑然一体的？"

孔子说："有人事，但这人事是自然安排的；有自然变化，这自然变化也是自然本身确定的。人事不能包括所有的自然，这是由自然和人的属性决定的。所以，圣人是安然地体悟过去的流逝而终结自己的一生。"

孔子以天人教导颜渊

庄子游于雕陵 《山木》

庄周游于雕陵之藩，睹一异鹊自南方来者，翼广七尺，目大运寸，感周之颡而集于栗林。庄周曰："此何鸟哉，翼殷不逝，目大不睹？"蹇裳躩步，执弹而留之。睹一蝉，方得美荫而忘其身；螳螂执翳而搏之，见得而忘其形；异鹊从而利之，见利而忘其真。

庄周怵然曰："噫！物固相累，二类相召也！"捐弹而反走，虞人逐而谇之。

庄周反入，三月不庭。蔺且从而问之："夫子何为顷间甚不庭乎？"

庄周曰："吾守形而忘身，观于浊水而迷于清渊。且吾闻诸夫子曰：'入其俗，从其令。'今吾游于雕陵而忘吾身，异鹊感吾颡，游于栗林而忘真，栗林虞人以吾为戮，吾所以不庭也！"

品读

有一天，庄子到名叫雕陵的果园中去游玩。这时，一只奇怪的大鸟从南方飞来，落在这个园子里，翅膀有七尺宽，眼睛有一寸大，撞到庄子的前额，落在栗树林里。庄子被吓了一跳，觉得很奇怪，心想："这是一只什么鸟？长那么大眼睛，居然像瞎子一样撞人；长那么大翅膀，撞着人居然没有惊飞。"

于是，庄子提着自己的衣摆，快步追上那只大鸟，手持弹弓，想要捉到它。

这时，他看到树叶间有一只蝉，正在树荫间乘凉，轻松愉快。同

时，一只螳螂正隐蔽在树叶下，准备搏杀这只蝉，眼睛盯着猎物，却忘记了自己的形躯。这只怪鸟想要乘机获利，因为看到了利益，就失去了自己的本性。

见此情景，庄子心里一阵恐惧，心想："哎呀！事物之间相互牵连，利益灾祸相互招引。"于是扔了弹弓，转身就往回跑。这时，守林人追来，把庄子当成盗贼痛骂了一顿。

庄子返回家里，有三天时间心里很不愉快。庄子的学生蔺且不知原因，就问庄子："先生为什么这段时间不愉快呢？"

庄子说："我持守形体忘掉了真实的自我，专心看污水的时候，忘记了还有清澈的泉水。而且，我听我的先生曾经告诉过我：'进入一个地方，就要顺从那里的风俗。'这次，我到雕陵去游玩，忘记了我自己，让怪鸟撞着了前额。到栗树林里游玩，忘记了自己的真性，受到栗林看守人的羞辱，所以我不愉快。"

人不应该执着于外在的某物，而应该顺应自己的本性，这样就没有什么焦虑或不愉快了。

田子方的老师东郭顺子 《田子方》

田子方侍坐于魏文侯，数称溪工。

文侯曰："溪工，子之师邪？"

子方曰："非也，无择之里人也；称道数当，故无择称之。"

文侯曰："然则子无师邪？"

子方曰："有。"

曰："子之师谁邪？"

子方曰："东郭顺子。"

文侯曰："然则夫子何故未尝称之？"

子方曰："其为人也真，人貌而天虚，缘而葆真，清而容物。物无道，正容以悟之，使人之意也消。无择何足以称之？"

子方出，文侯傥然终日不言，召前立臣而语之曰："远矣，全德之君子！始吾以圣知之言仁义之行为至矣，吾闻子方之师，吾形解而不欲动，口钳而不欲言。吾所学者直土梗耳！夫魏真为我累耳！"

品读

一天，有位叫田子方的贤人，陪着魏文侯闲聊，他多次提到一位叫溪工的人，话中也多有称许。

魏文侯就问田子方，说："溪工是先生您的老师吗？"

田子方摇摇头，说："不是。"

接着，他又说："溪工是我的老乡，他的言论中常常有一些得当的话，所以我一再提及。"

魏文侯又问："那么先生您的老师是谁呢？"

田子方说："叫东郭顺子。"

文侯说："但是我为什么从没听您提到过呢？"

田子方回答："这个人做人全然出于真性，虽是普通人的面貌，却具有自然的本心，顺应万物保持自然性质，内心清净，能包容万物。天下大乱，他端正自己的容貌来警醒大众，使人们消除了人世的想法。这样的人，我拿什么来称道他呢？"

田子方走后，魏文侯终日不言，若有所失，把站在面前的侍臣招来，对他说："那种道德完整的贤人离我太远了啊。开始的时候，我还把圣人和哲人的话、仁义的行为，当作高不可攀的东西。我听说了田子方老师的事情，好像形体解散不想活动，嘴被锁住不想说话。现在才发现，我学习的东西都只是些土块树枝而已，这个魏国真是我的拖累啊。"

真正的道德是浑然宏大的，没有语言可以表达。

田子方的老师东郭顺子

列御寇射箭 《田子方》

列御寇为伯昏无人射，引之盈贯，措杯水其肘上，发之；适矢复沓；方矢复寓。当是时，犹象人也。

伯昏无人曰："是射之射，非不射之射也。尝与汝登高山，履危石，临百仞之渊，若能射乎?"

于是无人遂登高山，履危石，临百仞之渊，背逡巡，足二分垂在外，揖御寇而进之。御寇伏地，汗流至踵。

伯昏无人曰："夫至人者，上窥青天，下潜黄泉，挥斥八极，神气不变。今汝怵然有恂目之志，尔于中也殆矣夫!"

品读

列御寇善于射箭，为此常沾沾自喜。有一次给伯昏无人表演射箭，他把弓拉得满满的，箭头几乎拉进弓柄里面了，列子还在把弓的手臂上放了满满一杯水，水杯稳稳当当，没有漾出一滴水，箭射出去，直中靶心。列子再拿出一支箭来，朝靶心射去，下支箭直接射进前支箭的尾部，把前面的箭杆均匀地劈成好几瓣，又稳稳地扎进靶心。这样连续射了好几支，不仅准确，而且速度极快，箭箭相连。并且在每次箭射出的瞬间，列子还要把另一个水杯重新放在肘臂上。这时，列子站立着一动不动，就像一座雕像一样。

伯昏无人看了，摇摇头，说："这种射箭，还不是更高境界的射箭，更高境界的射箭是以不射箭为射箭。"

伯昏无人见列御寇不太理解，接着又说："不妨试一试，咱们都上到高山上，站在陡峭的山石上，下面是万仞深渊，看你是否还能这样射箭。”

于是，伯昏无人带头登上了高山，脚踏在陡峭的岩石上，身下是万仞深渊。然后，背着身体向后挪了挪脚步，脚后跟有两分悬在空中，就像现在站在跳台上的跳水运动员一样。这时，伯昏无人对着列子作揖，请列御寇上来。

列御寇射箭

列御寇还没登上山顶，就看到伯昏无人的样子，一下子吓得趴在地上，汗水从头上一直流到了脚跟。

伯昏无人笑着说："所谓的至人，要能够上观青天，下测黄泉，横行四面八方，而精神意气不变。现在你却心里紧张害怕，头昏眼花，这种精神就差远了。"

叔孙敖免职

《田子方》

肩吾问于孙叔敖曰："子三为令尹而不荣华，三去之而无忧色。吾始也疑子，今视子之鼻间栩栩然，子之用心独奈何？"

孙叔敖曰："吾何以过人哉！吾以其来不可却也，其去不可止也，吾以为得失之非我也，而无忧色而已矣。我何以过人哉！且不知其在彼乎，其在我乎？其在彼邪？亡乎我；在我邪？亡乎彼。方将踌躇，方将四顾，何暇至乎人贵人贱哉！"

仲尼闻之曰："古之真人，知者不得说，美人不得滥，盗人不得劫，伏羲黄帝不得友。死生亦大矣，而无变乎己，况爵禄乎！若然者，其神经乎大山而无介，入乎渊泉而不濡，处卑细而不惫，充满天地，既以与人，己愈有。"

品读

楚国人叔孙敖又被免去了令尹，在家赋闲，楚国隐士肩吾前来拜访。肩吾问道："我听说您做了三次令尹，从来没有表现出高兴和荣耀的态度；三次被免了令尹，也从不表现出失落、不高兴的样子。开

叔孙敖免职

始我还不相信你真能这样。现在看到连你的鼻子一周都溢漾着喜悦和快乐，那么，你的心里到底是怎样的呢？”

叔孙敖平淡地说：“我有什么过人的地方呢？因为给我任命令尹我不能推却，摘掉我的官职我也留不下来。我认为令尹这东西的得到和失去都和我没有什么关系，所以，失去令尹也就没有不高兴的样子了。我有什么过人的地方呢？而且，我也不知道那种荣耀或失落是在令尹这个职官，还是在我自己呢？如果在于职官，就失去了我；如果在于我，就失去了职官。我正在为这个问题犹豫不决，茫然四顾，哪有时间去考虑人的高下贵贱呢？”

孔子听到这件事后，由衷地赞叹说：“古代的那些真人，智者不能说服他，美女不能诱惑他，盗贼不能抢劫他，伏羲、黄帝这样的圣人也不能和他交朋友，死亡生存是人类的最大事情，但也影响不了他，何况爵位俸禄这些小事呢？如果能够做到这样，他的精神经历大山不能阻隔，潜入深渊不能浸湿，处在卑微的环境不会愁苦。这种精神充满天地，用来救济他人，自己会有更多收获。”

凡君论国之存亡 《田子方》

楚王与凡君坐。少焉，楚王左右曰凡亡者三。凡君曰：“凡之亡也，不足以丧吾存。夫‘凡之亡不足以丧吾存’，则楚之存不足以存存。由是观之，则凡未始亡而楚未始存也。”

品读

一次，楚王和凡国的国君坐在一起讨论国事。这时的楚国是一个大国，它的势力从长江汉水流域一直延伸到了中原的河南南部；而凡国是一个小国，在现在的河南汲县一带。所以，楚国君臣瞧不起凡国，好像凡国就是自己的属国似的。

本来两国国君商量国事，是很严肃的事情，周围的人应该回避，至少也应该肃静。但楚王和凡君谈话的时候，楚王的近臣不时插嘴，表达自己对凡国的看法。在很短的时间里，这些近臣就多次说着“要灭亡凡国”的话，大概意思是要威吓凡君。

凡君听了当然很不舒服，但在楚国朝廷，也不好发作，就说：“如果凡国灭亡了，但不足以丧失我心里凡国的存在。那么，楚国的存在也不足以保存楚国的存在。由此看来，凡国未曾灭亡，楚国也未曾存在。”

现实的存在，未必是真正的存在；现实的不存在，在人的心里未必不存在。

凡君论国之存亡

公阅休的故事 《则阳》

则阳游于楚，夷节言之于王，王未之见，夷节归。

彭阳见于王果曰："夫子何不谭我于王？"

王果曰："我不若公阅休。"

彭阳曰："公阅休奚何为者邪？"

曰："冬则擉鳖于江，夏则休乎山樊。有过而问者，曰'此予宅也。'夫夷节已不能，而况我乎？吾又不若夷节。夫夷节之为人也，无德而有知，不自许，以之神其交，固颠冥乎富贵之地；非相助以德，相助消也。夫冻者假衣于春，暍者反冬乎冷风。夫楚王之为人也，形尊而严；其于罪也，无赦如虎；非夫佞人正德，其孰能挠焉？

故圣人，其穷也使家人忘其贫，其达也使王公忘爵禄而化卑。其于物也，与之为娱矣；其于人也，乐物之通而保己焉；故或不言而饮人以和；与人并立而使人化。父子之宜，彼其乎归居，而一闲其所施。其于人心者，若是其远也。故曰待公阅休。"

品读

鲁国有位名叫则阳的人周游到楚国。楚臣夷节知道此事后，就告诉了楚王。楚王并没有召见则阳，夷节也就回去了。

则阳知道后很不愉快，见了楚国贤人王果，就说："先生为什么不在楚王跟前介绍介绍我呢？"

王果说："这事我不如公阅休。"

则阳又问："公阅休是干什么的呢？"

王果说："他冬天在江里杀鳖，夏天在山崖下休息。有人从山崖下走过，问公阅休为什么在这里，公阅休回答说：'这里是我的住处。'现在连夷节都不能说动楚王，何况我呢？我又不如夷节。夷节这个人，没有道德，却很聪明，他不以道德自许，但只是用推荐来神化他的交结本领。他本来就是内心迷乱混迹在富贵之地，并不是用道德来帮助人，却用帮助人来损毁道德。寒冷中的人期盼春天来临，就如给自己添加衣物；暑热中的人期盼返回冬季，迎来凉风。楚王的为人，形象尊崇威严，对于人的犯罪，像猛虎一样毫不赦免，如果不是那些佞人，或者道德端正的人，谁能够影响他呢？所以圣人，当他不得志的时候，可以让家里人忘记自己的贫穷；当他得志的时候，又可以让王公大人忘记自己的爵位俸禄，变得谦卑。他对于万物，只是和它们相娱乐；他对于人，能够相互沟通，又不丧失自己。所以，他不用语言却使人们和谐，他和人们平等却又教化社会。让父子处置适度，各有其所，对天下一律保持闲暇的态度。他对于人心，是清高深远的。所以说，向楚王举荐您，还要等公阅休。"

圣人无所作为，却又无所不能为。

市南宜僚的故事 《则阳》

孔子之楚，舍于蚁丘之浆。

其邻有夫妻臣妾登极者，子路曰："是稯稯何为者邪？"

仲尼曰："是圣人仆也。是自埋于民，自藏于畔。其声销，其志无穷，其口虽言，其心未尝言，方且与世违而心不屑与之俱。是陆沉者也。是其市南宜僚邪？"

子路请往召之。

孔子曰："已矣！彼知丘之着于己也，知丘之适楚也，以丘为必使楚王之召己也，彼且以丘为佞人也。夫若然者，其于佞人也羞闻其言，而况亲见其身乎！而何以为存？"

子路往视之，其室虚矣。

品读

孔子到楚国去，住在蚁山卖浆人的家里。这里是一个偏僻的地方，很少有外人来。现在孔子带了很多学生，又坐着马车，自然引起许多人的注意。左邻右舍男男女女都爬到屋脊上观看。

子路问孔子说："这些纷纷纭纭的人都是干什么的啊？"

孔子说："都是圣人的仆人。圣人把自己埋没在老百姓里面，隐藏在田垄中间。不留声名，志向高远无限，平时虽然和人们说话，但心里寂寞未曾说话，正和世俗不同，不屑和社会同流合污。这就是在陆地上沉没。这位圣人就是市南宜僚吧？"

子路听了，想前去把市南宜僚请来。孔子说："算了吧！他知道我孔丘清楚地了解他，知道我孔丘到了楚国，并且会让楚王召见他，而

且还会认为我孔丘是个献媚逢迎的小人。如果这样的话，他羞于听小人的话，更何况见小人本人呢！他怎么还可能住在这里呢？”

子路不信，前去看市南宜僚，到市南家里，早已人去室空了。

庄子说「道」

关于“天籁”

《齐物论》

南郭子綦隐几而坐，仰天而嘘，荅焉似丧其耦。颜成子游立侍乎前，曰：“何居乎？形固可使如槁木，而心固可使如死灰乎？今之隐机者，非昔之隐机者也。”

子綦曰：“偃，不亦善乎，而问之也！今者吾丧我，汝知之乎？汝闻人籁而未闻地籁，汝闻地籁而未闻天籁夫！”

子游曰：“敢问其方。”

子綦曰：“夫大块噫气，其名为风。是唯无作，作则万窍怒呺。而独不闻之翏翏乎？山陵之畏佳，大木百围之窍穴，似鼻，似口，似耳，似枅，似圈，似臼，似洼者，似污者；激者，謞者，叱者，吸者，叫者，譹者，宎者，咬者。前者唱于而随者唱喁。泠风则小和，飘风则大和，厉风济则众窍为虚。而独不见之调调之刁刁乎？”

子游曰：“地籁则众窍是已，人籁则比竹是已。敢问天籁。”

子綦曰：“夫天籁者，吹万不同，而使其自已也，咸其自取，怒者其谁邪！”

品读

宇宙间有没有一个终极的，无所不包、无时不在的规律？这个规律是什么样的？这是从古以来，中外哲学家都在探讨的问题。先秦时，老子和庄子告诉我们规律是有的，它就叫作“道”，并认为人适应了这种规律就找到了真实的自己，就能达到真正的自由，天下就能太平。

适应的办法就叫作“道术”，有时候也叫作“道”。所以，后来的人们把这一学派的人叫作道家。在老子、庄子看来，作为规律的“道”不可以言说，一旦言说，或者命名，它就成为残缺的、不完整的了。聪明的庄子就想出一个“天籁”的故事来启发我们。

古代有一位高人名叫南郭子綦。有一天，南郭子綦靠着台几而坐，仰面朝天慢慢地吐气，好像忘记了自己躯体的存在。他的学生颜成子游就陪在他跟前。颜成子游问老师说：“先生这是怎么回事呢？您现在让自己的躯体变得像一段枯死的木头一样，那么您此时的内心是不

是就像烧败的灰烬一样毫无生气呢？今天先生坐在台几旁边，可和平时的情况不一样啊。”

南郭子綦叫着子游的名字说：“偃啊，你问的问题很好。我今天达到了忘我的境界。你知道吗？你听到过人们吹奏的箫声，却没有听到过大地吹奏的箫声；你听到过大地吹奏的箫声，却没有听到过上天吹奏的箫声。”

子游说：“可不可以告诉学生其中的一些道理呢？”

子綦说：“从大地喷出来的气息，我们给它起名叫作风。风不吹起则已，一旦吹起来，自然中所有的洞穴都会发出巨大的吼叫声，难道你没有听到过刮风时那‘呜呜’的声音吗？山陵磊落不平，百围的大树上有很多洞穴，有的像鼻孔，有的像人嘴，有的像耳朵，有的像水瓶，有的像杯口，有的像窠臼，有的像深池，有的像浅池。这些洞穴发出各种各样的声音，有的像水波激荡，有的像飞箭划空，有的像怒斥，有的像吸气，有的像喊叫，有的像哭号，有的像大笑，有的像切齿。前面的风吹过去，发出‘呜呜’的声音；后面的风紧跟着吹来，也发出‘呼呼’的声音。微风吹过，声音呼应也小；暴风吹过，呼应的声音也大。当大风突然停下来的时候，所有发声的洞穴都好像空虚了，再没有任何声音，但你还能看得到大树上的树枝仍然在摇摆呢！”

子游说：“哦，我明白了。大地吹奏的洞箫就是您刚才说过的山岩、沟壑、深林、树洞，人们吹奏的洞箫就是用竹管编排起来的东西。那么我想问一下，上天吹奏的洞箫是什么呢？”

子綦回答道：“吹出来的声音各不相同，让它们自己结束，这都是选取的声音。但是是谁让它们都能发出声音呢？”

大地的箫声，由于万物不同，发出的声音也有区别，但真正形成这些声音的是什么，应该是天地之气。这天地之气本身却又没有声音，看不见，摸不到，应该近似于自然之道。如果我们武断地说庄子把“天籁”等同于“道”的话，恐怕就落了言筌。这说明大道无言，亦不可言。

女偊论“道” 《大宗师》

南伯子葵问乎女偊曰：“子之年长矣，而色若孺子，何也？”

曰：“吾闻道矣。”

南伯子葵曰：“道可得学邪？”

曰：“恶！恶可！子非其人也。夫卜梁倚有圣人之才而无圣人之道，我有圣人之道而无圣人之才，吾欲以教之，庶几其果为圣人乎！不然，以圣人之道告圣人之才，亦易矣。吾犹守而告之，三日而后能外天下；已外天下矣，吾又守之，七日而后能外物；已外物矣，吾又守之，九日而后能外生；已外生矣，而后能朝彻；朝彻，而后能见独；见独，而后能无古今；无古今，而后能入于不死不生。杀生者不死，生生者不生。其为物，无不将也，无不迎也；无不毁也，无不成也。其名为撄宁。撄宁也者，撄而后成者也。”

南伯子葵曰：“子独恶乎闻之？”

曰：“闻诸副墨之子，副墨之子闻诸洛诵之孙，洛诵之孙闻之瞻明，瞻明闻之聂许，聂许闻之需役，需役闻之于讴，于讴闻之玄冥，玄冥闻之参寥，参寥闻之疑始。”

品读

南伯子葵见到女偊，问道：“你的年纪不小了，但脸色那么红润，像小孩子一样，这是什么原因呢？”

女偊回答：“因为我得到了道术。”

南伯子葵又问：“那么这个道术可以学到吗？”

女偊说：“唉，这怎么可以呢？你又不是这种能够明白道术的人。卜梁倚具有圣人的才性，却没有掌握圣人的道术；我虽然掌握了圣人的

女偊论『道』

道术，却没有圣人的才性。我想要教给你圣人的道术，你以为就果然能成为圣人吗？其实并非如此。如果把圣人的道术告诉具有圣人才性的人，这还是容易的。但是，不仅要告诉道术，还要做到修炼持守，这样三天后就可以不关心天下的事情了；在不关心天下事情的基础上，再继续修炼持守，七天之后就可以不关心一切事物了；在不关心一切事物的基础上，再继续修炼持守，九天以后就可以不关心自己的生死问题了，然后就可以做到内心澄澈。内心澄澈以后就可以得到对世界的独到认识，有了对世界的独到认识以后就超越了古今的观念，超越古今的观念就可以进入一个不生不死的境界。只有消灭生命的才能够不死，只有产生生命的才可以不被生出。这就是天地间存在的道。它作为一种实有，没有不是它送走的，也没有不是它迎来的。无物不是它毁灭的，无物不是它造成的。我们给它取名叫‘撄宁’，它的含义就是在纷纭变化中生出万物。”

南伯子葵羡慕地问道：“这些你都是从哪里听到的呢？”

女偊说：“我是从副墨的儿子那里听来的，副墨的儿子又是从洛诵的孙子那里听来的，洛诵的孙子又是从瞻明那里听来的，瞻明又是从聂许那里听来的，聂许又是从需役那里听来的，需役又是从于讴那里听来的，于讴又是从玄冥那里听来的，玄冥又是从参寥那里听来的，参寥又是从疑始那里听来的。”

道是超越时空的实有，无时不在，无地不在，不生不灭。女偊能得此道，故能长于太古而不为老。

许由论师“道”　《大宗师》

意而子见许由。许由曰：“尧何以资汝？”

意而子曰：“尧谓我：‘汝必躬服仁义而明言是非。’”

许由曰：“而奚来为轵？夫尧既已黥汝以仁义，而劓汝以是非矣，汝将何以游夫遥荡恣睢转徙之涂乎？”

意而子曰：“虽然，吾愿游于其藩。”

许由曰：“不然。夫盲者无以与乎眉目颜色之好，瞽者无以与乎青黄黼黻之观。”

意而子曰：“夫无庄之失其美，据梁之失其力，黄帝之亡其知，皆在炉锤之间耳。庸讵知夫造物者之不息我黥而补我劓，使我乘成以随先生邪？”

许由曰：“噫！未可知也。我为汝言其大略：吾师乎！吾师乎！整万物而不为义，泽及万世而不为仁，长于上古而不为老，覆载天地刻雕众形而不为巧。此所游已。”

品读

意而子是唐尧的学生。一天，意而子见到许由，许由问道：“尧是怎样教导你的？”

意而子回答说：“尧告诉我，你必须亲自做仁义的事情，要坦白地说明是与非的区别。”

许由说：“那你这回到这里来做什么呢？现在尧在你脸上用仁义刺了字，用是非割去了你的鼻子，你凭什么在自由放荡的道路上漫游散

步呢？”

意而子还是固执地说：“尽管如此，我还是愿意在老师所要求的范围内漫游。”

许由说：“这是不对的。瞎子不能看到美女的清秀眉目和姣好的容颜，也欣赏不到锦绣中的各种色彩和花纹。”

意而子知道许由的道术远在唐尧之上，就说：“无庄虽然漂亮，但她可以失去美貌；据梁虽然有力，但他可以失去力量；黄帝虽然聪明，但他可以失去智慧，这都在于造物者的加工改造而已。你又怎么能知道造物者不能把我脸上的黥迹平复，不能补上我被割除的鼻子，让我以完整的躯体追随先生您呢？”

许由听后，说：“唉，这种事是不可知的。我只是告诉你一个大概。我的老师啊！我的老师啊！我的老师虽然养育万物，但并不以此为义；他恩泽普施万代，但并不以此为仁；他虽然在上古就出生了，但并不以老自居；他可以覆盖和承载天地，雕刻出各种不同的事物，但并不以为巧妙。这就是我遨游的地方。”

人最好的老师应该是自然。

黄帝向广成子问“道”《在宥》

黄帝立为天子十九年，令行天下。闻广成子在于空同之上，故往见之，曰：“我闻吾子达于至道，敢问至道之精。吾欲取天地之精，以佐五谷，以养民人，吾又欲官阴阳，以遂群生。为之奈何？”

广成子曰：“而所欲问者，物之质也；而所欲官者，物之残也。自而治天下，云气不待族而雨，草木不待黄而落，日月之光益以荒矣。而佞人之心翦翦者，又奚足以语至道！”

黄帝退，捐天下，筑特室，席白茅，闲居三月，复往邀之。

广成子南首而卧，黄帝顺下风膝行而进，再拜稽首而问曰：“吾闻子达于至道，敢问，治身奈何而可以长久？”广成子蹶然而起，曰：“善哉问乎！来！吾语汝至道：至道之精，窈窈冥冥；

至道之极，昏昏默默。无视无听，抱神以静，形将自正；必静必清，无劳汝形，无摇汝精，乃可以长生。目无所见，耳无所闻，心无所知，汝神将守形，形乃长生。慎汝内，闭汝外，多知为败。我为汝遂于大明之上矣，至彼至阳之原也；为汝入于窈冥之门矣，至彼至阴之原也。天地有官，阴阳有藏，慎守汝身，物将自壮。我守其一以处其和，故我修身千二百岁矣，吾形未尝衰。”

黄帝再拜稽首曰：“广成子之谓天矣！”

广成子曰：“来！余语汝。彼其物无穷，而人皆以为有终；彼其物无测，而人皆以为有极。得吾道者，上为皇而下为王；失吾道者，上见光而下为土。今夫百昌皆生于土而反于土，故余将去汝，入无穷之门，以游无极之野；吾与日月参光，吾与天地为常。当我，缗乎！远我，昏乎！人其尽死，而我独存乎！”

品读

黄帝做了十九年天子，他的号令已经被天下人普遍接受。他听说有个叫广成子的高人，住在崆峒山里。于是就前往去拜见广成子，请教道：“我听说您达到了最高的道术，想问一问最高道术的核心是什么。我想取用天地中的自然精华，再用五谷作为副食，来养育我的人民；我又想按照阴阳二气的样式，设置职官，让老百姓都和谐相处。这种办法怎么样呢？”

广成子看都不想看黄帝，不屑地说：“你想问的都是事物形质方面的事情，你想用来设置职官的也是事物散碎的方面。自从你治理天下以来，云还没有聚集就下雨，草木还没有变黄就凋落，日月的光彩暗淡了。像你这种献媚逢迎之辈，心思浮浅，不值得告诉你最高的道术。”

黄帝很惭愧地退了回来，辞掉天子的地位，给自己建了个小屋子，用白茅草编成席子，一个人居住了三个月，然后约见广成子。这次广成子面朝南而横卧着，处于君主接见臣属的位置，黄帝处在下位，像臣下一样跪行着来到广成子跟前。先连续拜了两拜，再把头深深地叩在地上，停留一会儿，然后才抬起头小心翼翼地问道：“在下听说先生精通最高的道术，想问一问，怎样休养自己可以达到长寿？”

黄帝向广成子问『道』

广成子听后，一翻身坐了起来，说：“这问题问得好啊！过来，我告诉你最高的道术。最高道术的精华是遥远深邃的，最高道术的极致是无形无声的，闭上眼睛，塞耳充闻，让自己的精神达到安静，形体自然就会端正。一定要安静，一定要清净，不要叫你的身体太劳累，不要动摇你的精神，这样才可以长生。停止思想，安然不动，知识多了就会坏事。我可以让你通往日月之上，到达阳气极盛的地方；我可以把你送进昏暗的地底，到达阴气极盛的地方。天地有不同的职分，阴阳都有自己的内容，小心地保守你的躯体，万物自然旺盛。我始终保持专心，阴阳二气调理和谐，所以我已经休养了一千二百年，身体还没有衰老。”

黄帝佩服之极，又像前面一样先连续拜了两拜，再把头深深地叩在地上，停留一会儿，然后抬起头来赞叹道：“先生正如人们说的那样，和上天的道德相合了啊。”

广成子觉得黄帝有所开窍，就说：“过来，我告诉你。外在的事物是无穷的，可人们总认为它们是有终结的；外在的事物是不可测量的，可人们总认为它们是有极限的。得到我的道术的人，向上可以做天神，向下可以做人王；失去我的道术的人，仰头可以看到日月，低头可以看到土地。现在蓬勃旺盛的万物都是从土地中生出，最后又要回归到土地中去。所以我要离开你，进入到无穷的世界，在无边的旷野中遨游。我和日月之光同在，和天地共同长久。遇上我，要不动心；远离我，也要不动心。人都要死，只有我是永存的。”

保持自然本性，不生妄想的人，无所不能，和自然永存。

黄帝的玄珠

《天地》

黄帝游乎赤水之北，登乎昆仑之丘而南望，还归遗其玄珠。使知索之而不得，使离朱索之而不得，使喫诟索之而不得也。乃使象罔，象罔得之。黄帝曰："异哉！象罔乃可以得之乎？"

品读

黄帝在赤水的北方游玩，爬上昆仑山，遥望南方，然后返回到自己的国家。这时，他随身带的一粒玄珠丢了。这粒玄珠一般人只知道它是黑色的，除此之外没有什么神奇之处。可它对于黄帝来说就太重要了，它可以帮助黄帝看清宇宙万物，了解过去和未来，从而平治天下。所以，这事非同小可。黄帝马上派人帮自己寻找。

黄帝先派了一位叫智慧的人去寻找，这人聪明异常，无所不知。于是，他用推测判断，来确定玄珠在什么地方，再去寻找，可是花了好长时间都没找到。

接下来又让一位叫离朱的人去寻找。离朱眼睛明亮，据说千里之外可以看到毫毛的末端。他跋山涉水，看遍了所有的地方，还是找不到这粒玄珠。

黄帝又派一位叫喫诟的人去寻找。这位喫诟听觉极好，据说千里之外可以听到羽毛落地的声音，这粒玄珠在地上的滚动声大概可以被他听到吧。喫诟也是上天入地到处去寻找，还是找不到。

这时有人给黄帝建议让象罔去找。象罔平时在大家眼里是耳聋眼

黄帝的玄珠

瞎，糊里糊涂，不作不为，只是瞎逛。黄帝也是实在找不到合适的人了，只好派象罔去找。象罔还是和往常一样，无所事事，好像没有把黄帝交代的事情当回事去做。黄帝急了，就派人把象罔找来。象罔两手空空进了大殿，黄帝问他寻找的情况，象罔一伸手，这粒玄珠就抓到手里了。

黄帝非常吃惊，说：“奇怪了啊。派了那么多有本领的人去找找不到，这个象罔却在不经意中就找到了玄珠。”

玄珠就是自然之道，人用心才能体悟到；用人的智慧、见闻去找，反而离得更远。

轮扁论读书 《天道》

桓公读书于堂上。轮扁斫轮于堂下，释椎凿而上，问桓公曰："敢问，公之所读者何言邪？"

公曰："圣人之言也。"

曰："圣人在乎？"

公曰："已死矣。"

曰："然则君之所读者，古人之糟魄已夫！"

桓公曰："寡人读书，轮人安得议乎！有说则可，无说则死。"

轮扁曰："臣也以臣之事观之。斫轮，徐则甘而不固，疾则苦而不入。不徐不疾，得之于手而应于心，口不能言，有数存焉于其间。臣不能以喻臣之子，臣之子亦不能受之于臣，是以行年七十而老斫轮。古之人与其不可传也死矣，然则君之所读者，古人之糟魄已夫！"

品读

有一天，齐桓公正在大殿里读书，有一位名叫扁的制车轮的人在大殿外干活。因为他总是在这里干活，也经常看到桓公读书，就觉得非常好奇。这一天，在干活的间歇，他放下椎凿，大着胆子走上了大殿，对正在读书的桓公问道："大王读的书里都说了些什么呀？"

正在专心读书的桓公被吓了一跳，有点生气，但还是回答道："说的是圣人的言论。"

轮扁又问："那么圣人还在吗？"

桓公耐着性子说："圣人已经死了。"

轮扁接着说："那么大王读的那些话，就是圣人的糟粕了。"

一个轮人竟然对自己读书评头论足，桓公生气了，说："寡人读书，轮人怎么敢随便议论呢？你能给出一个合理的解释就让你活下来，如果说不出道理，就拉出去杀了。"

轮扁倒是很淡定，不紧不慢地说："下臣只是用下臣的工作来看的。砍车轮的时候，装车轴的圆孔砍得松了，虽然安装容易，但是容易掉下来，不牢固；如果砍得紧了，车轮又很难套到车轴上。所以砍圆孔的时候，要做到不松不紧，心里想到，手就能做到。这种情况，不

轮扁论读书

能用语言说出来，但有一种道术保存在其中。下臣我不能把这个道术告诉下臣的儿子，下臣的儿子也不能从下臣这里得到道术，所以，我现在快七十岁了，这么大的年龄还要自己砍车轮。古代的圣人也和他的不能用语言表达的道术一起死了，那么大王读的东西，不就是古人的糟粕吗？”

孔子求“道” 《天运》

孔子行年五十有一而不闻道，乃南之沛见老聃。

老聃曰：“子来乎？吾闻子，北方之贤者也，子亦得道乎？”

孔子曰：“未得也。”

老子曰：“子恶乎求之哉？”

曰：“吾求之于度数，五年而未得也。”

老子曰：“子又恶乎求之哉？”

曰：“吾求之于阴阳，十有二年而未得。”

老子曰：“然。使道而可献，则人莫不献之于其君；使道而可进，则人莫不进之于其亲；使道而可以告人，则人莫不告其兄弟；使道而可以与人，则人莫不与其子孙。然而不可者，无它也，中无主而不止，外无正而不行。由中出者，不受于外，圣人不出；由外入者，无主于中，圣人不隐。名，公器也，不可多取。仁义，先王之蘧庐也，止可以一宿而不可久处，觏而多责。

古之至人，假道于仁，托宿于义，以游逍遥之墟，食于苟简之田，立于不贷之圃。逍遥，无为也；苟简，易养也；不贷，无出也。

古者谓是采真之游。

以富为是者，不能让禄；以显为是者，不能让名；亲权者，不能与人柄。操之则栗，舍之则悲，而一无所鉴，以窥其所不休者，是天之戮民也。怨恩取与谏教生杀，八者，正之器也；唯循大变无所湮者为能用之。故曰：正者，正也。其心以为不然者，天门弗开矣。”

品读

孔子将要五十一岁了，还是体悟不出道术，于是到南方的沛地，去拜见老子。

老子也是久闻孔子之名，两人一见面，老子就问：“先生来了！我听说先生是北方的贤人，先生也是得到道术的人吧？”

孔子老老实实地说：“还没有得到呢？”

老子问：“那么你在哪里寻找呢？”

孔子回答：“我一直在制度、名号里寻找，可是找了五年也没找到。”

老子又问：“那么你还在什么地方去寻找了？”

孔子回答：“我还向阴阳变化中去寻找，可是找了十二年还是没找到。”

老子说：“那当然找不到了。道术如果可以献出来的话，那么人人都会献给自己的君主；如果道术是可以呈进的话，那么人人都会呈进给自己的父亲；如果道术是可以告诉人的话，那么人人都可以告诉给自己的后代。但这是不可能的，没有别的原因，人的心中没有主见，道术就不会被留下来；身外没有对应的事情，它就不能被实行。先从内心产生出来的，到了外面就不会接受，圣人也就出现不了。道术从外面进到人的内心，又不作为主见，是圣人躲藏也无法躲藏。名号，是万物共有的东西，谁也不能多获取。仁义，是先王居住过的旅社，只能住一个晚上，不能在那里久居。古代的至人，把道术藏在仁中，寄托在义里，自己却在逍遥自在的地方游玩，在临时简单的田地里吃饭，住在从不出借的地方。逍遥自在，就可以无所作为；临时简单，养活自己就不费劲；不出借，对自己就没损害。古人把这叫作采取自然纯真的遨游。若要致富的人这样做，他却舍不得辞让俸禄；要地位崇高的人这样做，他却舍不得辞让名位；要喜欢权术的人这样做，他

孔子求『道』

却舍不得授人权柄。这些人掌握了道术会害怕失去，因此心惊胆战；丢掉了道术又会伤心，对于道术一无所见，可还坚持不懈地寻找道术，这就是上天消灭了人的自然性命。怨恨、感恩、取得、施与、讽谏、教导、放生、杀戮这八件事情，都是用来端正人行为的器具，依循着时代的变化没有湮灭，就是因为它们在今天还可以使用。所以，端正，就是端正当前的行为。如果心里还不能领会，那就是自己的耳、目、鼻、口都堵塞了。"

孔子见温伯雪子 《田子方》

温伯雪子适齐，舍于鲁。

鲁人有请见之者，温伯雪子曰："不可。吾闻中国之君子，明乎礼义而陋于知人心，吾不欲见也。"

至于齐，反舍于鲁，是人也又请见。温伯雪子曰："往也蕲见我，今也又蕲见我，是必有以振我也。"

出而见客，入而叹。明日见客，又入而叹。其仆曰："每见之客也，必入而叹，何耶？"

曰："吾固告子矣：'中国之民，明乎礼义而陋乎知人心。'昔之见我者，进退一成规一成矩；从容一若龙一若虎。其谏我也似子，其道我也似父，是以叹也。"

仲尼见之而不言。子路曰："吾子欲见温伯雪子久矣，见之而不言，何邪？"

仲尼曰："若夫人者，目击而道存矣，亦不可以容声矣。"

品读

楚国的温伯雪子到齐国去，路过鲁国，就住了下来。因为雪子是天下知名的得道之士，鲁国有人听说雪子来了，就请求拜访。

雪子的弟子告诉雪子，雪子连忙拒绝，说："不行！我听说中原的君子们都只是清楚礼义的事情，对人心里的事情却知道很少，我不想见这个人。”

雪子到齐国办完事，返回的时候还是路过鲁国，又住了下来。上次那个人又一次请求拜见。雪子说：“上次请求见我，这次又请求见我，肯定是有什么事情要告诉我。”于是走出卧室，在客厅见了那个人。客人走后，雪子什么话也没有说，只是连连感叹。

第二天，那位客人又来了，和雪子坐了一会儿，走了。雪子又是连连感叹。伴随雪子的仆人很奇怪，就问雪子说：“你每次见到那个人之后，进了门都要感叹，这是什么原因呢？”

雪子说：“当初我告诉你，中原的人只清楚礼义的事情，对人心里的事情却知道很少，这几次见到的那个人走进来，退出去，都中规中矩；他的举止行为有时像神龙变化莫测，有时像猛虎直截了当。他劝告我的时候像孩子对父亲那样诚恳，他给我讲道理时又像父亲教导儿子那样慈祥。”

拜见雪子的鲁人，就是孔子。孔子见过雪子后也一直不说话。弟子子路就问孔子：“我听说先生很久以前就想见雪子了，见了以后，却一言不发，这是什么道理呢？”

孔子沉默了一会儿，才说：“那个人我只看了一眼，就得到了他的道术，那是不可以用语言声音传达的啊。”

孔子给颜渊传“道” 《田子方》

颜渊问于仲尼曰：“夫子步亦步，夫子趋亦趋，夫子驰亦驰；夫子奔逸绝尘，而回瞠若乎后矣！”

仲尼曰：“回，何谓邪？”

曰：“夫子步，亦步也；人子言，亦言也；夫子趋，亦趋也；夫子辩，亦辩也；夫子驰，亦驰也；夫子言道，回亦言道也；及奔逸绝尘而回瞠若乎后者，夫子不言而信，不比而周，无器而民滔乎前，而不知所以然而已矣。”

仲尼曰：“恶！可不察与！夫哀莫大于心死，而人死亦次之。日出东方而入于西极，万物莫不比方，有首有趾者，待是而后成功，是出则存，是入则亡。万物亦然，有待也而死，有待也而生。吾一受其成形，而不化以待尽；效物而动，日夜无隙，而不知其所终；熏然其成形，知命不能规乎其前，丘以是日徂。吾终身与汝交一臂而失之，可不哀与？女殆着乎吾所以着也。彼已尽矣，而女求之以为有，是求马于唐肆也。吾服女也甚忘，女服吾也亦甚忘。虽然，女奚患焉？虽忘乎故吾，吾有不忘者存。”

品读

颜渊跟着孔子学习了多年，对孔子佩服之极，觉得孔子有些地方是学也学不来的。有一天，就问孔子，说：“先生走路我也跟着走路，先生小跑我也跟着小跑，先生驾车我跟着也驾车。可先生一旦纵马奔驰，只见尘土飞扬，人已远去，我只能跟在身后远远地遥望了。”

孔子没有太明白颜渊的意思，就问：“颜回，你要说什么呢？”

颜渊又说：“先生走路我也跟着走路，先生讲话我也跟着讲话，先生小跑我跟着也小跑，先生辩论我也跟着辩论，先生驾车我也驾车，先生论道我也跟着论道。但当先生纵马奔驰的时候，只见尘土飞扬，人已远去，我只能跟在身后远远地遥望了。先生不用说话，就能得到人们的信任；不用有意和别人亲近，但每个人都感到了先生的诚意；虽然没有崇高的地位，但得到老百姓的自然推崇。真不知道为什么会这样。”

孔子若有所思地说：“嗯，是应该好好想想。没有比心先想到死更让人悲伤的了，死亡本身还在其次。太阳从东方出来，从西方落下，

孔子给颜渊传『道』

自然万物无不是以此为榜样。有眼睛有脚趾的动物也要依此做事，太阳出来，看到万物，这就是生存；太阳沉落，一片漆黑，这就是死亡。万物同样如此，有待自然的迁化，或者死，或者生。我一旦接受了造物者给予的形躯，不改变现在的样子，等待自然寿命的结束，仿效万物的活动，昼夜之间并没有间隔，也就不知道什么时候算是尽头。自然形成了形体，我当然知道命运是不能提前预设的，所以我孔丘每天跟着自然而行。在无穷尽的世界上，我这个人生命结束也就是和你失之交臂，能不悲伤吗？过去的事情都成为陈迹，你还把它作为实有的东西去寻求，就像是在驿亭、市场中找马一样，我想你的事很快就忘却了，你想我的事也是很快就忘却了。尽管如此，又有什么可忧虑的呢？虽然忘掉过去的我，但还有不能忘记的是我的存在着。"

老子论天地之极 《田子方》

孔子见老聃，老聃新沐，方将被发而干，慹然似非人。

孔子便而待之，少焉见，曰："丘也眩与，其信然与？向者先生形体掘若槁木，似遗物离人，而立于独也。"

老聃曰："吾游心于物之初。"

孔子曰："何谓邪？"

曰："心困焉而不能知，口辟焉而不能言，尝为汝议乎其将：至阴肃肃，至阳赫赫；肃肃出乎天，赫赫发乎地；两者交通成和，而物生焉。或为之纪，而莫见其形；消息满虚，一晦一明，日改月化，日有所为，而莫见其功。生有所乎萌，死有所乎归，始终相反乎无端，而莫知其所穷。非是也，且孰为之宗？"

孔子曰："请问游是。"

老聃曰："夫得是，至美至乐也，得至美而游乎至乐，谓之至人。"

孔子曰："愿闻其方。"

曰："草食之兽，不疾易薮；水生之虫，不疾易水；行小变而不失其大常也，喜怒哀乐不入于胸次。夫天下也者，万物之所一也。得其所一而同焉，则四支、百体将为尘垢，而死生、终始将为昼夜，而莫之能滑；而况得丧、祸福之所介乎？弃隶者若弃泥涂，知身贵于隶也。贵在于我，而不失于变。且万化而未始有极也，夫孰足以患心？已为道者解乎此。"

孔子曰："夫子德配天地，而犹假至言以修心，古之君子，孰能脱焉？"

老聃曰："不然。夫水之于汋也，无为而才自然矣；至人之于德也，不修而物不能离焉。若天之自高，地之自厚，日月之自明，夫何修焉？"

孔子出，以告颜回，曰："丘之于道也，其犹醯鸡与！微夫子之发吾覆也，吾不知天地之大全也！"

品读

孔子见到老子的时候，老子刚洗完头，正把头发散披下来风干，枯坐在那里，像一节干死的老树桩，一动也不动。孔子安安静静地等着，过了一会儿，看到老子有动静了，孔子才慢慢地说："是孔丘我眼睛

老子论天地之极

花了呢，还是真是这样呢？刚才先生像是一节枯树桩，就好像忘记了万物，离开了人世，只是自己一个人坐在那里。”

老子回答：“刚才我的心在万物还没有出现的地方神游。”

孔子不解地问道：“您说的是什么意思呢？”

老子想了好一会儿，说：“心里有所困惑但无法知道，嘴想张开却不知道该说什么，我就试着给你说一下大致情况吧。极阴之处寒气簌簌，极阳之处光明炙热，寒气从地下生出，光明从天上照下，二者相互交通融合，于是万物就生出来了。这可能就是万物变化的纲纪，但谁也看不到其中的形象。有时消失，有时出生；有时饱满，有时空虚；有时昏黑，有时明亮，每天每月都在变化，每天都生出新的事物，可是谁也看不到它的工作。事物出生都有萌芽，事物死亡也都有归所，开始和结束相反又相连，没有人知道在哪里穷尽。如果不是这样，谁又是最初的宗祖呢！”

孔子听得有点羡慕，就问：“可以告诉我先生神游的情况吗？”

老子似乎还在回味刚才的情况，说：“能到那地方，真是极美好、极快乐的啊！能到极美的地方，用极乐的心情神游，那种人就是人们常说的至人。”

孔子非常向往，问道：“能告诉我用什么方法实现吗？”

老子说：“草食类的动物不忧虑草地迁移，水生的蚊蝇也不忧虑水池的转移，地方虽有小的变化，但并没有改变它们世代赖以生存的大环境。所以，喜怒哀乐不要放在胸中，我们所在的天地，是万物存在的地方，这对每个事物都是一样的。既然万物都在一个地方，那么万物没有区别，我们的四肢骨节都将变为尘土。死亡生存，开始终结，都只是昼夜而已，没有什么可以扰乱我们的心情，更何况获得、丧失、灾祸、福分这些区别呢？抛弃形体就像抛弃烂泥，知道自身要比形体贵重，不要因为变化失去了自己的贵重。而且所有的变化都是没有极限的，谁又能为形体的变化而忧虑呢？已经明白道的人才能理解这些。”

孔子听了，佩服至极，说：“先生的德性可以配得上天地了，还要借助高深的语言修养自己的内心，古代的那些君子，谁又能够离开语言，放弃修养呢？”

老子说：“不对！井里有时有水，有时没水，没有人为才是自然的。至人对于德性，不去有意修养，万物却离不开他。就像天自然高远，地自然深厚，日月自然明亮，哪里需要修养啊！”

孔子从老子家里出来，把见到老子的事情告诉了颜渊，赞叹地说：“我孔丘的道术，就好像是醋坛上的小蝇子。如果没有老聃先生掀开眼前的遮蔽，我还不知道完整全面的天地啊！”

黄帝论知“道” 《知北游》

知北游于玄水之上，登隐弅之丘，而适遭无为谓焉。

知谓无为谓曰：“予欲有问乎若：何思何虑则知道？何处何服则安道？何从何道则得道？”三问而无为谓不答也，非不答，不知答也。

知不得问，反于白水之南，登狐阕之上，而睹狂屈焉。知以之言也问乎狂屈。狂屈曰：“唉！予知之，将语若。”中欲言，而忘其所欲言。

知不得问，反于帝宫，见黄帝而问焉。黄帝曰："无思无虑始知道，无处无服始安道，无从无道始得道。"

知问黄帝曰："我与若知之，彼与彼不知也，其孰是邪？"

黄帝曰："彼无为谓真是也，狂屈似之；我与汝终不近也。夫知者不言，言者不知，故圣人行不言之教。道不可致，德不可至。仁可为也，义可亏也，礼相伪也。故曰：'失道而后德，失德而后仁，失仁而后义，失义而后礼。礼者，道之华而乱之首也。'故曰：'为道者日损，损之又损，以至于无为；无为而无不为也。'今已为物也，欲复归根，不亦难乎？其易也，其唯大人乎！生也死之徒，死也生之始。孰知其纪？人之生，气之聚也；聚则为生，散则为死。若死生为徒，吾又何患？故万物一也，是其所美者为神奇，其所恶者为臭腐；臭腐复化为神奇，神奇复化为臭腐。故曰：'通天下一气耳。圣人故贵一。'"

知谓黄帝曰："吾问无为谓，无为谓不应我；非不我应，不知应我也。吾问狂屈，狂屈中欲告我而不我告；非不我告，中欲告而忘之也。今予问乎若，若知之，奚故不近？"

黄帝曰："彼其真是也，以其不知也；此其似之也，以其忘之也；予与若，终不近也，以其知之也。"

狂屈闻之，以黄帝为知言。

品读

智慧到北面的玄水边上游玩，登上名叫隐弅的高山，碰巧遇上了无为谓。智慧对无为谓说："我有事要问你：想些什么问题才能够知道道呢？怎么样处事才能够安于道呢？如何行为才能得到道呢？"问了三次，无为谓都不回答，其实不是不回答，实在是不知道如何回答。

智慧问不出所以然，又回到白水的南岸，登上名叫狐阕的高山，去找狂屈。智慧又把问无为谓的话拿来问狂屈，狂屈想了想，说："嗯，我知道，我一会儿告诉你。"

狂屈刚要回答的时候又犹豫了，于是说："我正想说时又忘了要说什么。"

智慧又没有问出所以然，返回到黄帝的宫殿，向黄帝请教同一个问题。

黄帝回答："什么都不想就是开始知道道了，不去有意处事就是开始安于道了，无所作为这就是得到道了。"

智慧听了，反倒有点儿迷惑，又问黄帝："现在我和你都知道了这样的问题，可是无为谓和狂屈却不知道这样的问题，我们俩和他们俩到底谁对呢？"

黄帝笑着说："无为谓是真正的对，狂屈有点接近于对，我和你始终离道还有很大的距离。因为知道道的人是不用语言说的，用语言说的其实是不知道道的，所以圣人治理天下，不是用语言来教化老百姓。道是不可以用语言得到的，德也不可以做到尽善尽美。仁可以是人为的，义可以是不完善的行为，礼是人和人相互做做样子。所以说：'失去了道才开始有了德，失去了德才开始有仁，失去了仁才开始有义，失去了义才开始有礼。礼是修饰道又扰乱天下的罪魁祸首。'所以说：'要去修养道就要每天减少做样子，减少再减少，一直到了无所作为，其实，无所作为就是无所不为。'现在已经成了具体的事物，又想回归到道这个根本上去，不是太难了吗？也有做得容易的，那就是大人。这种人把生存看作是死亡的追随者，把死亡看作是生存的开始，以为生死环环相因，谁又知道这中间的纲纪呢？人的活着，是气息的凝聚，气息凝聚的时候就有了生存，气息消散的时候就有了死亡。如果死生相互追随，我又有什么可忧虑的呢？所以，万物一体，人们往往以自己喜欢的为神奇，以自己不喜欢的为臭腐，臭腐的可以转化为神奇，神奇的也可以转化为臭腐。所以说，联通天下万物的就是一点气，所以圣人以一为贵。”

黄帝论知『道』

智慧还是不太明白，对黄帝说："我问无为谓，无为谓不回答我，其实不是不回答，是不知道如何回答我。我问狂屈，狂屈正要告诉我又不告诉了，其实不是不告诉，是正要告诉时却忘了告诉什么。现在我问你，你知道道的情况，却为什么说离道还有很大的距离呢？"

黄帝回答说："无为谓真是知道道的，就因为他自己不知道道；狂屈是近于知道道的，是因为他自己忘记了道；我和你始终都远离道，是因为自以为知道道。"

狂屈听到黄帝的这番话，认为黄帝是真正知道语言的人，但并不是真正知道道的人。

被衣论"道" 《知北游》

啮缺问道乎被衣，被衣曰："若正汝形，一汝视，天和将至；摄汝知，一汝度，神将来舍。德将为汝容，道将为汝居，汝瞳焉如新生之犊，而无求其故！"

言未卒，啮缺睡寝。被衣大说，行歌而去之，曰："形若槁骸，心若死灰，真其实知，不以故自持。媒媒晦晦，无心而不可与谋。彼何人哉？"

品读

啮缺向被衣问怎样得到道。被衣回答："你只要端正你的形体，专心观察一个事情，自然的和气就会到你这里来。收起你的智慧，让你的形体和自然融为一体，神明自然会保留在你这里。上天的德性将会

修饰你，自然之道将会容纳你，你像初生的牛犊睁开两只眼睛，不去了解过去的事情！”

被衣只顾唠唠叨叨地说着，还要继续往下说的时候，看了一眼啮缺。这时，啮缺已经侧卧在席子上睡着了，轻轻地打鼾，口水正从嘴角流下来。

被衣非常高兴，知道这才是领悟了道的人。于是他站起身，唱着歌离开了。

歌词说：

形体如枯柴，
心中像死灰，
如想知道“道”，
“过去”弃怀抱，
混沌又糊涂，
万事不可谋。

自己并不能拥有自己 《知北游》

舜问乎丞曰：“道可得而有乎？”

曰：“汝身非汝有也，汝何得有夫道？”

舜曰：“吾身非吾有也，孰有之哉？”

曰：“是天地之委形也。生非汝有，是天地之委和也；性命非汝有，是天地之委顺也；子孙非汝有，是天地之委蜕也。故行不知所往，处不知所持，食不知所味。天地之强阳气也，又胡可得而有邪？”

品读

虞舜听说，一个人得到了道就可以让天下太平。一次，他问自己的老师丞：“道可以获得，并且拥有吗？”

丞笑了笑，说：“你连自己的形体都不是你所能拥有的，你如何还能拥有道呢？”

虞舜有点糊涂，摸了摸自己的头，手掌和头皮都有触摸的感觉，怎么说不是我自己所拥有的呢？就问丞：“我自己的形体不是我所拥有，那么是谁所拥有呢？”

丞说：“你的身躯是天地寄存给你的形体；你的生命也不是你自己的，是天地寄存在你那儿的和合之气；你的天性也不是你自己的，是天地暂时给你的和顺；你的子孙也不是你自己的，是天地暂时留给你褪下的皮壳。所以，行走不知道要到什么地方去，住在家里又不知道为什么待着，吃东西不知道自己吃的是什么味道，所有这些都是天地之间的运行之气，如何能够为你所拥有呢？”

庄子解释“道” 《知北游》

东郭子问于庄子曰：“所谓道，恶乎在？”

庄子曰：“无所不在。”

东郭子曰：“期而后可。”

庄子曰：“在蝼蚁。”

曰：“何其下邪？”

曰：“在稊稗。”

曰：“何其愈下邪？”

曰：“在瓦甓。”

曰：“何其愈甚邪？”

曰：“在屎溺。”

东郭子不应。庄子曰：“夫子之问也，固不及质。正获之问于监市，履狶也，每下愈况。汝唯莫必，无乎逃物。至道若是，大言亦然。周、徧、咸三者异名同实，其指一也。尝相与游乎无何有之宫，同合而论，无所终穷乎！尝相与无为乎：淡而静乎，漠而清乎，调而闲乎。寥已吾志：无往焉而不知其所至，去而来而不知其所止，吾已往来焉而不知其所终；彷徨乎冯闳，大知入焉，而不知其所穷。物物者与物无际，而物有际者，所谓物际者也。不际之际，际之不际者也，谓盈虚衰杀。彼为盈虚，非盈虚；彼为衰杀，非衰杀；彼为本末，非本末；彼为积散，非积散也。”

品读

一般人都知道，谁得到了道就可以拥有天下，就可以长生，就可以富贵，所以道是非常美好的，人人都想得到。有一天，东郭子向庄子请教：“请问先生，人们常说的道，到底在什么地方呢？”

庄子不假思索地说：“无所不在。”

东郭子很难理解，就说：“告诉我一个具体的地方，我才能理解。”

庄子说：“在蚂蚁中间。”

东郭子觉得不可思议，问道：“怎么会在这么低等的东西里？”

庄子又说：“在稗籽中。”

东郭子更为意外，问：“怎么更下等了？”

庄子说：“在砖瓦里。”

东郭子说：“怎么更过分了？”

庄子又说：“在屎尿里面。”

这不是故意和人过不去吗？东郭子有些生气，干脆不说话了。

庄子知道东郭子没有理解，就说："刚才你问问题，就没有问到点子上。肉市上的官吏向屠夫问猪的肥瘦，屠夫用脚踩猪肉的瘦处，而且越踩越瘦，来做判断。你问的问题没有一定，无不包含。至高无上的道是这样，无所不包的语言也是如此。周全、普遍、所有，名称虽有别，意思却相同，指的都是同一事物。尝试着让我们的心灵在什么都没有的室内漫游，就会发现道是合同一体，不能穷尽的。尝试着无所作为吧，多么淡泊而且静止啊！多么漠然清净啊！多么谐调闲适啊！空旷啊我的志向，无处可去因为不知道去什么地方，从哪里回来又不知道在哪里休息，反复往来又不知道什么时候才是终结。在宏大虚空

庄子解释『道』

的地方往来，大的智慧虽然进入，但不知道如何穷尽，造物的和物并没有分际，但万物又有分际，所谓万物的分际是不分别的分际，分际就是不分别。世俗所说的充满、空虚、衰退，在道来说充满并非充满，空虚并非空虚，衰退并非衰退。道的所谓根本和末梢也不是世俗的根本和末梢，道的所谓聚集和消散也不是世俗所说的聚集和消散。”

能言说的都不是“道”《知北游》

妸荷甘与神农同学于老龙吉。

神农隐几阖户昼瞑，妸荷甘日中奓户而入，曰：“老龙死矣！”

神农拥杖而起，曝然放杖而笑，曰：“天知予僻陋慢诞，故弃予而死。已矣！夫子无所发予之狂言而死矣夫！”

弇堈吊闻之，曰：“夫体道者，天下之君子所系焉。今于道，秋豪之端万分未得处一焉，而犹知藏其狂言而死，又况夫体道者乎？视之无形，听之无声，于人之论者，谓之冥。冥，所以谕道，而非道也。”

品读

妸荷甘和神农都是老龙吉的学生。有一天的大白天，神农关了门，一个人靠在桌几边上睡觉。这时，妸荷甘推开门进来了，对着神农大喊：“我们的老师死啦。”

神农不知何事，吓了一跳，赶紧扶着桌几，抓着拐杖就站起来了。

等他弄清楚后，“啪嗒”一声，把拐杖扔到地上，笑了起来，说：“老龙吉知道我鄙陋无礼，所以抛弃我死掉了。算了吧，先生不能用狂放之言来启发我就死掉了。”

弇堈吊听说此事，就说了：“能体悟自然之道的人，天下的君子都推崇他。现在神农对于道，好像秋毫末端可以分出万分，却连一分都未得到，他只知道老龙吉收藏起自己的狂言死了，何况那些体悟自然之道的人呢？自然之道，听起来没有声音，看起来没有形体，让人讨论起来，说是冥冥漠漠。人们所讨论的道，其实不是道。”

泰清、无穷、无为、无始论“道”《知北游》

于是泰清问乎无穷曰：“子知道乎？”

无穷曰：“吾不知。”

又问乎无为。无为曰：“吾知道。”

曰：“子之知道，亦有数乎？”

曰：“有。”

曰：“其数若何？”

无为曰：“吾知道之可以贵，可以贱，可以约，可以散，此吾所以知道之数也。”

泰清以之言也问乎无始曰：“若是，则无穷之弗知与无为之知，孰是而孰非乎？”

无始曰：“不知深矣；知之浅矣；弗知内矣，知之外矣。”

于是泰清卬而叹曰：“弗知乃知乎？知乃不知乎？孰知不知之知？”

无始曰：“道不可闻，闻而非也；道不可见，见而非也；道不可言，言而非也。知形形之不形乎道不当名。”

道不当名。

无始曰：“有问道而应之者，不知道也；虽问道者，亦未闻道。道无问，问无应。无问问之，是问穷也；无应应之，是无内也。以无内待问穷，若是者，外不观乎宇宙，内不知乎初初，是以不过乎昆仑，不游乎太虚。”

品读

有一次，泰清问无穷说：“你知道道吗？”无穷说：“我不知道。”

泰清又拿同一问题去问无为，无为说：“我知道。”

泰清说：“你既然知道道，那么道也有数吧？”

无为说：“有。”

泰清又问：“那么它的数是什么样的呢？”

无为说：“我知道道可以是高贵，可以是贫贱；可以是收拢，可以是疏散。这就是我知道的道的数。”

泰清又把无为的话拿去给无始听，并问无始说：“像这样的话，那

泰清、无穷、无为、无始论『道』

么无穷的不知道道和无为的知道道，到底谁对谁错呢？”

无始说：“不知说的是道的深的方面，知说的是道的浅的方面。他们都是不知道的里面，而只知道的外面。”

泰清听了，仰头而叹，说：“不知道实际上就是知道啊！知道就是不知道啊！谁又能知道不知道的知道呢？”

无始说：“道是不可以让人听见的，能让人听见的就不是道了；道是不可以让人看见的，能让人看见的就不是道了；道是不可以说出来的，能让人说出来的就不是道了。谁能够又能认识没有形体的形体呢？道是不应该用名称指称的。”

无始说：“遇到问道就回答的，肯定是不知道道的。虽然问道，也是没有听说过道的。道不需要问，问不需要回答，用不问去问，这就问得穷尽。用不回答来回答，是把道的里面都体现出来了。用体现道的里面来回答穷尽的追问，能够这样的话，在外面不去观察宇宙，在内心不去考察太初，因此超越不了昆仑，也就不能在太虚的世界里漫游了。”

光耀和无有的故事 《知北游》

光曜问乎无有曰：“夫子有乎？其无有乎？”

无有弗应也。光曜不得问，而孰视其状貌，窅然空然，终日视之而不见，听之而不闻，搏之而不得也。

光曜曰：“至矣！其孰能至此乎？予能有无矣，而未能无无也；及为无有矣，何从至此哉！”

品读

光耀觉得无有的名字既有又无，很有意思，于是就问无有：“先生你到底是有，还是无呢？”

无有没有理他。光耀没问出结果，就想仔细看看无有长什么样子，仔细看去，好像空空洞洞什么都没有，看了一整天也没看到无有。难道是我眼睛有毛病，还是无有有隐身之术呢？光耀心想。于是就屏息静听，既然有总有一点响动吧！听了半天，还是听不出任何动静。于是伸手去抓，去拍打，虽然看不到形象，但还是应该有实在的躯体吧？可是摸了半天，什么也没摸到。

这时，光耀突然悟出一点道理，他说：“至高无上了，谁能达到这个境地呢？我只有光亮，没有实体，能够做到有无了。但因为有光，能被看到，还不能做到无无；当在做无的时候，还是有有，我怎能达到无无的境地呢？”

光耀和无有的故事

庄子说「自然」

影子的思考

《齐物论》

罔两问景曰："曩子行，今子止；曩子坐，今子起，何其无特操与？"

景曰："吾有待而然者邪？吾所待又有待而然者邪？吾待蛇蚹蜩翼邪？恶识所以然！恶识所以不然！"

品读

影子总是随着人的行为而动，连自己都不知道下一步要做什么。魍魉是影子周围的微影，他总是跟着影子走，因为影子连自己下一步要

影子的思考

干什么都不知道，所以也没办法提前告诉魍魉他的行动。所以，魍魉嫌他太缺乏主张，就批评影子说：“刚才你还在走，现在你又站住了；刚才你还坐着，现在你又站起来了。你难道就不能有一点自己的特殊操守吗？”

影子想一想，无奈地说：“是我因为有所依赖才成为这样的，还是我所依赖的事物又有所依赖才成为这样的呢？我要依靠人的行为，就好像蛇要借助于其肚子下的鳞介才能爬行，蝉要借助自己的翅膀才能飞行。我不知道是这样，还是不是这样呢？”这话中好像魍魉的行为，又随着影子的行为而行动。影子的话也说到了魍魉，魍魉也就不吭声了。

人们常说如影随形，好像人在主宰着影子的行为。其实人们的行为也并非是自由的，而是受到外来情况的制约，不得不尔。

庖丁解牛的故事 《养生主》

庖丁为文惠君解牛，手之所触，肩之所倚，足之所履，膝之所踦，砉然向然，奏刀騞然，莫不中音；合于《桑林》之舞，乃中《经首》之会。

文惠君曰：“嘻，善哉！技盖至此乎？”

庖丁释刀对曰：“臣之所好者道也，进乎技矣。始臣之解牛之时，所见无非全牛者。三年之后，未尝见全牛也。方今之时，臣以神遇而不以目视，官知止而神欲行。依乎天理，批大郤，导大窾，因其固然，枝经肯綮之未尝微碍，而况大軱乎？良庖岁更刀，割也；族庖月更刀，折也。今臣之刀十九年矣，所解数千牛矣，而刀刃若新发于硎。彼节者有间，而刀刃者无厚；以无厚入有间，恢恢乎其于游刃必有余地矣。是以十九年而刀刃若新发于硎。虽然，每至于族，吾见其难为，怵然为戒，视为止，行为迟。动刀甚微，謋然已解，牛不知其死也，如土委地。提刀而立，为之四顾，为之踌躇满志，善刀而藏之。”

文惠君曰：“善哉！吾闻庖丁之言，得养生焉。”

品读

一次，文惠君看庖丁分解整牛。这庖丁手抓住的地方、肩膀依靠的地方、脚踩踏的地方、膝盖抵住的地方，都发出哗啦啦的声音，厨子手上的刀也随着跟进，发出有节奏的声音。刀声悦耳，动作优美，可谓是手舞足蹈，此时真像商汤时的《桑林》舞蹈再现，又好像黄帝再次奏起《经首》的乐章。

文惠君看得如痴如醉，不禁赞叹道：“啊，真好啊！你的技艺怎么能达到这样的境界呢？”

庖丁从容地放下手中的屠刀，回答说：“臣下我所爱好的是道术，超过了对技艺的追求。在开始分解牛的时候，我所看到的无一不是完整的牛。三年之后，就再也没有见到过完整的牛了。现在这个时候，我只是用精神和牛接触，而不是用眼睛去看牛，感官知觉已经停止了，全靠精神的运行。顺从自然的道理，分离骨肉间的大空隙，再把刀子捅进骨节间的大间隙里，依照其牛体的本来结构动刀，经络粘连之处丝毫未有触动，更何况遇到大的骨头呢？好的庖人每年换一把刀，因

为他是用刀切割牛肉；平庸的庖人每个月就得换一把刀，因为他是砍剁牛骨头。我现在的刀已经用了十九年，分解过的牛也有好几千头，但刀刃还是非常锋利，就像刚从磨石上磨出来的一样。牛的骨节之间有空隙，刀刃最薄的地方达到了没有厚度；我就用没有厚度的刀刃进入到有空隙的骨节之间，刀刃在骨节间游动还有非常宽绰的空余之地。因此我的刀用了十九年，刀刃还和新磨出来的一样锋利。尽管如此，我每次刀刃遇到筋肉聚集之处，感到难于处理时，就非常小心警惕，目不转睛地专注着这个地方，行动也迟缓下来，轻轻地拨动刀刃，牛体就完全分解了，像一堆土堆在地上。然后，我才提着刀站起来，心满意足，把刀擦拭干净收藏起来。”

文惠君说：“好啊！我听了庖丁的话，得到有关养生的道理了。”

顺从自然，不和外物发生冲突，生命不受伤害，这就是养生的全部。

颜渊将往卫国 《人间世》

颜回见仲尼，请行。

曰：“奚之？”

曰：“将之卫。”

曰：“奚为焉？”

曰：“回闻卫君，其年壮，其行独，轻用其国，而不见其过；轻用民死，死者以‘国’量乎泽，若蕉，民其无如矣。回尝闻之夫子曰：‘治国去之，乱国就之，医门多疾。’愿以所闻，思其所行，则庶几其国有瘳乎！”

仲尼曰：“嘻！若殆往而刑耳！夫道不欲杂，杂则多，多则扰，扰则忧，忧而不救。古之至人，先存诸己而后存诸人。所存于己者未定，何暇至于暴人之所行！

且若亦知夫德之所荡而知之所为出乎哉？德荡乎名，知出乎争。名也者，相轧也；知也者，争之器也。二者凶器，非所以尽行也。

且德厚信矼，未达人气，名闻不争，未达人心。而强以仁义绳墨之言衔暴人之前者，是以人恶育其美也，命之曰灾人。灾人者，人必反灾之，若殆为人灾夫！且苟为悦贤而恶不肖，恶用而求有以异？若唯无诏，王公必将乘人而斗其捷。而目将荧之，而色将平之，口将营之，容将形之，心且成之。是以火救火，以水救水，名之曰益多。顺始无穷，若殆以不信厚言，必死于暴人之前矣！

且昔者桀杀关龙逢，纣杀王子比干，是皆修其身以下伛拊人之民，以下拂其上者也，故其君因其修以挤之，是好名者也。昔者尧攻丛、枝、胥敖，禹攻有扈，国为虚厉，身为刑戮，其用兵不止，其求实无已。是皆求名实者也。而独不闻之乎？名实者，圣人之所不能胜也，而况若乎！虽然，若必有以也，尝以语我来！”

颜回曰：“端而虚，勉而一，则可乎？”

曰：“恶！恶可！夫以阳为充孔扬，采色不定，常人之所不违，因案人之所感，以求容与其心。名之曰日渐之德不成，而况大德乎！将执而不化，外合而内不訾，其庸讵可乎？”

“然则我内直而外曲，成而上比；内直者，与天为徒，与天为徒者，知天子之与己皆天之所子，而独以己言蕲乎而人善之，蕲乎而人不善之邪？若然者，人谓之童子，是之谓与天为徒。外曲者，与人为徒也。擎跽曲拳，人臣之礼也，人皆为之，吾敢不为邪！为人之所为者，人亦无疵焉，是之谓与人为徒。成而上比者，与古为徒。其言虽教，谪之实也，古之有也，非吾有也。若然者，虽直而不病，是之谓与古为徒。若是则可乎？”

仲尼曰：“恶！恶可！大多政法而不谍，虽固亦无罪。虽然，止是耳矣，夫胡可以及化！犹师心者也。”

颜回曰：“吾无以进矣，敢问其方。”

仲尼曰：“斋，吾将语若！有心而为之，其易邪？易之者，皞天不宜。”

颜回曰：“回之家贫，唯不饮酒不茹荤者数月矣。如此，则可以为斋乎?”

曰：“是祭祀之斋，非心斋也。”

回曰：“敢问心斋。”

仲尼曰：“若一志，无听之以耳而听之以心，无听之以心而听之以气！耳止于听，心止于符。气也者，虚而待物者也。唯道集虚。虚者，心斋也。”

颜回曰：“回之未始得使，实有回也；得使之也，未始有回也；可谓虚乎?”

夫子曰：“尽矣。吾语若！若能入游其樊而无感其名，入则鸣，不入则止。无门无毒，一宅而寓于不得已，则几矣。

绝迹易，无行地难。为人使易以伪，为天使难以伪。闻以有翼飞者矣，未闻以无翼飞者也；闻以有知知者矣，未闻以无知知者也。瞻彼阕者，虚室生白，吉祥止止。夫且不止，是之谓坐驰。夫徇耳目内通而外于心知，鬼神将来舍，而况人乎！是万物之化也，禹舜之所纽也，伏羲几蘧之所行终，而况散焉者乎！”

品读

颜渊在孔子门下学习了好几年，自以为礼、乐、射、御、书、数六艺都精通了，自信满满，希望到社会中展示自己的才能。于是他前去拜见老师，告诉老师自己打算离开独闯天下。

孔子知道自己最喜欢的学生将要离去，放心不下，就问：“你要去哪儿呢？”

颜渊说：“我要到卫国去。”

孔子又问：“你去哪儿做什么呢？”

颜渊回答说：“我听说卫国国君年轻力壮，治国专断，刚愎自用。很随意地使用自己的国家，却看不到自己的过错；又很随意地让老百姓为自己卖命，老百姓经常为国家的事情白白死去。死去的人可以用整湖泊整湖泊来计算，死尸枕藉，埋不胜埋。老百姓无以为生，却又无可奈何。我曾经听先生您告诫我们：‘太平的国家就不必前往了，混乱的国家应该前去救助，所以，医生的家里病人最多。’我想用先生的告诫支持我的作为，尽力改善卫国当前的这种混乱状况。”

孔子担心地说：“哎呀，你这样做大概要去送死的吧！一个人了解的治国方法不能太庞杂，庞杂了就会有多种方法供你选择，选择的方法多了就会扰乱你的判断，判断扰乱了你就会感到束手无策，束手无策甚至都无法自救了。古代那些道德至上的人们往往是先学会保存自己，才去设法保护别人。现在连自己保存自己的办法都没有想好，哪里还有闲暇去改变那些施暴者的行为呢？”

孔子又告诫说：“而且你也应该知道道德败坏、智慧出现的原因吧？道德的败坏是因为人们求名，智慧的出现是因为人们求利。为求名声，人们常常互相倾轧；智慧是人们竞争的工具。所以，道德和智慧都是杀人的凶器，并不是用来完善人的行为的。”

孔子接着说：“其实在道德方面诚实守信，并不能迎合别人的脾气；不追求名誉，也不能被别人所接受。所以勉强用仁义的道理在施暴者面前炫耀，这是用暴虐者的恶行来彰显自己的善行，这种做法叫作损害他人。损害他人的人必然会反过来被人所损害。你现在要做的事情不正是被人损害吗？如果卫国的国君是喜欢贤人讨厌不贤的人的话，又何必要你去标新立异呢？除非你不努力劝谏他，否则，他会借机表现他的敏捷，搞得你辨别不了是非，思想行为都和卫国国君一致。这不是用火来救火，用水来治水吗？也就是恶上加恶。你一开始就顺从国君，那就无穷无尽顺从下去。如果他不接受你厚德诚信的劝谏，那么你必然会死在这位暴虐的国君面前了。”

孔子还害怕颜渊不能理解，又举例叙说道：“在历史上，有夏桀杀关龙逢的事，有商纣王杀王子比干的事，这都是因为被杀者修饰自己，爱护下民，作为人臣却和君主对立，所以君主嫉恨这些人的美好行为，要对他们排斥了。这些人的死都是喜欢名声的结果啊！过去，唐尧攻打丛、枝、胥敖这些国家，夏禹攻打有扈国，国家变成废墟，人民遭受杀戮，战争连绵不断的原因，就是因为发动战争的人追求名利的欲望不能满足。以上情况你难道没有听说过吗？对于名誉和实惠，圣人都无法放弃，何况于你呢？”

颜渊还是想要坚持自己的想法，就问道：“我端正自己的行为，排除内心的私心杂念，克服困难，专心致志，是不是可以实现我的目标呢？”

孔子看了看自己的弟子，不同意地说：“唉，怎么可以呢？卫君气势凌人，喜怒无常，一般人不敢违抗，压制别人的意见，只图自己痛快。用日常的道德都无法改变他，更不用说大的道德了。这种人顽固不化，表面上听你的意见，骨子里却不接受，你把他有什么办法呢？”

颜渊仍不甘心，说：“我想好了三个办法：内心端正，表面逢迎，以古人为榜样。内心端正是追随自然，追随自然的人是知道天子和自己都是自然所生，哪里还管自己的言论是得到社会的称誉，或是受到社会的责备呢？能做到这样，社会认为你还具有童心，这就叫作追随自然。表面逢迎，是追随人的要求，像跪拜、作揖等，都是人臣的礼节，人人都这样做，我怎敢不做呢？做人们都做的事，社会就不会批评你，这就是追随人的要求。以古人为榜样，这就是追随古人的要求，这些言论虽然具有教育意义，取其真实内容，都是在古代就存在的道理，并非我的发明。这样的话，道理虽然说得直接，却不会带来不好的结果，这就是追随古人的要求。像这样去做行吗？”

孔子还是不赞成，说：“唉，怎么可以呢！办法太多反而难以做好，你这样最多只是避免得罪社会，但也仅此而已。怎么能用来改变

颜渊将往卫国

一个国家呢？你的想法只是一种成见。”

受到老师的连续批评，颜渊受到很大打击，无奈地说：“我再也没办法了。那么先生能不能说个办法呢？”

孔子说：“用斋戒的办法，我来告诉你吧。如果有了成见去做事，实在不容易把事情做好。如果认为容易，那是和自然不相吻合的。”

颜渊听了后，又来了劲头，对老师说：“这个好办。先生您是知道的，颜回我家里贫穷，好几个月都没饮过酒，也没吃过荤菜。这样的生活，不就是在斋戒吗？”

孔子笑了：“你说的是祭祀中的斋戒，不是我要说的心里的斋戒。”

颜渊糊涂了，问：“那什么是心里的斋戒呢？”

孔子说：“要专心致志，不要只用耳朵听，还要用心去听；不仅要用心去听，还要用自己的生命气息去听。耳朵只能得到声音，心只能得到概念，生命气息是用空虚来对待外在的事物。自然中最大的道理都聚集在空虚里，空虚才是心里的斋戒。”

颜渊说：“弟子颜回在没听到先生教诲以前，是个有血有肉的颜回；现在得到先生的教诲，已经忘记了自己的存在。这算是心灵空虚了吗？”

孔子说：“你做得很充分了。我告诉你，你进入了卫国国君的宫室，不要受名声地位的干扰，他接受你的意见你就说，不接受就不说。不找门路，不钻空子，把自己的所有心思都放在不得已这一点上，那就差不多了。”

“一个人不走路容易，但走了路却不在路上留下痕迹却是很难的。替人做事取巧作伪容易，替天做事取巧作伪就难了。我们都听说过有翅膀飞翔，却没有听说过没有翅膀飞翔；听说过有智慧的人知道事理，却没听说过没智慧的人知道事理。展望空虚之处，内心会生出洁白之色，吉祥都会留在那里。如果心里静不下来，就会心往神驰。让视听通向内心，排除各种心机，这样连鬼神都会来依附，更不必说人了。适应万物变化，虞舜、夏禹以此为关键，伏羲、几蘧把它作为目标，更何况一般的人呢？”

内心不存成见，一切顺应自然，这既是个人之福，也是国家之福。

颜阖给卫灵公太子做老师 《人世间》

颜阖将傅卫灵公太子，而问于蘧伯玉曰：“有人于此，其德天杀。与之为无方，则危吾国；与之为有方，则危吾身。其知适足以知人之过，而不知其所以过。若然者，吾奈之何？”

蘧伯玉曰：“善哉问乎！戒之，慎之，正汝身也哉！形莫若就，心莫若和。虽然，之二者有患。就不欲入，和不欲出。形就而入，且为颠为灭，为崩为蹶。心和而出，且为声为名，为妖为孽。彼且为婴儿，亦与之为婴儿；彼且为无町畦，亦与之为无町畦；彼且为无崖，亦与之为无崖。达之，入于无疵。

汝不知夫螳螂乎？怒其臂以当车辙，不知其不胜任也，是其才之美者也。戒之，慎之！积伐而美者以犯之，几矣。

汝不知夫养虎者乎？不敢以生物与之，为其杀之之怒也；不敢以全物与之，为其决之之怒也；时其饥饱，达其怒心。虎之与人异类而媚养己者，顺也；故其杀之者，逆也。

夫爱马者，以筐盛矢，以蜃盛溺。适有蚊虻仆缘，而拊之不时，则缺衔毁首碎胸。意有所至而爱有所亡，可不慎邪！”

品读

颜阖被卫灵公请去给太子做老师。这是一件既感到棘手，又很有吸引力的事情。于是，颜阖在离开前，找到鲁国的贤人蘧伯玉，向他请教说："现在有这样一个人，天性刻薄，不给他一个做事的规矩，他就会亡国败家；给他一个做事的规矩，他又会自戕生命。他的智慧刚好能认识到他人的过错，却不足以认识到过错产生的原因。像这种情况，该怎么办呢?"

颜阖给卫灵公太子做老师

蘧伯玉听后，说："这个问题问得好啊！要小心，要谨慎，你自己的行为先要端正。躯体最好顺从他，心思最好也和他一致。尽管如此，这样做还是有危险。顺从他不要过于投入，和他一致就不要显耀自己。如果顺从他又过于投入，就会和他一起崩溃灭亡；如果和他一致又要显耀自己，就会引来他的忌恨和祸害。如果他是婴儿的智力，你也和他一样保持婴儿的智力；如果他不注重威仪，你也和他一样不注重威仪；如果他是放纵的，你就和他一样放纵。左右逢源，就不会出纰漏了。"

蘧伯玉觉得颜阖似乎没有理解，又举例说："你知道有一种叫螳螂的虫子吗？用自己的胳臂奋力阻挡车轮，不知道自己的力量不足，却过高地估计了自己的本领。所以一定要小心谨慎啊。炫耀自己的本领触犯你辅助的对象，可就和挡车的螳螂差不多了！你听说过饲养老虎的情况吗？饲养老虎的人不敢把活物直接投给老虎，因为老虎在捕杀活物时会变得非常暴怒；也不敢把完整的动物直接投给老虎，因为老虎在撕裂动物时也会变得非常暴怒。所以，饲虎的人要观察老虎的饥饱情况，了解老虎的喜怒变化。老虎虽然和人为异类，但它也喜爱饲虎的人，是因为饲虎的人顺从自己；而老虎要捕杀其他的物类，那是因为他们忤逆了自己。爱马的人准备筐子给马接粪，又准备盆子为马接尿，如果遇到蚊蝇落到马身上，若不管马的感受，直接拍打，马一受惊，脱缰奔逸，就不免踩死了这个爱马者。"

辅助王公贵族，一定要顺其自然天性，否则是很危险的。

子桑的歌

《大宗师》

子舆与子桑友，而霖雨十日。子舆曰："子桑殆病矣！"裹饭而往食之。至子桑之门，则若歌若哭，鼓琴曰："父邪！母邪！天乎！人乎！"有不任其声而趋举其诗焉。

子舆入，曰："子之歌诗，何故若是？"

曰："吾思夫使我至此极者而弗得也。父母岂欲吾贫哉？天无私覆，地无私载，天地岂私贫我哉？求其为之者而不得也。然而至此极者，命也夫！"

品读

子桑家里非常贫穷，经常没有饭吃，穿得也破破烂烂。虽然他是一位很有智慧的人，却很少有朋友来往。他只有一个朋友，这就是子舆。子舆是位残疾人，却道德健全，最和子桑合得来。

有一次，一连下了十天雨，子舆好久没见子桑，放心不下，心想："子桑大概生病了吧。"于是带着食物给子桑送去。刚走到子桑家门口，就听到里面有人声，既像是唱歌，又像是哭泣，伴随着琴声传来歌词："父亲吗？母亲吗？是天呢？是人呢？"歌词好像和音乐很不谐和，节奏非常急促。

子舆推门进去，说："你是在唱歌吗？可为什么唱成这个样子呢？"

子桑回答说："我在想让我如此穷困的是谁，但又想不出来。父母生我养我，难道是想让我贫困吗？上天无私地覆盖万物，大地无私地承载万物，难道偏偏对我不公，让我一个人贫困成今天这个样子吗？

子桑的歌

我想寻找造成我贫困的人却又找不到。那么，让我如此贫困的，只有命运了。”

人富贵贫贱的根源是复杂的，若一定想知道，那就只有命运了。

蒲衣子谈“真人”与“非人”《应帝王》

啮缺问于王倪，四问而四不知。啮缺因跃而大喜，行以告蒲衣子。

蒲衣子曰：“而乃今知之乎？有虞氏不及泰氏。有虞氏，其犹藏仁以要人；亦得人矣，而未始出于非人。泰氏，其卧徐徐，其觉于于；一以己为马，一以己为牛；其知情信，其德甚真，而未始入于非人。”

品读

王倪是古代的高士，非常有见识。啮缺也是一位隐士，他向王倪连续提了四个问题，王倪都回答不出。啮缺因为问住了王倪，很是得意，欢喜跳跃，去找蒲衣子。蒲衣子也是一位高士，他把这事告诉了蒲衣子，希望得到蒲衣子的首肯。

蒲衣子听了，淡淡地笑道：“那么，现在你真知道了吗？有虞氏比不上泰氏……”

难道连有虞氏这样尽善尽美的天子都没有被蒲衣子看在眼里吗？啮缺觉得有点不可思议，就插话说：“他恭谦礼让，孝父慈悌。登天子之位，又努力工作，举贤授能，流放四凶，让天下得以太平。”

蒲衣子打断了啮缺的话，说：“是的。有虞氏心怀仁义，希望得到人们的拥戴，但忙忙碌碌，不能保持自己的自然真性，所以他始终就不是真人。泰氏可不一样了，他安安然然地睡觉，无忧无虑地醒来，有时候被人当作马，有时候被人当作牛，他的智慧是最信实的人情，

蒲衣子谈『真人』与『非人』

他的道德也是最为真实的，他从来没有脱离真人。”

自己忙忙碌碌，大家都跟着忙忙碌碌；自己闲散自由，大家都跟着闲散自由。真人应该属于后者。

季咸给壶子相面 《应帝王》

郑有神巫曰季咸，知人之死生存亡、祸福寿夭，期以岁月旬日，若神。郑人见之，皆弃而走；列子见之而心醉。归，以告壶子，曰：“始吾以夫子之道为至矣，则又有至焉者矣。”

壶子曰：“吾与汝既其文，未既其实，而固得道与？众雌而无雄，而又奚卵焉！而以道与世亢，必信，夫故使人得而相汝。尝试与来，以予示之。”

明日，列子与之见壶子。出而谓列子曰：“嘻！子之先生死矣！弗活矣！不以旬数矣！吾见怪焉，见湿灰焉。”

列子入，泣涕沾襟以告壶子。壶子曰：“乡吾示之以地文，萌乎不震不止。是殆见吾杜德机也。尝又与来。”

明日，又与之见壶子。出而谓列子曰：“幸矣，子之先生遇我也！有瘳矣，全然有生矣！吾见其杜权矣。”

列子入，以告壶子。壶子曰：“乡吾示之以天壤，名实不入，而机发于踵。是殆见吾善者机也。尝又与来。”

明日，又与之见壶子。出而谓列子曰：“子之先生不齐，吾无得而相焉。试齐，且复相之。”

列子入，以告壶子。壶子曰：“乡吾示之以太冲莫胜。是殆见吾衡气机也。鲵桓之审为渊，止水之审为渊，流水之审为渊。渊有九名，此处三焉。尝又与来。”

明日，又与之见壶子。立未定，自失而走。壶子曰：“追之!”列子追之不及。反，以报壶子曰：“已灭矣，已失矣，吾弗及已。”

壶子曰：“乡吾示之以未始出吾宗。吾与之虚而委蛇，不知其谁何，因以为弟靡，因以为波流，故逃也。”

然后列子自以为未始学而归，三年不出。为其妻爨，食豕如食人。于事无与亲，雕琢复朴，块然独以其形立。纷而封哉，一以是终。

品读

郑国有一位神巫，名字叫季咸。他可以知道一个人的生存、死亡、吉祥、灾祸、长寿、夭折等事情，精确到某年、某月、某旬、某日，丝毫不差，简直就像神灵一样灵验。郑国人都害怕他预测到自己的灾祸，所以见到他都远远地躲避。列子却对这个人非常着迷，回去以后，就对自己的老师壶子说："一开始我还以为您的道术已经登峰造极了，现在才知道还有更了不起的道术。"

壶子问列子什么道术这么高深，列子就把季咸的情况告诉了壶子。

壶子说："我教给你的只是道术的一些皮毛，你并没有得到它的实质，你真以为得到了道术吗？只有雌鸟，没有雄鸟，哪里又能得到鸟蛋呢？把你那点道术的皮毛用在社会中，以为一定能体现出本领，反倒让人看出你的破绽。你试着把他叫来，给我相相面。"

第二天，列子领着季咸一起来给壶子相面。相完面，列子把季咸送出门，季咸对列子说："哎呀，你的先生快要死了，活不久了，也就十几天吧。我看到了他的怪异面相，一脸灰黑之色。"

列子回来，看到壶子，想起相处好多年的老师将要离开自己，不禁泪流满面，打湿了衣襟，便把季咸的话说给了壶子。壶子笑了，说："刚才我给他展示的是土地的表象，寂寞静止的状态，他大概只看到我关闭了道德的门户。下次你再领他到这来。"

接下来的一天，列子又陪季咸来到壶子这里。相面后，列子送季咸出门，季咸对列子说："你的老师见到我真是幸运啊。他的病情好转了，开始有了生气，堵塞生气的门打开了。"

列子回来后，又把季咸的话告诉了壶子。壶子说："我刚才向他体现的是天上的阳气，既没有名字，也没有实质，这个关键从脚跟打开，他只是从这关键中看见了好的现象。你明天再把他请来。”

过了一天，列子又把季咸带来了，一起去见壶子。出了门，季咸对列子说：“你的老师面相变化莫测，我没法看了。等他的面相平复以后，我再来给他看看。”

列子把话告诉了壶子。壶子说：“刚才我向他表现的是没有征兆的太冲之气，他可能看到的是阴阳二气平衡的状态，像鲸鱼潜藏的水潭，又像表面平静的水潭，还像流水回环的水潭。太冲之气表现的水潭有九个，我这里只用了三个。下次你再把他领来。”

季咸给壶子相面

第二天，列子又和季咸一起来看壶子。季咸还没站稳，一看壶子吓得转身就跑。壶子喊列子："快把他追回来。"列子追出门，已经不见季咸的踪影。列子气喘吁吁地回来，告诉壶子说："他已经无影无踪了，看不到那人了。我没有追上。"

壶子笑着说："刚才我给他看的是我前面没有用过的根本道术。它只是一种顺遂自然，连我自己都忘掉了自己，处于无所追逐、放纵随意的状态，所以把他吓跑了。"

从此以后，列子才发现自己并没有学到道术。回到自己家里，三年不出门，和外人不往来，一心给老婆做饭，喂猪也像对人一样上心。对任何事情都平等看待，不再修饰，回归朴质，坐立之时寂寞不动，就像土块一样。在纷繁的社会中坚守纯真，终身如此。

世俗的道术是超人的技艺，真正的道术却是合于自然的修养。季咸虽为世人看重，但壶子的高明道术却为季咸无可企及。

浑沌之死　《应帝王》

无为名尸，无为谋府；无为事任，无为知主。体尽无穷，而游无朕；尽其所受乎天，而无见得，亦虚而已。至人之用心若镜，不将不迎，应而不藏，故能胜物而不伤。

南海之帝为倏，北海之帝为忽，中央之帝为浑沌。

倏与忽时相与遇于浑沌之地，浑沌待之甚善。

倏与忽谋报浑沌之德，曰："人皆有七窍以视听食息，此独无有，尝试凿之。"

日凿一窍，七日而浑沌死。

品读

在远古的时候，有三位天帝。北海和南海的两位经常要南来北往，来去匆匆，所以帝号分别为“倏”和“忽”。中央这位始终不动，浑浑噩噩，不辨是非和南北，所以帝号为“浑沌”。

有一次，倏帝和忽帝同时路过浑沌的地方，浑沌招待了南北海的二帝，管吃管住，热情异常。倏帝和忽帝被混沌的热情所感动，商量如何报答浑沌的恩德，就说：“每个人都有目、鼻、耳、口等七窍，可以用来看漂亮的图案、听悦耳的音乐、吃美味的食物、呼吸新鲜的空气……可是这浑沌却一无所有，人世间的快乐一点也享受不到。这样吧，咱们给他凿出七窍来，也是给他做件好事吧。”

说干就干，两个人每天给浑沌凿一窍。辛辛苦苦，忙了七天，七窍是凿成了，结果浑沌却给生生凿死了。

因为没有七窍，混混沌沌，才号称“浑沌”。七窍凿成，洞明清楚，混沌不复存在，当然中央之帝也由此死了。

马的遭遇 《马蹄》

马，蹄可以践霜雪，毛可以御风寒。龁草饮水，翘足而陆，此马之真性也。虽有义台路寝，无所用之。及至伯乐，曰：“我善治马。”烧之，剔之，刻之，雒之，连之以羁馽，编之以皂栈，马之死者十二三矣；饥之，渴之，驰之，骤之，整之，齐之，前有橛饰之患，而后有鞭荚之威，而马之死者已过半矣。陶者曰：

"我善治埴，圆者中规，方者中矩。"匠人曰："我善治木，曲者中钩，直者应绳。"夫埴木之性，岂欲中规矩钩绳哉？然且世世称之曰"伯乐善治马，而陶匠善治埴木"，此亦治天下者之过也。

品读

马有蹄子，可以践踏冰霜雪地；有毛，可以抵御寒风。它们在草地上吃草，在河边饮水，跳跃尥蹶子，嬉戏玩耍，这都是马的天然状态。人们羡慕的高楼大屋，对这些马是没有意义的。后来来了一个叫伯乐的人，告诉别人说："我有养马的办法。"于是，用烙铁去烧它们，给它们剪毛，给它们修蹄，给它们装上辔头，把它们拴起来，把它们围在马厩里，这样一来，被害死的马就有百分之二三十；不给马水喝，不给马草吃，然后让它们奔跑追逐，还给它们编排队列，头上和胸前配有各种装饰器具，身上和屁股经常要遭到马刺戳、鞭子抽，这样一来，死掉的马就超过一半了。马在平时的时候，饿了吃草，渴了喝水，高兴的时候互相摩擦脖颈，生气的时候屁股相向，互相踢踏。马的智力也就如此而已。现在让它们去拉车，在额前戴上月亮形的配饰，它们只能用怒目、顶撞、挣扎、吐勒口、甩辔头来反抗，那种状态接近于强盗。这些都是伯乐干的坏事。

制瓦罐的人说："我善于制作土器，圆的要求和圆规一样，方的要求和方矩一样。"木匠说："我善于制作木器，弯曲的符合弯钩的要求，笔直的符合直绳的要求。"难道自然的土木都是中规中矩的吗？但是，人们却世世代代都把伯乐和这些陶者与木匠看作能工巧匠。

其实治天下同样如此。所谓圣人、贤人，总是拿仁义礼乐来规范人们的言行。真正的太平治世，没有道路，没有舟车，让老百姓自耕自织，无知无欲，回归到自然朴素的环境。

丈人灌园 《天地》

子贡南游于楚，反于晋，过汉阴，见一丈人方将为圃畦，凿隧而入井，抱瓮而出灌，搰搰然用力甚多而见功寡。

子贡曰："有械于此，一日浸百畦，用力甚寡而见功多，夫子不欲乎？"

为圃者仰而视之曰："奈何？"曰："凿木为机，后重前轻，挈水若抽；数如泆汤，其名为槔。"为圃者忿然作色而笑曰："吾闻之吾师，有机械者必有机事，有机事者必有机心。机心存于胸中，则纯白不备；纯白不备，则神生不定；神生不定者，道之所不载也。吾非不知，羞而不为也。"

子贡瞒然惭，俯而不对。

有间，为圃者曰："子奚为者邪？"

曰："孔丘之徒也。"

为圃者曰："子非夫博学以拟圣，于于以盖众，独弦哀歌以卖名声于天下者乎？汝方将忘汝神气，堕汝形骸，而庶几乎！汝身之不能治，而何暇治天下乎？子往矣，无乏吾事！"

子贡卑陬失色，顼顼然不自得，行三十里而后愈。其弟子曰：“向之人何为者邪？夫子何故见之变容失色，终日不自反邪？”

曰：“始吾以为天下一人耳，不知复有夫人也！吾闻之夫子：事求可，功求成，用力少，见功多者，圣人之道。今徒不然。执道者德全，德全者形全，形全者神全。神全者，圣人之道也。托生与民并行，而不知其所之，汒乎淳备哉！功利机巧，必忘夫人之心。若夫人者，非其志不之，非其心不为；虽以天下誉之，得其所谓，謷然不顾；以天下非之，失其所谓，傥然不受。天下之非誉，无益损焉，是谓全德之人哉！我之谓风波之民。”反于鲁，以告孔子。

孔子曰：“彼假修浑沌氏之术者也；识其一，不知其二；治其内，而不治其外。夫明白入素，无为复朴，体性抱神，以游世俗之间者，汝将固惊邪？且浑沌氏之术，予与汝何足以识之哉？”

品读

子贡到南方的楚国游说，返回晋国，路过汉水南岸，看见一位老者正在种菜。在菜园中有一条隧道通向井中，可这老者抱个水瓮一次一次地往来，取水灌溉，累得满头是汗，花的气力多，功效却很小。子贡忍不住对老者说：“现在就有一种器械，一天可灌溉好几百亩土地，花费气力少，得到的功效大，您难道不想用吗？”

种菜的老者抬头看看子贡，不解地问：“怎么做？”

子贡说：“做个木制的机械，后面重，前面轻，提水就像水自动流出一样方便，水大得就像开水溢出一样，它的名字叫桔槔。”

老者听后生气地变了脸，但很快又笑了，说：“我听我的老师说过：‘用机械的人一定有机巧之事，有机巧之事的人一定有机巧之心。’胸中藏有机巧之心，心里就不再是纯洁干净的；心里不再纯洁干净，那么精神性命就不安定；精神性命不安定的人，不能负载自然之道。我不是不知道桔槔，但用它感到羞耻，所以没有使用啊。”

说得子贡很惭愧，低着头不说话。过了一会儿，老者问道：“你是什么人？”

子贡回答：“孔丘的学生。”

老者嘲笑地说：“那人不就是自以为学问渊博可比圣人，谄媚逢迎超过众人，独自弹奏音乐沽名钓誉的人吗？你要是忘记了你的精神血气，放弃你的形骸躯体，就差不多接近自然之道了。你连自己都治不了，谈何治理天下！你走吧，别再耽搁我的事。”

子贡深感自卑，羞不可当，走了三十里路以后，才恢复了精神。子贡的弟子问道：“刚才那人是做什么的呢？先生您为什么见到他面无人色，一整天都无精打采呢？”

子贡说：“我原以为天底下只有孔夫子是一位了不起的人，没想到又有这么一个人。我听先生说过：‘行事只求认可，事情只求完成，出力只求轻松，能产生功效最多，就是圣人之道。’现在这个人却不是这样。掌握道术的人，德性是完整的；德性完整，形体也会完整；形体完整，精神也会完整。保持精神完整，这就是圣人之道。生在人世，和众人一起前行，却不知道去什么地方，恍恍惚惚，德性就淳朴完备了。追求功利，使用机巧，必然会忘掉这种人的心。像这种人，不是他的目标他不会前往，不是他想的他不会去做。即使天下的人都称赞他，只要是他想得到的，他也会傲然不顾；即使天下的人都责备他，只要不是他想要的，他也会拒绝接受。天下人的诋毁赞誉，不会对他有任何影响，这就是德性完整的人。而我只是随人世变化心里波动的人。”

子贡回到鲁国，见到孔子，把自己遇到的事情告诉了孔子。孔子说：“那个人是借以修养混沌氏道术的人，他只知其一，不知其二，只是休养内心，不知道随外物应变。如果遇到心智明白，不加修饰，无所作为，归于淳朴，领悟真性，守护精神，又能在世俗之间漫游的人，你还会惊讶吗？而且混沌氏的道术，你和我又如何能认识呢？”

孔子终于悟出“道” 《天运》

孔子谓老聃曰：“丘治《诗》《书》《礼》《乐》《易》《春秋》六经，自以为久矣，孰知其故矣；以奸者七十二君，论先王之道而明周召之迹，一君无所钩用。甚矣夫！人之难说也，道之难明邪！”

老子曰：“幸矣，子之不遇治世之君也！夫六经，先王之迹也，岂其所以迹哉！今子之言，犹迹也。夫迹，履之所出，而迹岂履哉？夫白鶂之相视，眸子不运而化；虫，雄鸣于上风，雌应于下风而化；类自为雌雄而化。性不可易，命不可变，时不可止，道不可壅。苟得于道，无自而不可；失焉者，无自而可。”

孔子不出三月，复见曰：“丘得之矣。乌鹊孺，鱼傅沫，细要者化，有弟而兄啼。久矣夫！丘不与化为人！不与化为人，安能化人？”

老子曰：“可。丘得之矣！”

品读

孔子对老子说："我孔丘研治《诗》《书》《礼》《乐》《易》《春秋》六经，自以为很久了，熟知相关的历史和事件。前往进言的君主有七十二人之多，对他们论说先王的治国之道，阐明周公、召公辅助天子的事迹，但没有一位国君采纳。这真是太不幸了。难道这些人是难于游说，还是因为治国之道难于阐明呢？"

老子说："你已经很幸运了。你幸亏没有遇到治世的国君。所谓六经，都是先王留下来的陈迹，哪里有他们所以成就这些事业的东西呢？现在你所说的也都是陈迹。足迹是由鞋子踩出来的，足迹本身难道是鞋子吗？白鸟雌雄相视，目不转睛，没有交合却生下小鸟；雄性虫子在上风鸣叫，雌性虫子在下风鸣叫，没有交合也生下小虫。同类生物，自有雌雄，所以没有交合仍然能生下同类的幼仔。本性是不可以更替的，命运是不可以改变的，时间是不可以停止的，自然之道是不可以堵塞的。一旦获得自然之道，无论怎样都是可以的；如果不得道，无论怎样都是不可以的。"

孔子回到家，闭门思考。没过三个月，又来拜见老子，说："孔丘我终于领悟了。乌鹊以卵生子，鱼受沫生子；蜂蝇认桑虫为儿子，人类却因为生弟弟而哥哥啼哭，这些情况已经很久了。我孔丘没有参与造化人类，既然没有参与造化人类，又如何能改造人类呢？"

老子听了很高兴，说："可以了！孔丘真是领悟了自然之道。"

匡人围孔子 《秋水》

孔子游于匡，卫人围之数匝，而弦歌不惙。

子路入见，曰："何夫子之娱也？"

孔子曰："来！吾语女。我讳穷久矣，而不免，命也；求通久矣，而不得，时也。当尧舜而天下无穷人，非知得也；当桀纣而天下无通人，非知失也；时势适然。夫水行不避蛟龙者，渔父之勇也；陆行不避兕虎者，猎夫之勇也；白刃交于前，视死若生者，烈士之勇也；知穷之有命，知通之有时，临大难而不惧者，圣人之勇也。由！处矣！吾命有所制矣！”

无几何，将甲者进，辞曰：“以为阳虎也，故围之。今非也，请辞而退。”

品读

孔子周游列国，到了卫国的匡地，被卫国人包围起来。群情激奋，密密麻麻围了好几圈。

孔子态度从容，好像没事人一样，坐在人群中弹着琴、唱着歌，并没因此停下来。

学生子路听说老师被包围了，赶紧跑来找老师。当他挤进人群，大汗淋漓，气喘吁吁地见到老师，而老师的举止却让他很吃惊，非常不解地问道：“先生怎么还有心情自我娱乐呢？”

孔子看到子路，停下唱歌和弹琴，说：“过来！我告诉你，我害怕穷困潦倒很久了，但又总是遇上，这也是命吧；寻求仕途通达也很久了，但总遇不上，这是没有时机吧。在唐尧和虞舜的时代，天下没有穷困潦倒的读书人，他们所以仕途通达并不是因为智慧出众；在夏桀商纣的时代，天下没有仕途通达的读书人，他们所以穷困潦倒也不是因为没有智慧，这都是时势造成的。在水中不躲避蛟龙的人，一定是渔夫中的勇敢者；在山林中不躲避虎豹的，一定是猎人中的勇敢者；面对白刃交加、视死如生的，一定是战士中的勇敢者；知道穷困潦倒是由命运的安排，知道仕途通达自有时机，灾难在前临危不惧，这是

圣人中的勇敢者。仲由啊，镇定啦！我的命运是由上天安排的。”

过了一会儿，有一队身着铠甲的士兵驱散了人群，为首的一位校官走到孔子面前，作揖道歉，说：“不好意思。大家以为是阳虎来了，所以把您老人家给围起来了。现在知道弄错了，现在向您谢罪退兵吧。”

鲁侯养鸟 《至乐》

颜渊东之齐，孔子有忧色。

子贡下席而问曰："小子敢问，回东之齐，夫子有忧色，何邪？"

孔子曰："善哉汝问！昔者管子有言，丘甚善之，曰：'褚小者不可以怀大，绠短者不可以汲深。'夫若是者，以为命有所成而形有所适也，夫不可损益。吾恐回与齐侯言尧舜黄帝之道，而重以燧人神农之言。彼将内求于己而不得，不得则惑，人惑则死。且女独不闻邪？昔者海鸟止于鲁郊，鲁侯御而觞之于庙，奏九韶以为乐，具太牢以为膳。鸟乃眩视忧悲，不敢食一脔，不敢饮一杯，三日而死。此以己养养鸟也，非以鸟养养鸟也。夫以鸟养养鸟者，宜栖之深林，游之坛陆，浮之江湖，食之鳅鲦，随行列而止，委蛇而处。彼唯人言之恶闻，奚以夫譊譊为乎！咸池九韶之乐，张之洞庭之野，鸟闻之而飞，兽闻之而走，鱼闻之而下入，人卒闻之，相与还而观之。鱼处水而生，人处水而死，彼必相与异，其好恶故异也。故先圣不一其能，不同其事，名止于实，义设于适，是之谓条达而福持。"

品读

颜渊要到东方的齐国去，孔子非常忧愁。子贡不理解，离开坐席，问孔子："学生想问一下，颜回东行到齐国去，先生面带愁容，是什么原因呢？"

孔子回答：“你这个问题问得很好。过去管仲说过这样的话，我很欣赏。他说：‘小布囊不可以盛大东西，短井绳不可以从深井里提水。’如果这样的话，人的聪明和愚蠢是早已形成的，人的行为好坏也有相应的条件，这是外人无法增加或减少的。我害怕颜回去了齐国，给齐王讲唐尧、虞舜、黄帝这些人的治国之道，又加上介绍燧人氏、神农氏的言论。齐王将会在自己身上搜寻这些东西，却又找不到，找不到就会产生疑心，齐王有了疑心，颜回就死定了。过去，有一只海鸟落在鲁国的城外，这是非常罕见的事情，被人捕捉到了。这只鸟抬起头有八尺高，形象像凤凰，不同于常鸟。鲁侯听说后，派人接到宫中，养在供奉祖宗的太庙里，每天给它演奏《九韶》，供其欣赏；准备一牛一羊一猪的太牢，供其享用；还有玄酒供其饮用，可是，这只鸟

鲁侯养鸟

离开了自然，心中悲愁，看都不看一眼，不愿吃一块肉，不愿饮一杯酒，三天之后就死掉了。鲁侯养鸟是用奉养自己的方式来养鸟，并不是用饲养鸟的方式养鸟。如果把鸟当作鸟去养，就应该让它栖居在树林里，散步在沙滩洲渚上，在江湖上游泳，吃泥鳅、小鱼，和同伴一起休息，自由活动。这种鸟连人说话都不愿意听到，更何况那些呜呜哇哇的喧嚣声呢！《咸池》《九韶》这些圣人的音乐，如果在洞庭湖上演奏，鸟听到后会飞得远远的，野兽听到后会逃之夭夭，鱼听到后会潜藏水下，只有人听到后会围观欣赏。鱼生活在水中才能活，人生活在水中就会淹死，所以肯定相互不同，好恶也是有别的。先王选用人才不只用一种才能，做众多的事情也不能用一种办法解决，名号要由本质来确定，正确与否是由是否合适为标准，这才叫作条理通畅，才会受到福运的扶持。”

田开之论养生 《达生》

田开之见周威公。

威公曰：“吾闻祝肾学生，吾子与祝肾游，亦何闻焉？”

田开之曰：“开之操拔篲，以侍门庭，亦何闻于夫子！”

威公曰：“田子无让，寡人愿闻之。”开之曰：“闻之夫子曰：‘善养生者，若牧羊然，视其后者而鞭之’”

威公曰：“何谓也？”

田开之曰：“鲁有单豹者，岩居而谷饮，不与民共利，行年七十而犹有婴儿之色；不幸遇饿虎，饿虎杀而食之。有张毅者，高门县薄，无不走也，行年四十而有内热之病以死。豹养其内而虎食其外，毅养其外而病攻其内，此二子者，皆不鞭其后者也。”

仲尼曰：“无入而藏，无出而阳，柴立其中央。此三者得，其名必极。夫畏涂者，十杀一人，则父子兄弟相戒也，必盛卒徒而后敢出焉，不亦知乎！人之所取畏者，衽席之上，饮食之间，而不知为之戒者，过也。”

品读

一次，有个叫田开之的人拜见周威公，周威公说：“我听说祝肾正在修养生命。您现在跟随祝肾学习，他对你都有些什么教导呢？”

田开之谦逊地说：“我算不上学习，只是拿着扫帚立在先生的门墙边上，又能得到先生的什么教诲呢？”

周威公说：“先生不要谦让。寡人也想听到他的一些教导。”

田开之说：“我的老师说过：‘善于养生的人，就像放羊一样，看见哪只羊落到羊群后面，就用鞭子抽打哪只羊。’”

周威公不得要领，又问：“这是什么意思呢？”

田开之回答说：“鲁国有个名叫单豹的人，住在山岩下面，到水坑里打水吃，不和别人争利，年纪将要七十岁了，脸色还和婴儿一样红润。有一天，他遇到了饿虎，不幸被饿虎吃了。还有个名叫张毅的人，善于和人打交道，无论是高门望族，还是小家寒门，他都前去走访。在他四十岁的时候，却因为发烧，不治而死。单豹在内心养生，结果被外来的老虎吃了；张毅通过外面的和谐来养生，结果被体内的疾病害死了。这两个人，都是因为不去鞭打最后那一只羊啊。”

养生是一种全面活动，只要有一点不足就会彻底失败。鞭打最落后一只羊的道理，犹如现在常说的“短板效应”。

东野驾车 《达生》

东野稷以御见庄公，进退中绳，左右旋中规。庄公以为造父弗过也，使之钩百而少及。

颜阖遇之，入见曰：“稷之马将败。”公密而不应。

少焉，果败而反。公曰：“子何以知之？”

曰：“其马力竭矣，而犹求焉，故曰败。”

品读

东野稷因为驾车本领很高，前往求见鲁庄公。见到庄公，东野稷先给庄公展示了一番驾车的本领。他一会儿赶着马车向前跑，一会儿赶着马车向后退，车迹笔直有如用绳墨拉成；一会儿向左转圈，一会儿向右转圈，车迹浑圆好像用圆规画出。庄公看了非常高兴，连声叫好，认为编织出的花纹也不比这更好看了，又要求东野稷驾车在原地打一百个转，然后返回。

鲁国的贤人颜阖刚好也观看了东野稷的表演。结束后，就进宫觐见鲁庄公，说：“东野稷这样驾车将会颠覆。”庄公只觉得东野稷驾车技艺高超，不可能颠覆，所以没有吭声，对颜阖的话不置可否。过了不久，东野稷驾的车果然翻了。东野稷不好意思，就悄悄地回家了。

这时，鲁庄公把颜阖招来，问道："你怎么能预知车会颠覆呢？"

颜阖回答："马力已经用尽了，还要求它们继续奔跑，所以说要颠覆。"

做任何事都应留有余地，不能过分，过分就要失败。

孔子逃进大泽 《山木》

孔子围于陈蔡之间，七日不火食。大公任往吊之，曰："子几死乎？"

曰："然。"

"子恶死乎？"

曰："然。"

任曰："予尝言不死之道。东海有鸟焉，其名曰意怠。其为鸟也，翂翂翐翐，而似无能；引援而飞，迫胁而栖；进不敢为前，退不敢为后；食不敢先尝，必取其绪。是故其行列不斥，而外人卒不得害，是以免于患。直木先伐，甘井先竭。子其意者饰知以惊愚，修身以明污，昭昭乎如揭日月而行，故不免也。昔吾闻之大成之人曰：'自伐者无功，功成者堕，名成者亏。'孰能去功与名而还与众人？道流而不明居，得行而不名处；纯纯常常，乃比于狂；削迹捐势，不为功名。是故无责于人，人亦无责焉。至人不闻，子何喜哉？"

孔子曰："善哉！"辞其交游，去其弟子，逃于大泽；衣裘褐，食杼栗；入兽不乱群，入鸟不乱行。鸟兽不恶，而况人乎？

品读

孔子周游列国，在陈国和蔡国之间被当地人包围了。包围了七天，无法生火做饭，好不容易才返回鲁国。

太公任听说后，就前往慰问孔子。见到孔子就问："您几乎要饿死了吧？"

孔子回答："是的。"

太公任又问："您当时怕死吗？"

孔子说："当然。"

这时，太公任就对孔子说："我曾经讲过逃避死亡的办法。东海有一只鸟，名字叫意怠。这种鸟只能在低空中飞翔，看起来没有本领，飞的时候要和众鸟在一起，栖息的时候也要待在众鸟中间；既不敢飞到最前面，也不敢落在最后面；吃食也不敢抢在先，一定要吃其他鸟吃剩下的。所以，在鸟群中不受排斥，人类始终伤害不到它，也因此免去了灾祸。长得直的树木先遭砍伐，水甜的井先被用竭，你的做法是修饰自己的智慧来耸动世俗，修养自己的道德来反衬社会的肮脏，好像举着日月行走来炫耀自己，所以不免遭到灾祸。过去我听过大有成就的人说：'自我夸耀的人是无所作为的，功绩完成往往遭到毁坏，有了名声往往会有损失。'谁又能做到抛弃功绩和名声，把它们交还给大家呢！随自然大道流行却不显示自己，有了德行却不留名，心里单纯，平常自然，可以和狂放的人相比；隐藏自己的功劳，放弃自己的势位，不争夺功劳和名声。所以对别人没有责任，别人对你也就没有责任。至人是没有人知道的，你又何必要沾沾自喜。"

孔子听后，恍然大悟，由衷地赞叹道："说得好啊！"

孔子逃进大泽

从此以后，孔子告辞朋友，劝退弟子，一个人逃到大泽中去，夏天穿葛衣，冬天穿兽皮，用山芋、栗子充饥。和野兽混在一起，不骚扰兽群；和鸟类同宿，不惊吓鸟群。连鸟兽都不讨厌孔子，更何况人呢？

桑户教导孔子 《山木》

孔子问子桑雽曰："吾再逐于鲁，伐树于宋，削迹于卫，穷于商周，围于陈蔡之间。吾犯此数患，亲交益疏，徒友益散，何与？"

子桑雽曰："子独不闻殷人之亡与？林回弃千金之璧，负赤子而趋。或曰：'为其布与？赤子之布寡矣；为其累与？赤子之累多矣；弃千金之璧，负赤子而趋，何也？'林回曰：'彼以利合，此以天属也。'夫以利合者，迫穷祸患害相弃也；以天属者，迫穷祸患害相收也。夫相收与相弃亦远矣。且君子之交淡如水，小人之交甘如醴；君子淡以亲，小人甘以绝。彼无故以合者，则无故以离。"

孔子曰："敬闻命矣！"徐行翔佯而归，绝学捐书，弟子无挹于前，其爱益加进。

异日，桑雽又曰："舜之将死，乃命禹曰：'汝戒之哉！形莫若缘，情莫若率；缘则不离，率则不劳；不离不劳，则不求文以待形；不求文以待形，固不待物。'"

品读

一次，孔子问桑雽说："我一再被从鲁国驱逐出去，在宋国不受欢迎，连我遮风挡雨的大树都给砍了。在卫国不被容留，在商、周等地走投无路，在陈国、蔡国之间被人包围。遭遇了这几次灾难，亲人朋友不能理解，都和我疏远了；弟子也不再信任我，失散了很多。这究竟是什么原因呢？”

桑雽说：“您难道没有听说过殷人的逃亡吗？有个名叫林回的人，扔下价值千金的玉璧，背着自己的孩子就逃跑了。有人问：‘为了钱币吗？比起玉璧来，小孩子的价值要差多了。为了拖累吗？和玉璧比，小孩子的拖累重多了。可是为什么要抛弃价值千金的玉璧，而背着小孩子逃跑呢？’林回回答：‘玉璧从利益方面合于人的需要，小孩子却是上天给我的。’从利益方面合于人的需要的，迫于穷困灾祸的时候就会被抛弃；上天送给的，迫于穷困灾祸的时候反倒相互需要。相互抛弃和相互需要，相差就太远了。君子交往平淡如水，小人交往甘甜如蜜。君子交往虽然平淡，但情感亲近；小人交往虽然甘甜，但情感隔

桑户教导孔子

阂。所以没有基础的结合，就会出现没有原因的分离。”

孔子听后，心悦诚服了，说：“恭敬地接受您的教诲。”然后自由自在，慢慢地走回家了。

从此不再研习礼仪，抛弃书册。弟子们虽然从先生这里没有得到什么收获，但相互之间的情谊更加深厚了。

过了几天，桑雽觉得孔子领悟了自己的意思，又找来说：“虞舜快死的时候，告诉大禹说：‘你要警惕啊。人的行为没有比顺从更重要，性情没有比率真更重要；顺从所以不会被离弃，率真所以做事不辛劳。不离弃、不辛劳，就不要求礼文来修饰外在的形象；因为不要礼文修饰外在的形象，对外在的事物也就没有要求了。’”

鲁国的儒者 《田子方》

庄子见鲁哀公。哀公曰：“鲁多儒士，少为先生方者。”

庄子曰：“鲁少儒。”

哀公曰：“举鲁国而儒服，何谓少乎?”

庄子曰：“周闻之：儒者冠圜冠者，知天时；履句屦者，知地势；缓佩玦者，事至而断。君子有其道者，未必为其服也；为其服者，未必知其道也。公固以为不然，何不号于国中曰，‘无此道而为此服者，其罪死’?”

于是哀公号之，五日，而鲁国无敢儒服者，独有一丈夫儒服而立乎公门。公即召而问以国事，千转万变而不穷。

庄子曰：“以鲁国而儒者一人耳，可谓多乎?”

品读

庄子到鲁国，见到了鲁哀公。鲁哀公对庄子说：“我们鲁国读书人很多，但很少有研究先生您的学问的。”

庄子笑着说：“鲁国的读书人其实很少。”

哀公不服气，就随口说：“整个鲁国，举目望去，尽是穿着读书人衣服的人，怎么能说少呢？”

鲁国的儒者

庄子说："我听说读书人戴的冠是圆形的，表示自己懂得天象运行；读书人穿的鞋是方形的，表示自己懂得大地方正公平；读书人腰间用五色绳拴着玉玦，警戒自己遇到事情要果决。君子具有以上品质的，不必穿读书人的衣服；穿读书人衣服的，未必都具有以上品质。君主要是不信的话，您为什么不在国中发布号令说'没有以上品质的人而穿读书人衣服的人，一律死罪'？"

哀公还是不相信，于是按庄子说的在鲁国实施了三天号令，鲁国果然没有人穿儒服了。只有一位男子穿着读书人的衣服站在进入宫殿的大门口，哀公当即把他请进宫中，商量国家大事，问的问题千变万化，但总是问不住那人。

庄子说："整个鲁国就一位读书人，还算多吗？"

穿着读书人衣服的未必就是读书人，就好像现在大街上留着大胡子、梳着小辫子的未必就是画家、音乐家，不洗脸、蓬头垢面、说话颠三倒四的也未必就是诗人、作家。

宋元君的绘画比赛 《田子方》

宋元君将画图，众史皆至，受揖而立，舐笔和墨，在外者半。有一史后至者，儃儃然不趋，受揖不立，因之舍。公使人视之，则解衣，般礴，裸。君曰："可矣，是真画者也！"

品读

宋元君喜欢绘画，也懂绘画，经常搞一些绘画比赛，前几名总是会

宋元君的绘画比赛

得到重赏。

这次宋元君又要组织一场比赛。命令早已发布了，声称赏金重于以往，所以好多画师都提前做好准备，希望能拔取头筹，获得重赏。

按照惯例，比赛将要在现场进行。这样，不仅可以让人欣赏画作，而且也可以展示画师们的运笔技巧，挥洒自如的绘画姿态。比赛那天，来的人很多，画师们早已恭恭敬敬地站了一大排，外围还有大群的人在等着观赏，喧喧嚷嚷，好不热闹。一会儿，宋元君在侍卫的陪同下来到现场，在已备好的位子上坐下。

比赛开始，观众们静了下来。画师们站立着接受宋元君的接见，在接受了作画命令，行拜揖礼后，就开始忙碌起来。有的研磨，有的舐笔，准备在国君和众人面前显示自己的才能。

比赛开始了一会儿，从人群中挤出来一位画师，优哉游哉地迈着八字步，走到宋元君面前接受了作画命令。他行完拜揖礼，连站都没有站就回宿舍了。

在场的人都觉得纳闷。宋元君派人前往视察，那人却脱了衣服，两腿平放席上而坐，浑身赤裸。前去视察的人把情况告诉宋元君后，宋元君说："好了，这才是真正的作画人。"

笔墨画出来的作品都是粗劣的，只有天生的形体才是大自然造就的真正艺术品。

周文王治国 《田子方》

文王观于臧，见一丈人钓，而其钓莫钓；非持其钓有钓者也，常钓也。文王欲举而授之政，而恐大臣父兄之弗安也；欲终而释之，而不忍百姓之无天也。

于是旦而属之大夫曰："昔者，寡人梦见良人，黑色而髯，乘驳马而偏朱蹄，号曰：'寓而政于臧丈人，庶几乎民有瘳乎！'"

诸大夫蹴然曰："先君王也。"

文王曰："然则卜之。"

诸大夫曰："先君之命，王其无它，又何卜焉？"

遂迎臧丈人而授之政。典法无更，偏令无出。三年，文王观于国，则列士坏植散群，长官者不成德，斔斛不敢入于四境。则列士坏植散群，则尚同也；长官者不成德，则同务也；斔斛不敢入于四境，则诸侯无二心也。

文王于是焉以为大师，北面而问曰：“政可以及天下乎？”臧丈人昧然而不应，泛然而辞，朝令而夜遁，终身无闻。

颜渊问于仲尼曰：“文王其犹未邪？又何以梦为乎？”仲尼曰：“默，汝无言！夫文王尽之也，而又何论刺焉？彼直以循斯须也。”

品读

周文王到臧地巡视，见到一位男子在钓鱼。其实那人的鱼钩上没有鱼饵，并不是为了钓鱼，而是另有要钓的东西，所以常常这样钓鱼。

文王想要提拔这人，把国家的政治事务交由他去处理，但又害怕国中的大臣和家族中的父兄不肯接受；想要放弃这人，又害怕国中的老百姓得不到善人的庇荫。于是第二天早晨，就对大夫说：“我曾经做过一个梦，梦见一位贤人，肌肤深黑，长着一脸络腮胡，骑着一匹有一条腿是赤色的杂毛马，他命令我说：‘把你的执政权暂寄到臧地男子那里，你的百姓的病苦大概会好起来。’”

朝中大夫惊讶起来，有的甚至恐惧地说：“梦中那人一定是前代君王吧。”

文王故意说：“要么我们占卜一下。”

大夫都说：“既然是前代君主命令大王，没有可怀疑的，还占卜什么呢？”

周文王治国

于是，文王就把臧地的男子接来，并把国家的事情交给了他。国家的典章法令没有更改，对某些人群特殊照顾的号令也没有发布过。

三年之后，文王巡游国内，结帮的列士们都作鸟兽散，长官不再想给自己树立德望，外国的量器被排斥出去。结帮的列士们作鸟兽散，是因为大家多为国家着想；长官不给自己树立德望，是因为大家做的都是国家的事情；外国的量器被排斥出去，诸侯们也对文王一心一意了。

文王于是让臧地的男子做太师，自己处在臣下的位置上，面朝北向臧地的男子请教，说：“这样的政治可以推行到整个天下吗？”

那人一言不发，也不回答，态度平淡地推辞了职位。文王早晨下令，那人夜晚就逃走了，从此以后，再也没有了那人的消息。颜渊听到这个故事以后，就问孔子说：“文王还有做不到的吗？为什么提拔一个人还要假托做梦呢？”

孔子说：“闭嘴，你别说了，文王已经尽善尽美了，你凭什么议论批评他呢？他只是为了顺应众人一时的情绪罢了。”

顺应人情也是顺应自然啊。

九方歅相面　《徐无鬼》

子綦有八子，陈诸前，召九方歅曰：“为我相吾子，孰为祥？”

九方歅曰：“梱也为祥。”

子綦瞿然喜曰：“奚若？”曰：“梱也将与国君同食以终其身。”

子綦索然出涕曰：“吾子何为以至于是极也？”

九方歅曰：“夫与国君同食，泽及三族，而况父母乎？今夫子闻之而泣，是御福也。子则祥矣，父则不祥？”

子綦曰：“歅，汝何足以识之？而梱祥邪，尽于酒肉，入于鼻口矣，而何足以知其所自来？吾未尝为牧，而牂生于奥；未尝好田，而鹑生于宎。若勿怪，何邪？吾所与吾子游者，游于天地；吾与之邀乐于天，吾与之邀食于地；吾不与之为事，不与之为谋，不与之为怪；吾与之乘天地之诚，而不以物与之相撄；吾与之一委蛇，而不与之为事所宜。今也，然有世俗之偿焉！凡有怪征者，必有怪行。殆乎！非我与吾子之罪，几天与之也！吾是以泣也。”

无几何，而使梱之于燕，盗得之于道。全而鬻之则难，不若刖之则易，于是刖之，而鬻于齐。适当渠公之街，然身食肉而终。

品读

南伯子綦有八个儿子，子綦让他们都站成一排，然后把善于相面的九方歅叫来，说：“您给我的孩子们相一相面，看看谁的命运最好。”

九方歅把这八个孩子从前到后仔细端详了一遍，指着其中一位叫梱的孩子说：“梱的命最好。”

子綦惊喜地问道：“怎么样的好法呢？”

九方歅说：“他终身都和国君享用同样的酒食。”

子綦的喜悦消失了，眼泪也流了下来，说：“我的孩子为什么竟如此不幸呢？”

九方歅不解地说：“和国君享用同样的酒食，优渥的条件可以泽及三代，更何况他的父母亲呢？现在您听到这个消息而哭泣，这是阻止福祉呀。对儿子是吉祥事，在父亲看来就不是吉祥的事了吗？”

子綦说：“歅啊！你怎么能理解呢？你所说的梱的命好，都是在酒肉饮食方面，通过嗅觉、味觉进入鼻口。却如何知道它们的来源呢？我未曾放牧母羊，羊羔就生在屋角；我未曾狩猎，鹌鹑就生在屋角里，你却不以为奇怪，这是什么原因呢？我和我的孩子游玩的地方，是在

九方歅相面

天地之间。我和他们在天上得到音乐，和他们在地上得到饮食；我不和他们去做事，也不和他们商量，更不和他们标新立异；我和他们驾驭着天地本质，不和他们受万物干扰；我和他们一起顺应万物，不和他们去做那些认为应该做的事。没有想到现在却遭到了世俗的报应。凡是有怪异征兆的，必然会有怪异的行为，这真是危险啊！这并非我和孩子的罪过，大概是上天给予的吧！我因此而哭泣。”

过了不久，梱到燕国出使，半道上被强盗抓获，强盗想要卖他又怕他逃走，就决定把他的脚砍掉再卖了。于是被砍了脚的梱卖到了齐国，刚好给齐国大夫渠公看门，但是以吃肉终结了一生。

世俗的物质享受未必真是幸福的事，像梱这样被砍了脚，给人看门，虽有酒有肉，能算幸福吗？

蜗角之争

《则阳》

魏莹与田侯约，田侯牟之。魏莹怒，将使人刺之。

犀首公孙衍闻而耻之，曰："君为万乘之君也，而以匹夫从雠！衍请受甲二十万，为君攻之，虏其人民，系其牛马，使其君内热发于背。然后拔其国。忌也出走，然后抶其背，折其脊。"

季子闻而耻之，曰："筑十仞之城，城者既十仞矣，则又坏之，此胥靡之所苦也。今兵不起七年矣，此王之基也。衍乱人，不可听也。"

华子闻而丑之，曰："善言伐齐者，乱人也；善言勿伐者，亦乱人也；谓伐之与不伐乱人也者，又乱人也。"

君曰："然则若何？"

曰："君求其道而已矣！"

惠子闻之，而见戴晋人。

戴晋人曰："有所谓蜗者，君知之乎？"

曰："然。"

"有国于蜗之左角者曰触氏，有国于蜗之右角者曰蛮氏，时相与争地而战，伏尸数万，逐北旬有五日而后反。"

君曰："噫！其虚言与？"

曰："臣请为君实之。君以意在四方上下有穷乎？"

君曰："无穷。"

曰：“知游心于无穷，而反在通达之国，若存若亡乎？”

君曰：“然。”

曰：“通达之中有魏，于魏中有梁，于梁中有王。王与蛮氏，有辩乎？”

君曰：“无辩。”

客出而君惝然若有亡也。

客出，惠子见。君曰：“客，大人也，圣人不足以当之。”

惠子曰：“夫吹管也，犹有嗃也；吹剑首者，吷而已矣。尧舜，人之所誉也；道尧舜于戴晋人之前，譬犹一吷也！”

品读

魏惠王莹和齐威王田侯牟订立盟约，誓言不再相互攻伐。后来，田侯牟违背了盟约，魏惠王大怒，打算派人刺杀田侯牟。

将军公孙衍听到后，认为这是羞耻的事，就去见魏王，说：“大王作为一个大国的君主，竟然用匹夫的行为去报仇。臣下愿意带领二十万士兵去攻打齐国，俘获齐国的人民，夺取齐国的牛马，让齐国国君急火攻心，背上生疽。攻占齐国国都，逼着齐国大将田忌出逃，然后痛打他的脊背，打断他的脊梁，来为您报仇。”

魏人季子听到后，认为公孙衍的话可耻，也去见魏王，说：“建筑十仞高的城墙，城高到十仞以后，又把它毁坏，这是劳苦奴隶的做法。现在已经有七年没有打仗了，这是大王取得天下的基础。公孙衍是个搅乱国家的人，不可以听信他的话。”

魏人华子听了季子的话后，对公孙衍和季子的话都非常鄙视，见到魏王说："喜欢说讨伐齐国的人是乱国之人，喜欢说不去讨伐的人也是乱国之人，那些评说讨伐或者不讨伐的人都是乱国之人的人，他们本身就是乱国之人。"

魏王问："那怎么办呢？"

华子说："大王只要追求自然之道就行了。"

惠子听说后，就去找一位名叫戴晋人的贤人，希望他能帮助魏王。戴晋人对魏王说："有一种叫蜗牛的东西，您知道吗？"

魏王说："知道。"

戴晋人说："有一个国家建立在蜗牛的左触角上，国名叫触氏；还有一个国家建立在蜗牛的右触角上，国名叫蛮氏。当他们为了争夺土地的时候，就发动战争。这一打仗，死者数万，血流成河，胜者乘胜追击，战争结束后，要走十五天才能返回本国。"

魏王听后笑了，说："嗨，你这纯粹是编故事嘛。"

戴晋人说："那么，我给您把这故事坐实了。你想一下，我们生活的上下四方能有穷尽吗？"

魏王说："无穷。"

戴晋人说："知道我们的精神在无穷无尽中遨游，但我们自己却在车舟相通的狭小土地上，这些既好像是不存在的，又好像是存在的。"

魏王说："是这样。"

戴晋人说："在车舟相通的狭小土地上有一个魏国，魏国的土地上还有名叫大梁的国都，在大梁城里还居住着大王您。那么大王和蛮氏有什么区别呢？"

魏王说："没有区别。"

戴晋人说完后就离开了。魏王听后，心中若有所失。

惠子进来，拜见魏王。魏王对惠子说："刚才先生介绍的客人，真是了不起的人啊，圣人都赶不上。"

惠子说："吹笙的人吹出的声音是悠扬动听的，吹剑柄孔的人只是'扑'的一小声。尧、舜是为人们共同称誉的人，但在戴晋人面前叙说尧、舜，就好像在吹笙人面前吹剑柄孔一样。"

一般的人都推崇尧、舜是圣人，可是在超脱世俗的大人眼里，真是不值得一提。

任公子钓鱼 《外物》

任公子为巨钩大纶，五十犗以为饵，蹲乎会稽，投竿东海，旦旦而钓，期年不得鱼。已而，大鱼食之，牵巨钩，錎没而下；警扬而奋鬐，白波若山，海水震荡，声侔鬼神，惮赫千里。任公子得若鱼，离而腊之。自制河以东，苍梧以北，莫不厌若鱼者。

品读

任国有一位公子，喜欢钓鱼。他和一般的人钓鱼不同，一般人钓鱼，总是要找一个安静的地方，坐在树下，垂着细竿，鱼钩上放一点饵料，静静地等着鱼儿上钩。这鱼大的有五六斤，小的只有四五两，或者用来消闲，或者用来充饥助餐。

任公子钓鱼用巨大的鱼钩和粗壮的钓绳，这鱼钩像座小山，钓绳比蟒蛇还粗；用五十头壮牛做鱼饵，自己蹲在今天绍兴市的会稽山山顶上，把鱼竿投放到东海里面。他每天早晨都去钓鱼，整整一年了，还没见有鱼咬钩。

有一天，终于有一条大鱼上了钩。这条鱼先带着鱼钩潜入水下，在水下潜游了几十天，又从水下冲上水面，背鳍像马鬃一样竖起来，胸鳍和尾鳍划拨着海水，掀起的白色水波像大山立起来一样高耸，整个大海就像受到震动，浪涛此起彼伏，风的呼啸声、浪的拍击声、鱼的怒吼声交杂在一起，声音巨大怪异，简直就像鬼哭神嚎，方圆千里惊恐震怖。

任公子钓到这条大鱼以后，把它分割成许多大块做成鱼干，浙江以东、苍梧山以北的人们都有足够的鱼吃了。

做大事就要有大的耐心和魄力，这对于一般的人是难以理解的。

渔父的故事

《渔父》

孔子游乎缁帷之林，休坐乎杏坛之上。弟子读书，孔子弦歌鼓琴。

奏曲未半，有渔父者，下船而来，须眉交白，被髮揄袂，行原以上，距陆而止，左手据膝，右手持颐以听。

曲终，而招子贡、子路，二人俱对。客指孔子曰："彼何为者也？"

子路对曰："鲁之君子也。"

客问其族。子路对曰："族孔氏。"

客曰："孔氏者何治也？"

子路未应，子贡对曰："孔氏者，性服忠信，身行仁义，饰礼乐，选人伦，上以忠于世主，下以化于齐民，将以利天下。此孔氏之所治也。"

又问曰："有土之君与?"

子贡曰："非也。"

"侯王之佐与?"

子贡曰："非也。"

客乃笑而还，行言曰："仁则仁矣，恐不免其身；苦心劳形以危其真。呜呼，远哉其分于道也!"

子贡还，报孔子。孔子推琴而起曰："其圣人与!"乃下求之，至于泽畔，方将杖拏而引其船，顾见孔子，还乡而立。孔子反走，再拜而进。

客曰："子将何求?"

孔子曰："曩者先生有绪言而去，丘不肖，不知何谓，窃待于下风，幸闻咳唾之音，以卒相丘也!"

客曰："嘻！甚矣，子之好学也!"

孔子再拜而起曰："丘少而修学，以至于今，六十九岁矣，无所得闻至教，敢不虚心!"

客曰："同类相从，同声相应，固天之理也。吾请释吾之所有，而经子之所以。子之所以者，人事也。天子诸侯大夫庶人，此四者自正，治之美也，四者离位而乱莫大焉。官治其职，人忧其事，乃无所陵。故田荒室露，衣食不足，征赋不属，妻妾不和，长少无序，庶人之忧也；能不胜任，官事不治，行不清白，群下荒怠，功美不有，爵禄不持，大夫之忧也；廷无忠臣，国家昏乱，工技不巧，贡赋不美，春秋后伦，不顺天子，诸侯之忧也；阴阳不和，寒暑不时，以伤庶物，诸侯暴乱，擅相攘伐，以残民人，礼乐不节，财用穷匮，人伦不饬，百姓淫乱，天子有司之忧也。今子既上无君侯有司之势，而下无大臣职事之官，而擅饰礼乐，选人伦，以化齐民，不泰多事乎！且人有八疵，事有四患，不可不察也。非其事而事之，谓之揔；莫之顾而进之，谓之佞；希意道言，谓之谄；不择是非而言，谓之谀；好言人之恶，谓之谗；析交离亲，谓之贼；称誉诈伪以败恶人，谓之慝；不择善否，两容颊适，偷拔其所欲，谓之险。此八疵者，外以乱人，内以伤身，君子不友，明君不臣。所谓四患者：好经大事，变更易常，以挂功名，谓之叨；专知擅事，侵人自用，谓之贪；见过不更，闻谏愈甚，谓之很；人同于已则可，不同于已，虽善不善，谓之矜。此四患也。能去八疵，无行四患，而始可教已。"

孔子愀然而叹，再拜而起曰："丘再逐于鲁，削迹于卫，伐树于宋，围于陈蔡。丘不知所失，而离此四谤者何也？"

客凄然变容曰："甚矣子之难悟也！人有畏影恶迹而迹去之走者，举足愈数而迹愈多，走愈疾而影不离身，自以为尚迟，疾走不休，绝力而死。不知处阴以休影，处静以息迹，愚亦甚矣！子审仁义之间，察同异之际，观动静之变，适受与之度，理好恶之情，和喜怒之节，而几于不免矣。谨修而身，慎守其真，还以物与人，则无所累矣。今不修之身而求之人，不亦外乎！”

孔子愀然曰：“请问何谓真？”

客曰：“真者，精诚之至也。不精不诚，不能动人。故强哭者虽悲不哀，强怒者虽严不威，强亲者虽笑不和。真悲无声而哀，真怒未发而威，真亲未笑而和。真在内者，神动于外，是所以贵真也。其用于人理也，事亲则慈孝，事君则忠贞，饮酒则欢乐，处丧则悲哀。忠贞以功为主，饮酒以乐为主，处丧以哀为主，事亲以适为主，功成之美，无一其迹矣。事亲以适，不论所以矣；饮酒以乐，不选其具矣；处丧以哀，无问其礼矣。礼者，世俗之所为也；真者，所以受于天也，自然不可易也。故圣人法天贵真，不拘于俗。愚者反此。不能法天而恤于人，不知贵真，禄禄而受变于俗，故不足。惜哉，子之蚤湛于人伪而晚闻大道也！”

孔子又再拜而起曰：“今者丘得遇也，若天幸然。先生不羞而比之服役，而身教之。敢问舍所在，请因受业而卒学大道。”

客曰：“吾闻之，可与往者与之，至于妙道；不可与往者，不知其，慎勿与之，身乃无咎。子勉之！吾去子矣，吾去子矣！”乃刺船而去，延缘苇间。

颜渊还车，子路援绥，孔子不顾，待水波定，不闻拏音而后敢乘。

子路傍车而问曰：“由得为役久矣，未尝见夫子遇人如此其威也。万乘之主，千乘之君，见夫子未尝不分庭伉礼，夫子犹有倨敖之容。今渔父杖拏逆立，而夫子曲要磬折，言拜而应，得无太甚乎？门人皆怪夫子矣，渔父何以得此乎？”

孔子伏轼而叹曰：“甚矣由之难化也！湛于礼义有间矣，而朴鄙之心至今未去。进，吾语汝！夫遇长不敬，失礼也；见贤不尊，不仁也。彼非至人，不能下人，下人不精，不得其真，故长伤身。惜哉！不仁之于人也，祸莫大焉，而由独擅之。且道者，万物之所由也，庶物失之者死，得之者生，为事逆之则败，顺之则成。故道之所在，圣人尊之。今渔父之于道，可谓有矣，吾敢不敬乎？”

品读

孔子在一个叫缁帷的树林里游玩，坐在叫杏坛的地方休息。弟子们正在读书，孔子一边弹着琴，一边吟诵诗歌。当吟诵还不到一半的时候，有一位打鱼的老者从船上下来。他眉毛胡须皆白，散披着头发，衣袖被风吹得飘扬起来。他来到高地前坐了下来，左手抱着膝盖，右手撑着脸颊，静听孔子的吟诵和琴声。

吟诵结束后，这位老者挥手招呼子贡和子路。子贡、子路二人走过来，老者指着孔子问道：“那是什么人？”

子路回答：“那是鲁国的君子。”

老者又问君子的家族，子贡回答：“为孔氏家族。”

老者又问：“他是做什么的？”

子路还未及回答，子贡已经抢在前面，说：“他生性信服忠信，自己履行仁义，修整礼乐制度，分别人伦关系，对上忠于当今的君主，对下教化平民，希望由此为天下谋利。这就是他所做的事情。”

老者又问："他是有封地的君主吗？"

子贡说："不是。"

又问："那他是天子或诸侯的重臣吗？"

子贡说："不是。"

老者笑着一边往回走，一边说："他的确是做到了仁，但恐怕会损害自己，劳心劳力将会危及自然真性。他离开自然之道太远了啊！"

子贡回去把老者的话告诉了孔子。孔子大惊，推开琴就站起来了，说："这应该是圣人吧。"说着就从杏坛上跑下去，一直追到了水边。

老者已经上船，手握着船桨，正准备划船离开。回头看见了孔子，就转过身站立起来。孔子往后退了几步，对着老者拜了两拜，然后又往前走了几步。

老者看见孔子这个情形，就主动问道："你有什么要求吗？"

孔子说："刚才先生留下没说完的话就离开了，孔丘我不聪明，不知道先生要说什么。希望能处在先生的下方，有幸聆听先生的咳唾之声，最终能对孔丘我有所帮助。"

老者笑了，说："呵呵，你真是太好学了啊。"

孔子又拜了两拜，起身说："我孔丘从小就学习六经、六艺，一直到现在，已经六十九岁了，还没能得到至高无上的教诲，怎么敢不虚心请教呢？"

老者这时就慢条斯理地讲起来，说："同类的东西往往如影随形，相同的声音也经常前后呼应。这是自然的道理。我现在拿出我所有知道的东西，来分析你所要做的事情。你所要做的事情是人类社会的事情。天子、诸侯、大夫、平民，这四类人都有自己相应的位置，这样天下就会变得美好；如果他们脱离自己的位置，天下就会大乱。做官的要做好自己的本职工作，老百姓要操心和自己生活有关的事情，这样就不会发生互相之间的干扰了。所以，田园荒芜、屋室破败、衣食不足，赋税交不上、妻妾闹矛盾、长幼无次序，这是老百姓应该操心的事情。公家的事没做好，自己的行为不干净，下级无所作为，好的政绩体现不出来，自己的爵位俸禄也不能保障，这是大夫应该操心的事情。朝廷里面没有忠臣，国家混乱黑暗，工匠的技艺不精，进贡的东西不美好，春秋季节的朝觐祭祀活动常常荒废，不能顺随天子的心意，这是诸侯应该操心的。阴阳二气不能和调，冬寒夏暑违反常态，因此伤害了万物；诸侯胡作非为，相互之间任意讨伐，残害老百姓；礼乐没有节制，财物匮乏，人伦混乱，这是天子应该操心的事情。现在你在上没有天子和诸侯的权势，在下又没有大臣应该具有的官职，却自作主张修整礼乐制度，分别人伦关系，教化普通平民，不是太多事了吗？而且人有八个毛病，做事可能有四个隐患，不可不仔细对待啊。不是自己的事情偏要去做，这叫包揽；不考虑结果一味进谏，这叫逞口才；期望对方高兴，来表达自己的言论，这叫谄媚；投人所好，不顾是非而言，这叫阿谀；喜欢说别人的坏话，这叫谗谄；说离间亲人朋友的话，这叫贼害；表面称誉他人，实际希望败坏，这叫奸慝；不管善恶，左右逢源，放纵邪念，这叫凶险。这八个毛病，对外扰乱社会，对内伤害自己，君子不和这种人交友，明君也不用这种人为臣。所谓四个隐患是，喜欢做大事，改变正常的行为，来争取功名，这叫叨滥；自作聪敏，独断专行，强迫他人实现自己的目的，这叫贪功；犯错不改，专和别人的劝谏作对，这叫倔强；和自己的意见相同就赞同，不相同就不赞同，这叫自恋。如果能除去八个毛病，防止四个隐患，这样的人才可以教导。”

孔子听了，想起自己一生的遭遇，失意地叹息起来，又向老者拜了两拜，然后起身问道："我孔丘两次被逐出鲁国，在卫国待不下去；到了宋国，让宋人砍掉了我休息时背靠的大树；到了陈、蔡两国，被人包围起来，连饭都没得吃。我孔丘实在不知道有什么过错，却碰上了这四件事情。这到底是什么原因呢？"

已经告诉了他少管和自己无关的闲事，可他还念念不忘自己周游列国的事情。老者用同情的眼光看着走火入魔的孔丘，改变了刚才的态度，说："唉！你也太难觉悟了。古代有一个人，害怕自己的影子，讨厌自己的行迹，于是，想用逃来脱离自己的影子和行迹，没想到跑得越远行迹越多，跑得再快影子也从未离身。可自己还以为是跑得不够快，就不停地快跑，直至力竭而死。这个人不知道只要待在树荫下面就没有了影子，只要安静地坐下来就没有了行迹，也真够蠢的了。你在仁义和事物的同异这些问题中进行研究，观察事物的静止和运动的规律，探讨如何恰如其分地把握接受和施与的分寸，清理爱好和厌恶的情感，调节喜悦和愤怒的节度，这样几乎免不了伤害自然真情。你应该小心地修养自己的身体，认真地保持自己的真性情，把所有的事情都交还给人和万物，就没有牵挂了。"

孔子又很惆怅地说："请问什么叫真性情呢？"

老者说："真性情是真挚诚恳达到极致。不真挚不诚恳，就不能够感动人。所以做出来的哭泣，脸上虽然悲痛却不能引人同情；假装发怒，虽然很严肃却不能让人畏惧；表面亲近，脸虽带笑容却不能招人喜欢。真正的悲伤没有哭声人们却已哀痛，真正的愤怒还没有发作人们已经畏惧，真正的亲近还没有笑人们都已经喜欢。真性情藏在心里，精神却从外貌中表现出来。它用在人际关系上，服侍亲人必然孝慈，侍奉君主必然忠贞；饮酒必然欢乐，守丧必然悲哀。忠贞以立功为主，饮酒以快乐为主，守丧以悲伤为主，服侍亲人以舒适为主。完成最大的功绩，不在具体的一个方面体现出来；服侍亲人要让他们感到舒适，并不问用什么方法；饮酒追求快乐，并不选择菜肴；守丧要表现悲哀，并不注意用什么礼节。所谓礼节，是世俗中设定的。真性情是从上天接受来的，自然是不可改变的。圣人效法上天，以真性情为贵，不受世俗的拘束。愚蠢的人恰恰相反，他们不能效法上天，总是关心人们的行为，不知道以真情为贵，庸庸碌碌地适应世俗的变化，所以有所不足。可惜啊！你早早就沉溺在人事里面，一直不能得到自然的大道理。”

孔子听得如痴如醉，佩服至极，又一次对老者拜了两拜，说：“今天我孔丘见到先生，简直是上天的恩赐。如果先生不介意，我孔丘愿意追随着您，得到您的教诲。敢问先生的住所，希望接受学业，最终学完自然的大道理。”

老者拒绝道：“我听说，遇到可以在一起走的人，就和他一起走，直到实现精微至妙的自然之道。遇到不可以一起走的人，这种人不知道自然之道，千万不要和他一起走，这样自己就不会遭遇祸害。你好自为之吧。我要离开了！我要离开了！”

于是划船离去，在芦苇丛中慢慢而行。这时，颜渊把马车驾过来，子路把缰绳递给孔子，孔子却好像没有看见一样，面朝着水面站立，直到水面平静，听不到划桨的声音，才上了车。

子路靠在车边，问孔子说：“仲由我跟随先生时间长了，从没有见过先生像见到这个人那么小心翼翼。过去无论见到的是天子还是诸侯，先生没有不和他们分庭抗礼的，总是表现出不屑一顾的态度。这次一个渔夫拄着船桨对面站立，先生却毕恭毕敬地弯着腰；那人每次说完话，先生都要拜两拜然后才敢说话。这是不是太过分了？弟子们都奇怪先生的行为，一个打鱼人凭什么得到这样的礼遇呢？”

孔子扶着车前的横木，叹口气说：“仲由啊，你真是太难教导了。你主要是沉溺在礼仪中的时间有点长了，世俗的狭隘见识到现在还没有除去。你到我跟前来，我告诉你，遇到长者不尊敬，这是失礼；遇到贤人不尊重，这是不仁。那人如果不是至人，就不能够让人折服，折服圣人不够诚恳，就不能得到至人的真情，所以会长期伤害自己。可惜啊！不仁对于人，其祸患没有比这更大的了，却让你仲由一个人都占全了。而且，自然大道，万物都是从那里出生的，一切事物离开了它就会死亡，得到它就会生存；做事情违逆它就会失败，顺应它就会成功。所以自然大道存在的地方，圣人是一定要尊重的。刚才渔父讲的一番道理，可以说是得到了自然之道的，我怎么敢不体现出敬意呢？”

郑人缓托梦 《列御寇》

郑人缓也，呻吟裘氏之地。祇三年，而缓为儒，河润九里，泽及三族。使其弟墨。儒墨相与辩，其父助墨。十年而缓自杀。

其父梦之，曰：“使而子为墨者，予也。阖胡尝视其良，既为秋柏之实矣？”

夫造物者之报人也，不报其人而报其人之天。彼故使彼。夫人以己为有以异于人，以贱其亲，齐人之井饮者相捽也。君子之人，若儒墨者师，故以是非相讖也，而况今之人乎？故曰：今之世皆缓也。自己有德者，以不知也，而况有道者乎？古者谓之遁天之刑。

品读

郑国有一个名叫缓的人住在裘氏这个地方，经常讽诵古代典籍，只花了三年时间就成了当地的大学者。沿着黄河九里方圆的地方都受到他的感化，父母、妻子的家族也都受到了他的影响。

但缓这个人却让他的弟弟去学习墨家的学问，经常在家里组织儒家和墨家的辩论。他父亲觉得他弟弟年龄小，又在家里占少数，常常处于孤立的地位，出于同情弱者，就帮助墨翟这一派。这样一直持续了三年，缓对父亲的做法有些不满，就自杀了。

有一天，缓的父亲在睡梦中见到了缓。缓对自己的父亲说："让你小儿子学墨的是我，你为什么不看我的坟冢呢？原先种的柏树已经结子了。"缓的意思是要告诉父亲，柏树能结子，先要有人种柏树。

缓到死还是搞不清楚，造物者对人的回报，不是回报人做的事情，而是回报人的天性。一个人本来的天性怎样，就让其回复到其天性上去。这个缓自以为超出了常人，看不起自己的亲人。如果有人给人家的井里吐唾沫，饮水的人就要揪住这人的头发进行惩罚。所以说，"当今社会中都是缓这样的人"。这种自以为是的人，在有德者看来已经不聪明了，更何况得到自然之道的人呢？古代把那些有德行、得到自然之道的人叫作逃脱了自然的处罚。

朱泙漫学屠龙 《列御寇》

朱泙漫学屠龙于支离益，单千金之家，三年，技成，而无所用其巧。

品读

人要在社会中生存，都要学一点手艺。朱泙漫想学一门手艺，但学什么好呢？学制作？不行，要把没有的东西制作出来太难了。那么，学习种地？不行，每天早出晚归，风吹日晒，收成还要看老天爷的脸色。学驾马车或放牧？也不行，这些牲畜根本听不懂人话。要么，学屠宰？可以。但屠宰什么呢？干这活的人太多了，有杀猪的，有宰羊的，有屠狗的，有解牛的，竞争太激烈，一定要找一个别人谁都做不了的事。

朱泙漫想了好久，终于想到杀龙这一本事。虽然还没见过谁会杀龙，但学会后绝对是垄断性的技术，没人能抢得了自己的饭碗，收费只多不少。就这样决定了吧。

接下来的问题是，谁也没见过龙，哪里会有教练杀龙的师傅。后来朱泙漫四处打听，终于知道在遥远的深山里有那么一位专门练杀龙的高手，名叫支离益。不过要的学费也相当的高。好在朱泙漫家里还比较殷实，卖了家产学习也行。

朱泙漫走了很远，才找到师傅。杀龙并不是容易事，古人往往龙虎并称，可以知道龙和虎一样都是对人威胁很大的动物，而且龙比虎更难对付，因为龙更善于变化，有时在水里，有时在天上；有时有形，有时无形；龙有时很温驯，有时又很凶狠。古书中记载过豢养龙的事情，夏朝的天子孔甲就曾让豢龙氏为自己养龙，后来也有人用龙驾车，这种龙接近于马了，好杀，只要在杀死前不要触动它喉咙下的逆鳞即可。但未曾驯养的龙可不好杀，师傅要教给朱泙漫的，一是先怎样驯养龙，然后杀之。再一种办法就是杀那种未曾驯养的龙，按《易经》说有“潜龙在渊”，这时不能杀龙，因为龙虽然不动，但潜藏在水下，在自己的地盘里，如鱼得水，是龙最能展示本领的时候；有“见龙在田”，这时也不能动手，龙刚从水下出来，精力旺盛；有“或跃在渊”，

朱泙漫学屠龙

此时的龙进退自如，也不能轻易上手；有“飞龙在天”，这时最为变化莫测，见首不见尾；有“亢龙有悔”，龙已飞得极高，脱离云雾，精力衰竭，这是抓住时机一刀毙命的最好机会。老师把这些方法一一教给朱泙漫，详细反复地传授了步骤要领，而且让他反复进行模拟训练。朱泙漫就这么在深山里学了三年。

三年后，朱泙漫把家产也用完了，终于练就了一手好技艺。

回到家乡，朱评漫想这下可以大展身手了。可是在家等了三年，既没有人请他去杀龙，也没有人向他学习杀龙的本领，搞得自己连吃饭都出现了危机。

朱泙漫的故事说明再大的本领也不能脱离现实需要啊！

庄子说无为和无用

尧让天下的故事 《逍遥游》

尧让天下于许由，曰："日月出矣，而爝火不息，其于光也，不亦难乎！时雨降矣，而犹浸灌，其于泽也，不亦劳乎！夫子立而天下治，而我犹尸之，吾自视缺然。请致天下。"

许由曰："子治天下，天下既已治也。而我犹代子，吾将为名乎？名者，实之宾也。吾将为宾乎？鹪鹩巢于深林，不过一枝；偃鼠饮河，不过满腹。归休乎君，予无所用天下为！庖人虽不治庖，尸祝不越樽俎而代矣。"

品读

权倾天下，富有四海，是现实社会中许多人的梦想。庄子讲述了一个尧想把帝位让给一位名叫许由的高士的故事。

尧曾经跟随许由学习，知道许由很有智慧，而且道德高尚，自认为远不及许由，所以决定将自己的位置让给许由。有一天，他找到许由说："天上已经出太阳了，可还有人点着小小的火炬照明，那火炬的光明和太阳之光比，不是太微不足道了吗？现在及时雨已经降下来了，有的人却还要一桶一桶地挑水灌溉，那挑水灌溉不是太徒劳了吗？这就好像您许由先生一旦在位，天下就自然可以得到治理，而现在却让我无所作为地待在这样一个天子的位置上，我自我反思确实有很多不足之处，希望把天下交给您来治理。"

许由笑笑说："你这些年来的努力，已经让天下得到了治理。这时候我还去替代你，难道我是想获得做天子的名誉吗？名誉不过是一个人实际工作的体现。那么我做天子能得到什么实际利益呢？鹪鹩在大树林里筑巢，虽然占据的树木很多，可自己也不过栖息在一棵树枝上；鼹鼠在大河边饮水，虽然拥有滚滚不尽的河水，可自己也只能饮一肚子水而已。你还是回去吧。你即使不再治理天下，我也不会越俎代庖去替你工作。”委婉地拒绝了尧的请求。

这个故事告诉我们，天子的名称不过是体现一个人做出社会成就的名词，个人生活所需要的物质财富是有限的。权倾天下，富有四海，对于作为天子的个人并没有特殊意义。

尧让天下的故事

姑射山的神人 《逍遥游》

肩吾问于连叔曰："吾闻言于接舆，大而无当，往而不返。吾惊怖其言，犹河汉而无极也；大有径庭，不近人情焉。"

连叔曰："其言谓何哉？"

曰："藐姑射之山，有神人居焉，肌肤若冰雪，绰约若处子。不食五谷，吸风饮露；乘云气，御飞龙，而游乎四海之外。其神凝，使物不疵疠而年谷熟。吾以是狂而不信也。"

连叔曰："然！瞽者无以与乎文章之观，聋者无以与乎钟鼓之声。岂唯形骸有聋盲哉？夫知亦有之。是其言也，犹时女也。之人也，之德也，将旁礴万物以为一世蕲乎乱，孰弊弊焉以天下为事！之人也，物莫之伤，大浸稽天而不溺，大旱金石流、土山焦而不热。是其尘垢秕糠，将犹陶铸尧舜者也。孰肯分分然以物为事！"

品读

每个人心目中的神人都是不一样的，庄周有着自己的神人。

有一天，一位名叫肩吾的人非常认真地对名叫连叔的人说："我曾经听过楚国隐士接舆的一段话，他的说事空洞毫无依据，越说越远，毫无边际。我对他的言论感到非常吃惊，好像面对无边无际的银河一样，简直太不合人情事理了。"

连叔说："那么接舆都说了些什么呢？"

肩吾转述说："他说，在一个遥远的姑射山上，居住着这样的神人。他的皮肤像冰雪一样洁白细腻，体态像少年女子一样婀娜苗条。

姑射山的神人

他不同于世俗之人要吃五谷杂粮，而是拿风气做食物，用露水来解渴。其行动时乘坐云气，驾驭飞龙，在四海之外漫游。他只要精神专注，就可以让万物不生病，五谷年年有好收获。我认为这是胡说八道，是不能相信的。”

连叔听后笑笑说：“接舆说得没错。俗话说：瞎子不能欣赏美丽的图画，聋子不能欣赏悦耳的音乐。其实人的智力中也会有聋子和瞎子，这话批评的就是你这种智力不足的人啊。这种神人，没有任何事物可以伤害，他的道德，将要混淆自然万物，为整个社会求得太平，哪里愿意忙忙碌碌地去做具体的事情呢？这种神人，没有事物能伤害他，即使世界上洪水滔天，却淹没不了他；天下大旱，太阳把金石烤融化了，把土山都烧焦了，他也感觉不到炎热。这样的人，他们身上的污垢和排泄物都可以制造出人间像唐尧虞舜这样的圣人出来，所以怎么能愿意做那些具体的事情呢？宋国有一个人拿着中原的礼冠到越国去，但是越国人赤身裸体，不留长发，所以礼冠在越国没处使用。如果让唐尧治理了天下的老百姓，平定了海内的政治，登上姑射之山，到达汾水北面，去拜见得道神人，也会忘记自己原已拥有的天下啊。”

我们一般想到的神人都是远古的造物者，有开天辟地的盘古、有造人补天的女娲，都是通过自己的行为体现出超人的本领。而庄周欣赏的神人却无所事事，靠着意念精神就可以给人类带来福祉。

大葫芦和斄牛

《逍遥游》

惠子谓庄子曰："魏王贻我大瓠之种，我树之成而实五石，以盛水浆，其坚不能自举也。剖之以为瓢，则瓠落无所容。非不呺然大也，吾为其无用而掊之。"

庄子曰："夫子固拙于用大矣。宋人有善为不龟手之药者，世世以洴澼絖为事。客闻之，请买其方百金。聚族而谋曰：'我世世为洴澼絖，不过数金；今一朝而鬻技百金，请与之。'客得之，以说吴王。越有难，吴王使之将，冬与越人水战，大败越人，裂地而封之。能不龟手，一也；或以封，或不免于洴澼絖，则所用之异也。今子有五石之瓠，何不虑以为大樽而浮乎江湖，而忧其瓠落无所容？则夫子犹有蓬之心也夫！"

惠子谓庄子曰："吾有大树，人谓之樗。其大本拥肿而不中绳墨，其小枝卷曲而不中规矩，立之涂，匠者不顾。今子之言，大而无用，众所同去也。"

庄子曰："子独不见狸狌乎？卑身而伏，以候敖者；东西跳梁，不辟高下，中于机辟，死于罔罟。今夫斄牛，其大若垂天之云。此能为大矣，而不能执鼠。今子有大树，患其无用，何不树之于无何有之乡，广莫之野，彷徨乎无为其侧，逍遥乎寝卧其下。不夭斤斧，物无害者，无所可用，安所困苦哉！"

什么是有用？什么是无用？在世俗社会中应该是没有异议的。但庄子和惠子却为此发生了一番争论。

惠子和庄子虽是朋友，却互相都有点瞧不上。惠子尤其看不上庄子一天到晚无所事事，游手好闲的生活态度，更不喜欢庄子喜欢讲一些不切实际的大道理。

有一次，惠子就对庄子说了："魏惠王送给我一个大葫芦的种子。我把这种子埋下去，葫芦长成以后，能容纳五担的水浆。可以说这葫芦够大的了。用它去盛水，但是这葫芦的皮薄而且脆，不能承受水的压力。把它一劈两半做瓢用又怎样呢？它却太大，没有地方可以放下。我因为这葫芦没用，就把它打破了。现在您的论议就像这葫芦一样，大而无用。"

庄子听后，并没有生气，只是笑着说："这只能说明您不善于用大而已。给您讲个故事吧，宋国有一个人能制作让手不冻伤的药，他家里世世代代靠漂丝絮为生。这时有一位外来人听说此事，就来找到宋国人商量，希望拿一百两黄金换得宋国人的药方。这个宋国人把全家

大葫芦和犛牛

族的人都叫到一起，商量说：‘我们家世世代代漂丝絮，只能得到少量的金钱。现在拿出祖传药方，一下就能换到一百两黄金。我看我们还是拿出祖传药方好了。’这个外来人拿到药方后，就去游说吴国国君。这时正好遇上越国对吴国发动战争，吴国国君就派这个外来人带兵作战。在大冬天里，和越国人在水上作战，吴国战士使用了防冻伤的药，减少了冻伤的伤员，取得了大胜仗。吴王大喜，于是划出一块土地封赏这位外来人。这个药方只有防止冻伤这一项功能，但有的人用它得到了封地，有的人却还要继续靠漂丝絮为生，这就体现出使用者在使用时眼光有大小不同。”

惠子被庄子驳倒后心里仍不服气，过了几天，又找到庄子辩论，说：“现在有一棵大树，就是人们常说的臭椿。它的主干上长满了重重累累的赘瘤，木工没法用它解板材；它的小枝又弯弯曲曲，既不能取来做屋椽，也不能取来做车轮。它就长在道路边上，木工路过它的时候，看都不看它一眼。您的这些言论空洞而无益于社会，所以受到社会的抛弃。”

庄子仍然没有生气，还是笑了笑说：“您见过野猫和黄鼠狼吗？它们非常小巧，常常在草丛里潜藏起来，等待出来散步的猎物。它们四处跳跃出击，有时向上跳，有时向下窜。一旦踩中捕猎的暗器，就会死在猎人布置好的陷阱之中。在西方的高原上有一种牦牛，它有天边的云彩一样巨大，但笨拙到连一只老鼠都捕捉不到，可还一直活着，从未受到伤害。现在您既然有这样一棵大树，为什么不把它种在什么都没有的乡土上、广大无边的旷野里，您可以在树下寝卧休息，也可以在树的周边漫游。即使没有用处，又有什么困苦呢？”

这里惠子对于“用”的理解，等同于我们一般人的认识，即要对社会有用。但庄子认为对于社会有用只是一个方面，而看起来对于社会无用其实是对个人有用的，就像大牦牛一样保存了自己不被伤害，这才是更大的用处。这恰恰是世俗之人不曾注意到的。

匠石和社树 《人间世》

匠石之齐，至于曲辕，见栎社树。其大蔽数千牛，絜之百围；其高临山，十仞而后有枝，其可以为舟者旁十数。观者如市，匠伯不顾，遂行不辍。弟子厌观之，走及匠石，曰："自吾执斧斤以随夫子，未尝见材如此其美也。先生不肯视，行不辍，何邪？"

曰："已矣，勿言之矣！散木也，以为舟则沉，以为棺椁则速腐，以为器则速毁，以为门户则液樠，以为柱则蠹。是不材之木也，无所可用，故能若是之寿。"

匠石归，栎社见梦曰："汝将恶乎比予哉？若将比予于文木邪？夫柤梨橘柚，果蓏之属，实熟则剥，剥则辱；大枝折，小枝泄。此以其能苦其生者也，故不终其天年而中道夭，自掊击于世俗者也。物莫不若是。且予求无所可用久矣，几死，乃今得之，为予大用。使予也而有用，且得有此大也邪？且也若与予也皆物也，奈何哉其相物也？而几死之散人，又恶知散木！"

匠石觉而诊其梦。弟子曰："趣取无用，则为社何邪？"

曰："密！若无言！彼亦直寄焉，以为不知己者诟厉也。不为社者，且几有翦乎！且也彼其所保与众异，而以义誉之，不亦远乎！"

品读

有一位名叫石的木匠，要到齐国去，路过叫作曲辕的地方，看见一棵作为社祀的栎树。这棵树的树冠亭亭如车盖，又非常阔大，下面可以遮蔽好几千头牛，树干粗壮要好几百人合抱，并且这棵树非常高，远远高过山顶，在十仞以上才开始生出旁枝，每一个树枝都足以做出几十艘大船。远处的人们都来观看这棵大树，人来人往，宛如闹市，但这位木匠连头都不回，不停地向前赶路。木匠的弟子停下来看了好

匠石和社树

一会儿，又追上师傅，不解地问道："自从我跟随师傅您学习木工，还从来没有见过这么好的木材。但师父既不看一看，也不停下来，这是为什么呢？"

木匠不屑地说："算了，再别说了。这树的木材叫作散木。用它做船船会沉没，用它做棺椁棺椁很快就腐烂了，用它做器具器具很快就损坏了，用它做门窗门窗也会渗出黏液，用它做房柱房柱容易遭虫蛀。这是不能成材的树木，所以才能活这么长的寿命。"

木匠回到家，晚上睡觉做梦，梦见这棵栎树责备自己说："你拿什么来比我呢？你拿那些有用的树木比我吗？那些柤、梨、桔、柚、菰结有果实的植物，果实成熟，就会有人采摘敲打，这样会伤害枝干，粗枝被折断，细枝被扯下，就是因为有本领才让它们受到了伤害，所以没能寿终，中途夭折，这都是它们自己招来世俗的打击。其实万物莫不如此。我追求无所可用已经很长时间了，快要死了，现在才得到，无所可用对我来说才是最大的用处。假使我有用于世俗，我能长得这么大吗？其实你和我都是事物，为什么却偏偏要考察我是否有用呢？你自己就是个接近死亡的散人，怎么能知道什么是散木呢？"

第二天，木匠把梦中的事情告诉了徒弟。徒弟问道："既然要做无用之木，为什么又要为人们做社祀用呢？"

木匠看到徒弟这么钻牛角尖，不高兴了，说："住口！别说了。栎树只是为了栖身而已，让那些不了解自己的人去辱骂。它如果不去做社树，大概就会遭到砍伐。所以它凭借的东西和一般人是不同的，你却用一般的道理去要求它，不是太远离实情了吗？"

南伯子綦游商之丘 《人间世》

南伯子綦游乎商之丘，见大木焉，有异，结驷千乘，隐将芘其所藾。

子綦曰："此何木也哉？此必有异材夫？"仰而视其细枝，则拳曲而不可为栋梁；俯而视其大根，则轴解而不可以为棺椁；咶其叶，则口烂而为伤；嗅之，则使人狂酲，三日而不已。

子綦曰："此果不材之木也，以至于此其大也！嗟乎神人，以此不材！

"宋有荆氏者，宜楸柏桑。其拱把而上者，求狙猴之杙者斩之；三围四围，求高名之丽者斩之；七围八围，贵人富商之家求椫傍者斩之。故未终其天年，而中道之夭于斧斤，此材之患也。故解之以牛之白颡者与豚之亢鼻者，与人有痔病者不可以适河。此皆巫祝以知之矣，所以为不祥也。此乃神人之所以为大祥也。"

品读

南伯子綦在商族旧国的土山上游玩，看到一棵大树，和一般的树不同，在这棵树下可以聚集上千辆的马车。子綦非常吃惊，不由得自言自语道："这是什么树啊？肯定有不同寻常的作用。"他仰头向树上看去，看到树上有数不清的分枝，可都是弯弯曲曲的，看了半天也没看到一个能做栋梁的树枝；低头再看巨大的树根，树根暴露在地面上，木质分裂出粗而散乱的筋脉，找不出能做棺椁材料。他于是摘采下一片树叶舔了一下，嘴里马上开始起泡，很快又开始溃烂了；他又把树叶放在鼻子上闻了一下，一下子像醉了酒一样疯狂，回家之后，一连三天都不能清醒。

子綦从迷醉中清醒过来，回想起三天前见到的大树，寻思道："这确实是不能成材的树木啊，以至于长了这么大。所谓神人，也就是这种不成材的东西吧？"

然后，又不由想到："在宋国荆氏，最适合种植楸树、柏树、桑树，当长到两手能握住的时候，那些捕捉猿猴的人就把它们砍下来，做拴猿猴的木桩；当长到三四围的时候，想要建造华屋美室的人就砍

伐它来做栋梁，富贵人家砍伐它来做棺椁。所以都没有活到自然的寿数，中途就被砍伐了，这就是有用处的不幸啊。古时候攘除祭祀，不用额上长白毛的牛和高鼻子的猪做牺牲，还有长痔疮的人也不能参与祭祀，因为他们都不能去见河神。这都是巫祝明白的道理。这些物类在世俗看来是不吉祥的，但在神人看来却是最大的吉祥。”

畸人支离疏

《人间世》

支离疏者，颐隐于脐，肩高于顶，会撮指天，五管在上，两髀为胁。挫针治繲，足以糊口；鼓筴播精，足以食十人。上征武士，则支离攘臂而游于其间；上有大役，则支离以有常疾不受功；上与病者粟，则受三钟与十束薪。夫支离其形者，犹足以养其身，以终天年，又况支离其德者乎！

品读

古代有一位天生畸形的人，无名无姓，庄周因其形象给他起名叫支离疏。支离疏长着一副怪相：脸隐藏在肚脐眼下面，肩膀高过了头顶，发髻直对上天，五官长在头顶上，大腿和肋骨连在一起。这种形象，谁见了都会害怕，这就决定他不能做任何大事，不能成为惊天动地的人物。甚至，在很多人看来，他连生存都有困难。但这个支离疏，还是有着自己谋生的手段，譬如缝纫浣洗，他就足够养活自己；抽签占卦，他也足够养活十个人的一大家。除此之外，由于他的特异形象，给他还带来了特别的好处，令很多正常人羡慕，譬如每次国家征兵的时候，男人们都害怕服兵役，纷纷逃离，只有这支离疏却在招兵现场大摇大摆散步，谁也想不到拉他去上前线；每次国家征用劳力，全国的人都辛苦异常，只有这支离疏因为身体残疾，不被征用，整天逍遥自在；每当国家补助残疾人的时候，这支离疏却能得到三钟粟米，外加十捆劈柴。

支离疏只是形体支离，却能保存自己的生命不受伤害，最后寿终正寝。如果一个人的道德也支离的话，那又会是怎样的结果呢？

畸人支离疏

接舆论治国

《应帝王》

肩吾见狂接舆，狂接舆曰："日中始何以语女？"

肩吾曰："告我君人者以己出经式义度，人孰敢不听而化诸！"

狂接舆曰："是欺德也。其于治天下也，犹涉海凿河，而使蚊负山也。夫圣人之治也，治外乎？正而后行，确乎能其事者而已矣。且鸟高飞以避矰弋之害，鼷鼠深穴乎神丘之下，以避熏凿之患，而曾二虫之无知！"

品读

肩吾见到了楚国狂人接舆，告诉接舆自己曾经见到过日中始。接舆被人称为"狂人"，当然并不是说他神经有毛病，而是他对社会人生有自己独立的见解，并且表现为特立独行，被当时世俗中人不能理解，所以就有了这样一个名号。接舆听了肩吾的话就问："那个叫日中始的人告诉了你什么？"

肩吾回答："他告诉我，统治人的人往往按自己的要求制定规章制度，没人不敢听从。"

狂人接舆轻蔑地说："那是骗人的道德。那些人治理天下，就好像是在大海里穿凿河道，让蚊子去背负大山一样不可能。圣人的治理需要那些外在的规章制度吗？他们只要端正了自己，就去实行，他们只是一些确定能做好事情的人而已。而且鸟飞到高处，是为了躲避弓箭的伤害；老鼠藏在神社下的洞穴里，也是为了防止烟熏和挖掘的灾难，日中始说的那些统治者竟然连鸟鼠的智慧都不如啊！"

社会混乱，不得治理，就是因为治理者违弃了自然天性，舍本逐末造成的啊！

无名人论治天下 《应帝王》

天根游于殷阳，至蓼水之上，适遭无名人而问焉，曰："请问为天下。"

无名人曰："去！汝鄙人也，何问之不豫也！予方将与造物者为人，厌，则又乘夫莽眇之鸟，以出六极之外，而游无何有之乡，以处圹埌之野。汝又何为以治天下感予之心为？"

又复问。

无名人曰："汝游心于淡，合气于漠，顺物自然而无容私焉，而天下治矣。"

品读

一位叫天根的人，在殷山之南遨游，来到蓼水边上，正好遇到了名叫无名人的人。这是位隐姓埋名、道德高深的高士。天根就向他请教说："请问怎样才能治理天下呢？"

无名人生气地说："走开！你这个鄙陋的乡下人。你提问题也不经过一下自己的脑子。我此时正在和造物者结伴而游，足够痛快了，还要乘着远方的神鸟，飞出宇宙六合以外，到什么也没有的地方去遨游，住在旷大无边的原野里。你怎么能用治天下这种梦话来动摇我的心情呢？"

可天根并不理会他，仍执着地问这个问题。

无名人很无奈，只好说："让你的思想在淡泊中自由活动，让你的气息和冥漠的宇宙真气融为一体，顺应自然的变化，不要有私心杂念，那么，天下就治理了。"

其实治理天下并不难，难的是人不能保持自然平淡之心。天根和无名人都是庄子虚构的人物，天根大致是自然根本的意思，无名人是不留名的意思，所以前者实际上是人格化了的自然世界，后者是一位追求自然之道的人。这个故事大概是讲人类高士面对自然的提问做出的回应。

老聃论贤明君王 《应帝王》

阳子居见老聃，曰："有人于此，向疾强梁，物彻疏明，学道不倦。如是者，可比明王乎？"

老聃曰："是于圣人也，胥易技系，劳形怵心者也。且也虎豹之文来田，猿狙之便来藉。如是者，可比明王乎？"

阳子居蹴然曰："敢问明王之治。"

老聃曰："明王之治，功盖天下，而似不自己；化贷万物而民弗恃；有莫举名，使物自喜；立乎不测，而游于无有者也。"

品读

阳子居为国家做了一点事情，就很得意，去拜见老聃，希望得到这位智者的表扬。他问道："现在有这样一个人，敏捷而且很有力量，内心闲暇，能洞彻事理，而且追求道术，不知疲倦。如果真能这样，他是不是和古代贤明的天子有得一比呢？"

老聃笑着摇摇头，说："这个人让圣人来看，他把才智都用在技艺上，搞得自己身形劳累，精神疲惫。这就好像老虎和豹子因为自己皮毛上的花纹招来猎杀，猿猴猩猩因为行为敏捷被人捕捉。这种自我伤害的情况，怎能和贤明的天子相提并论呢？"

阳子居很失望，继续问："那么贤明的天子怎样治理天下呢？"

老聃不紧不慢地说："贤明的天子治理天下，他的功绩虽然覆盖了整个天下，却好像和自己没有关系；他的教化虽然遍及万物，老百姓却没有感觉到；不用发号施令，万物都欣欣愉悦。自己隐藏在高深莫

测的地方，从不现身，喜欢在什么也没有的地方去遨游。”

贤明的天子是无为而治的，因为他保持了一切事物的本性，所以天下也就太平了。

季彻论治国之术 《天地》

蒋闾葂见季彻曰：“鲁君谓葂也曰：‘请受教。’辞不获命，既已告矣，未知中否，请尝荐之。吾谓鲁君曰：‘必服恭俭，拔出公忠之属而无阿私，民孰敢不辑？’”

季彻局局然笑曰：“若夫子之言，于帝王之德，犹螳螂之怒臂以当车轶，则必不胜任矣。且若是，则其自为处危，其观台多物，将往投迹者众。”

蒋闾葂覤覤然惊曰："葂也汒若于夫子之所言矣。虽然，愿先生之言其风也。"

季彻曰："大圣之治天下也，摇荡民心，使之成教易俗，举灭其贼心，而皆进其独志，若性之自为，而民不知其所由然。若然者，岂兄尧舜之教民，溟涬然弟之哉？欲同乎德而心居矣。"

品读

季彻是位得道高人。蒋闾葂去见季彻，对季彻说："鲁国国君对我说：'希望先生教导我治国之术。'我本来推辞了，但因为没被接受，就给他说了一些，可不知道是否说到了要害，在这我试着告诉您吧。"

接着，蒋闾葂说："我对鲁君说：'行为一定要恭敬俭朴，把公平尽忠的人提拔起来，不要有私心，这样老百姓谁会不和睦呢？'"

季彻听了，哈哈大笑，眼泪都流出来了，然后说："如果像你说的那样用作帝王的德性，就好像生气的螳螂用臂膀阻拦飞奔的马车，肯定是没有作用的。而且，如果这样的话，对自己也很危险，君主的宫殿里会从此多事，前往自荐的人就太多了。"

蒋闾葂很惊讶，说："我听了先生的话，真是茫然不知所措。尽管如此，希望先生告诉我一点大概。"

季彻说："大圣人治理天下，鼓荡人心，从而完成教化，改革风俗，消灭害道之心，让人们都能专心致志。如果这是出于本性，民众就会不知其由来。哪里仅仅是尧舜教导民众处于混沌平夷的状态，而且要和天地混同，无所用心。"

虞舜论法天地 《天道》

昔者舜问于尧曰："天王之用心何如？"

尧曰："吾不敖无告，不废穷民，苦死者，嘉孺子而哀妇人。此吾所以用心已。"

舜曰："美则美矣，而未大也。"

尧曰："然则何如？"

舜曰："天德而土宁，日月照而四时行，若昼夜之有经，云行而雨施矣。"

尧曰："胶胶扰扰乎！子，天之合也；我，人之合也。"

夫天地者，古之所大也，而黄帝尧舜之所共美也。故古之王天下者，奚为哉？天地而已矣。

品读

古时候，虞舜向唐尧请教："天子都想些什么事？"

唐尧说："不骄傲，不诉苦，悲伤死者，表扬孩子，同情妇人。这就是我想到的事情。"

虞舜听了，说："好是好，但心胸不够阔大。"

唐尧不解地问："那么该如何呢？"

虞舜说："像上天普施恩惠，像大地安宁万物，像日月光照天下，像四时循环往复，像昼夜更替有序，像兴云降雨，自然而然，这就行了。"

唐尧听了，非常赞叹，说："现在的天下，扰攘多事。您想的是顺应自然，我想的只是顺应人事而已。”于是把天下让给了虞舜。

天地无边无际，是自古以来最大的，为黄帝、尧、舜所赞美。所以古来统治天下的人，都是象法天地而已。

材与不材的故事 《山木》

庄子行于山中，见大木，枝叶盛茂，伐木者止其旁而不取也。

问其故，曰：“无所可用。”

庄子曰：“此木以不材得终其天年。”

庄子出于山，舍于故人之家。故人喜，命竖子杀雁而享之。

竖子请曰：“其一能鸣，其一不能鸣，请奚杀？”

主人曰：“杀不能鸣者。”

明日，弟子问于庄子曰：“昨日山中之木，以不材得终其天年；今主人之雁，以不材死；先生将何处？”

庄子笑曰：“周将处乎材与不材之间。材与不材之间，似之而非也，故未免乎累。若夫乘道德而浮游则不然。无誉无訾，一龙一蛇，与时俱化，而无肯专为；一上一下，以和为量。浮游乎万物之祖，物物而不物于物，则胡可得而累邪？此神农黄帝之法则也。若夫万物之情、人伦之传，则不然。合则离，成则毁，廉则銼，尊则议，有为则亏，贤则谋，不肖则欺，胡可得而必哉？悲夫！弟子志之，其唯道德之乡乎！”

品读

庄子在山林里行走，这时，看到路边有一棵大树，枝叶茂盛，粗壮高大，但是看见很多伐木者砍伐完其他树木后，就到这棵树下休息，并不砍伐此树。庄子很纳闷，就问一位工人其中的原因。伐木者说：“因为它无处可用。”

庄子恍然大悟，自言自语地说：“这棵大树因为不能成材，才得以寿终。”

庄子从山林里出来后，来到自己的老朋友家里。好久没有见面，见了面，老朋友非常高兴，要给庄子做饭，让孩子杀鹅招待庄子，儿子进门来问父亲：“现在家里的两只鹅，一只能叫，一只不能叫，应该杀哪只呢？”

父亲说：“杀不能叫的那只。”

第二天，庄子的弟子就问庄子了：“昨天在山林里，那棵不能成材的树得以寿终。可是，您朋友家的鹅却因为不成材被杀掉了。那么，先生如何看待这个事情呢？”

庄子笑着说：“我将选择处在有材和无材之间。成材和不成材两种情况，都像是处事的好办法，其实都错了，所以都没能免去倒霉的事情。那些凭借真正的道德，在这个社会中周游的人，心里不存赞誉，也不存非毁，有时像神龙飞在天上，有时像蛇潜藏在地下，随着时事的变化而变化，不肯脱离环境一意孤行；有时在高处，有时在低处，把和自然谐和作为标准。超越时间，遨游在万物没有出现之前，既不把外物作为外物，也不作为外物的外物，那么还会有什么问题呢？这就是古代神农氏和黄帝留下的法则。见面了就会离别，至于万物的私情，人类传下来的就不是这样，完成就会毁坏，有棱角就会受损，尊贵者被人质疑，无能的又会受人欺骗，做人又如何能够偏激呢？可悲啊！孩子们记着，无时不能不想着真正的道德啊。”

材与不材的故事

市南子劝鲁侯放弃国 《山木》

市南宜僚见鲁侯，鲁侯有忧色。市南子曰：“君有忧色，何也？”

鲁侯曰：“吾学先王之道，修先君之业；吾敬鬼尊贤，亲而行之，无须臾居；然不免于患，吾是以忧。”

市南子曰：“君之除患之术浅矣！夫丰狐文豹，栖于山林，伏于岩穴，静也；夜行昼居，戒也；虽饥渴隐约，犹且胥疏于江湖之上而求食焉，定也；然且不免于罔罗机辟之患。是何罪之有哉？其皮为之灾也。今鲁国独非君之皮邪？吾愿君刳形去皮，洒心去欲，而游于无人之野。南越有邑焉，名为‘建德’之国。其民愚而朴，少私而寡欲；知作而不知藏，与而不求其报；不知义之所适，不知礼之所将；猖狂妄行，乃蹈乎大方；其生可乐，其死可葬。吾愿君去国捐俗，与道相辅而行。”

君曰：“彼其道远而险，又有江山，我无舟车，奈何？”

市南子曰：“君无形倨，无留居，以为君车。”

君曰：“彼其道幽远而无人，吾谁与为邻？吾无粮，‘我无食’，安得而至焉？”

市南子曰：“少君之费，寡君之欲，虽无粮而乃足。君其涉于江而浮于海，望之而不见其崖，愈往而不知其所穷。送君者皆自崖而反，君自此远矣！故有人者累，见有于人者忧。故尧非有人，非见有于人也。吾愿去君之累，除君之忧，而独与道游于大莫之国。方舟而济于河，有虚船来触舟，虽有惼心之人不怒；有一人在其上，则呼张歙之；一呼而不闻，再呼而不闻，于是三呼邪，则必以恶声随之。向也不怒而今也怒，向也虚而今也实。人能虚己以游世，其孰能害之！”

市南子劝鲁侯放弃国

品读

有一位楚国人，名叫市南宜僚，前去觐见鲁侯。见到鲁侯的时候，鲁侯面带愁容，半天没说话，好像心事重重。市南子有点儿尴尬，首先打破了沉寂，他说：“君主面带愁容，是什么原因？”

鲁侯停了半晌，才回答说：“我学习先王的治国道术，敬事鬼神，尊重贤人，国内的事情都身体力行，从没稍微放松过，但鲁国总是灾难连连，我就为这事忧愁。”

市南子听了，笑道：“君主解除灾难的做法太幼稚了。那些大狐狸、金钱豹，栖息在山林里，居住在石洞下，环境非常安静；昼伏夜出，行为非常警惕；虽然耐着饥渴，深处潜藏，仍然要远离各种足迹到江湖上搜求食物，这是生存要求决定的。但是还免不了掉进陷阱，死在猎人的捕网中，这哪里是它们行为的差错呢？只是它们的皮毛给自己带来的灾难罢了。现在的鲁国不正是您的皮毛吗？”

市南子看了一眼鲁侯，知道鲁侯被自己的言说打动了，就劝道：“我希望您把自己身上的皮毛剔去，把自己的内心清理干净，排除欲望，到没有人的旷野里去游玩。越国的南面有一个地方，名字叫作建德之国，那里的老百姓愚昧而又纯朴，没有私心，少有欲望，只知道生产但不知道收藏，给人帮助但不要求回报，不知道义有什么用处，也不知道礼怎么施行，随心所欲，没有规矩，这样他们的行为都合于自然大道，活着的时候快快乐乐，死了以后埋葬了事。我希望您抛弃鲁国，远离世俗，和自然大道相携而行。”

鲁侯对建德之国虽然有些羡慕，但还是犹豫，说：“你说的那地方太遥远，险阻重重，有山有河，我没车没船，怎么去得了？”

市南子知道鲁侯并没有领悟，笑了笑，又说："您不要总想着自己的形体，也不要滞守一个地方，用这种态度作为您的车辆。"

鲁侯想了想，又说："那个地方偏远又没有人烟，没有人和我做邻居，也没有地方买粮，在那里没有饭吃，我怎么在那地方生活呢？"

看鲁侯还是没领悟，市南子又说："减少您的耗费，清除您的欲望，即使没有粮食，您也会满足的。您渡过长江，浮游海上，朝前望去，不见边际，走得越远，越不知道哪里才是边际。送您走的人走到水边上就回去了，可您是离开世俗越来越远了。所以，有人要您操心您就会有牵累，您被人操心您也会有烦恼。唐尧就是既不操心别人，也不被人操心的人。我愿意消除您的牵累，除去您的忧愁，单独和自然大道在广大无边的国家漫游。好像两条并行的船要渡河，有一条空船要撞上有人的船，即使船上性急的人也不会发火。如果那空船上有个人，那这边船上的人就会呼喊，喊一次对方没听见，喊两次对方不理，难道还会喊三次吗？随即而来的就是詈骂之声了。因为刚才是空船，现在是实船，人能让自己内心空虚，不和别人发生冲突，谁又能想到害他呢？"

建德之国就在心里，尽心力去求，遥不可及；一旦内心空虚，无求无欲，它就在你面前。

北宫奢为卫灵公造钟 《山木》

北宫奢为卫灵公赋敛以为钟，为坛乎郭门之外，三月而成上下之县。

王子庆忌见而问焉，曰："子何术之设？"

奢曰："一之间，无敢设也。奢闻之，'既雕既琢，复归于朴。'侗乎其无识，傥乎其怠疑；萃乎芒乎，其送往而迎来；来者勿禁，往者勿止；从其强梁，随其曲傅，因其自穷，故朝夕赋敛而毫毛不挫，而况有大涂者乎！"

品读

卫灵公想要铸造一组编钟，但钱财不足，于是让大夫北宫奢向国内老百姓募捐。北宫奢在都门外建了一座高台，在那里募集钱财铸钟，仅用了三个月时间就把高声的钟和低声的钟全部都铸造出来了。

这件事很快就传遍了天下，人们都佩服北宫奢的能力。周大夫王子庆忌前往卫国去请教北宫奢，问北宫奢说："能这么快就铸造出了编钟，你有什么好办法吗？"

北宫奢说："我只是把心都用在铸钟的事情上，没敢设立什么办法。我听说：'已经雕刻，已经琢磨，最后还要回归质朴。'当我做事的时候，迷迷糊糊什么都没注意到，超越人世，若有所失，有人聚集，人群茫茫，有来的，有去的。来的人不阻拦，去的人不强留，不愿意捐的人随意，勉强出钱财的人也自便，竭尽全力的人也由他。所以从早到晚都在募捐，但人们丝毫不感到受损，更何况那些掌握自然大道的人呢？"

黄帝问马童治天下 《徐无鬼》

黄帝将见大隗乎具茨之山，方明为御，昌寓骖乘，张若謵朋前马，昆阍滑稽后车；至于襄城之野，七圣皆迷，无所问涂。

适遇牧马童子，问涂焉，曰：“若知具茨之山乎？”曰：“然。”

“若知大隗之所存乎？”曰：“然。”

黄帝曰：“异哉小童！非徒知具茨之山，又知大隗之所存。请问为天下。”

小童曰：“夫为天下者，亦若此而已矣，又奚事焉！予少而自游于六合之内。予适有瞀病，有长者教予曰：‘若乘日之车而游于襄城之野。’今予病少痊，予又且复游于六合之外。夫为天下亦若此而已。予又奚事焉！”

黄帝曰：“夫为天下者，则诚非吾子之事。虽然，请问为天下。”小童辞。

黄帝又问。小童曰：“夫为天下者，亦奚以异乎牧马者哉！亦去其害马者而已矣！”

黄帝再拜稽首，称天师而退。

黄帝要到具茨山拜见一位名叫大隗的神。让方明给他驾车，让昌寓坐车右，让张若、謵朋在前面开路，让昆阍、滑稽断后。

到了襄城郊外，七个人全迷路了，也无处问路。这时，恰巧过来一位放马的小孩，实在找不到可问的人，他们只好向这孩子问路。

“你知道具茨山吗？”

孩子回答：“知道啊！”

又问：“那么你知道大隗住在什么地方吗？”

孩子回答：“当然知道。”

黄帝非常吃惊，说：“这孩子真是不同一般啊！不仅知道具茨山，还知道大隗在什么地方。那么请你告诉我如何治理天下。”

小孩漫不经心地说：“治理天下就和我此时游玩一样，又有什么值

得专门去做的呢？我小的时候就一个人在六合之内游玩，不巧得了眼花的毛病，有一位老者告诉我说：‘你就驾着太阳的车辆，在襄城郊外游玩。’我现在病稍有好转，还要到六合之外去游玩。治理天下就是如此而已。我又如何专门做事呢？”

黄帝恳切地说：“治理天下，的确不是你要做的事情，但还是希望说一下怎样治理天下。”

小孩推辞不过，就随口说：“治理天下和放马有什么区别呢？只要把损害马自然天性的东西除去就行了。”

黄帝听了，非常敬佩，连续拜了两拜，再把头叩在地上，停留一会儿，抬起头，称小孩为“天师”，然后离开了。

庄子说生死是非贫富

朝三暮四 《齐物论》

狙公赋芧，曰："朝三而暮四"，众狙皆怒。曰："然则朝四而暮三"，众狙皆悦。

品读

古代有一位老者，喜欢饲养猿狙，人称狙公。狙公家里很穷，养一群猿狙实在是很困难。猿狙的食物是从狙公自己的口粮中取出来的，眼看着小猿狙也长大了，这些猿狙的饭量越来越大，即使把狙公自己的口粮减到最少，也无法满足猿狙的需要。

有一天，狙公终于做了一项决定，适度减少猿狙的食物。原来猿狙每天两顿饭，上午和下午都给每只猿狙各发四个山芋，现在每天每只猿狙要减去一个山芋。于是，到猿狙吃饭的时候，狙公对猿狙宣布："从今天起，给你们每只狙上午发三个山芋，下午发四个山芋。应该够了吧？"猿狙听了，发出吱吱的叫声表示抗议，有的猿狙甚至撕扯狙公的衣服，跳起来抓狙公，吓得狙公连连躲避。

这时，狙公急中生智，连忙对猿狙说："好吧！好吧！咱们改变一下。从今天起，给你们每只狙上午发四个山芋，下午发三个山芋。你们看怎么样？"

猿狙一听，马上和前面不一样了，撕扯狙公的猿狙也放下了爪子，都温顺地趴在地上感谢狙公。

社会中常常有一些聪明人，喜欢分别出不同的物类：是非、善恶、美丑、贵贱，等等，学者们也常常为此辩论不休。其实，如果从整个自

朝三暮四

然世界看，万物本没有这种种差别，差别都是人自己用语言构造出来的。因此，学者的辩论也和猿狙对于朝三暮四和朝四暮三的分别一样可笑。

王倪讲的圣人 《齐物论》

啮缺问乎王倪曰："子知物之所同是乎？"

曰："吾恶乎知之！"

"子知子之所不知邪？"

曰："吾恶乎知之！"

"然则物无知邪？"

曰："吾恶乎知之！虽然尝试言之。庸讵知吾所谓知之非不知邪？庸讵知吾所谓不知之非知邪？且吾尝试问乎汝：民湿寝则腰疾偏死，鳝然乎哉？木处则惴栗恂惧，猨猴然乎哉？三者孰知正处？民食刍豢，麋鹿食荐，鸱鸦嗜鼠，四者孰知正味？猨猵狙以为雌，麋与鹿交，鳝与鱼游。毛嫱、西施，人之所美也；鱼见之深入，鸟见之高飞，麋鹿见之决骤，四者孰知天下之正色哉？自我观之，仁义之端，是非之途，樊然殽乱，吾恶能知其辩！"

啮缺曰："子不知利害，则至人固不知利害乎？"

王倪曰："至人神矣！大泽焚而不能热，河汉冱而不能寒，疾雷破山而不能伤，飘风振海而不能惊。若然者，乘云气，骑日月，而游乎四海之外。死生无变于己，而况利害之端乎！"

品读

啮缺向王倪提出一个问题，说："您知道事物有共同的标准吗？"

王倪说："我怎么能知道呢？"

齧缺又说："那么您是知道您不知道有无共同标准了？"

王倪还是回答说："这我怎么知道呢？"

王倪的回答让齧缺实在无语了，但齧缺还是追问了一句："那么事物是无法知道的吗？"

王倪还是回答说："我怎么知道呢？"

不过这次王倪还是表达了自己的意见，他说："尽管我不知道，但我还是试着说说吧。谁能知道我所说的知道其实是不知道呢？谁又能知道我所说的不知道其实是知道呢？现在我先问你几个问题，人睡在潮湿的地方会腰疼，会半身不遂，但是泥鳅会出现这些毛病吗？人住在树上会心惊胆战，猿猴会出现这种情况吗？那么，人、泥鳅、猿猴，谁居处的地方才是正确应该居处的地方呢？人的美食是猪和牛这些牲畜，麋鹿的美食是青草，蜈蚣的美食是小蛇，猫头鹰、乌鸦的美食是老鼠，那么，人、麋鹿、蜈蚣、猫头鹰等，谁吃的食物才是真正的美味呢？猿猴把猵狙作为自己的雌性伴侣，麋喜欢和鹿交往，泥鳅和鱼儿相伴而游；毛嫱、西施，是人类以为最漂亮的美女了，但是鱼见到这些美女后会吓得潜到水下，鸟见到后会吓得高飞远避，麋鹿也会吓得奔腾逃跑，人、鱼、猿猴、麋鹿四者中，谁喜欢的美色才是真正的美色呢？所以，在我来看，现在所谓的仁义标准、是非道路，其实也是乱七八糟，各执一端，我如何知道哪个又是真正的仁义标准、是非道路呢？"

这时，齧缺又继续追问道："那么您不知道是非利害，难道达到最高道德的人也分不清是非利害吗？"

王倪回答说："达到最高道德的人，可以说是到了神圣不可认识的境界。这种人，即使湖海燃烧都不能让他们感到炎热，天河冻结也不能让他们感到寒冷，电闪雷炸劈开了大山也伤害不到他们，暴风把整个海水吹起来也吓不着他们。到了这个境界，这种人都驾驭着云气，骑乘着日月，在四海以外遨游，死生都不会影响到他们，更何况是非利害这点小事呢？”

因为世界上本没有独一无二的标准，所以达到最高道德的人是不去分辨是非善恶的啊！

人生如梦

《齐物论》

瞿鹊子问乎长梧子曰：“吾闻诸夫子：‘圣人不从事于务，不就利，不违害，不喜求，不缘道；无谓有谓，有谓无谓，而游乎尘垢之外。’夫子以为孟浪之言，而我以为妙道之行也。吾子以为奚若？”

长梧子曰：“是黄帝之所听荧也，而丘也何足以知之！且汝亦大早计，见卵而求时夜，见弹而求鸮炙。

予尝为女妄言之，女以妄听之奚？旁日月，挟宇宙，为其吻合，置其滑涽，以隶相尊。众人役役，圣人愚芚，参万岁而一成纯。万物尽然，而以是相蕴。

予恶乎知说生之非惑邪！予恶乎知恶死之非弱丧而不知归者邪！丽之姬，艾封人之子也，晋国之始得之也，涕泣沾襟；及其至于王所，与王同筐床，食刍豢，而后悔其泣也。予恶乎知夫死者不悔其始之蕲生乎！

梦饮酒者，旦而哭泣；梦哭泣者，旦而田猎。方其梦也，不

知其梦也。梦之中又占其梦焉，觉而后知其梦也。且有大觉而后知此其大梦也。而愚者自以为觉，窃窃然知之。君乎，牧乎，固哉！丘也与汝，皆梦也；予谓汝梦，亦梦也。是其言也，其名为吊诡。万世之后而一遇大圣，知其解者，是旦暮遇之也。”

品读

瞿鹊子向长梧子请教道：“我听我的老师孔夫子说过：‘真正的圣人是不去做具体事情的，既不谋求利益，也不逃避危害；不喜欢漫无边际地追求，也不喜欢循规蹈矩地做事；用无言来表达言说，说了话又好像什么都没说。他们常常在人世之外遨游。’老师说这番话的时候毫不经意，我却把它看作精妙的道理，认为可以施行。那么先生您是怎么看这个问题的呢？”

长梧子并不认可地说：“这中间的道理连黄帝这样的圣人都会迷惑，以孔丘的智慧如何能理解呢？不过你的考虑也太超前了，好像刚看到鸡蛋就希望它变成一只打鸣的公鸡，刚看到弹弓就想到要吃烧鸟肉一样。”

接着，长梧子表达自己的意见，说：“我现在给你胡说八道一番，你就权当胡说八道听一听好吗？真正的圣人只依靠太阳和月亮，心里也只想到天地宇宙，和自然世界合为一体，任由社会混乱不堪，不去分别尊卑贵贱。所有人都为自己的目的辛苦劳作，只有圣人却表现得愚蠢无知，他浑浑噩噩地经历着千秋万代的变化，保存了纯真不杂的品行。世界上的万物都是像圣人一样，相互混杂，你中有我，我中有你。”

长梧子这时似乎受了感动，充满感情地说：“我如何能知道贪生就不是一种迷惑呢？我又如何能知道怕死就不是像从被小遗弃，而今找不到家乡一样呢？晋国骊姓家族有一位女孩子，她的父亲在艾地戍守边疆，晋国国君娶了这位女孩骊姬。骊姬因为离开父母，开始时非常伤心，泪水打湿了衣襟；当她住进了晋国国君金碧辉煌的住所，和国君一起睡在绵软的床上，每天都有吃不完的各种美食，她可能会后悔当初离家时的哭泣了。我怎么能知道那些已经死亡的人现在不后悔当时的贪生行为呢？晚上做梦梦见饮酒作乐的人，很可能早晨起来因为遇到伤心事而哭泣；晚上做梦梦见伤心事哭泣的人，也可能早晨遇到纵马打猎的快乐事。但是当人做梦的时候并不知道自己在做梦，有时

候在梦中还给自己梦中的梦占卜吉凶，直到醒过来才知道自己原来是在做梦。彻底的觉醒才能知道人生的一切都是一场大梦。愚蠢的人还自视为觉醒，私自以为认识世界的真相，这世界难道就像你老师说的那样，是些君臣父子关系形成的制度吗？这样的人真是太愚笨了。孔丘和你都是在做梦，当我说你做梦的时候，其实也是在梦境中啊！我说的这番话，实在是违背逻辑道理。如果千秋万代以后遇到一位大圣人，能够明了这个道理，那真是白日的清醒人和夜晚的梦中人相遇啊。”

人生如梦，不是说人生短暂，值得留恋，而是告诉我们，人生虚幻。所以圣人是不会在意和执迷于人生的。

秦佚吊老聃 《养生主》

老聃死，秦失吊之，三号而出。

弟子曰：“非夫子之友邪？”

曰：“然。”

“然则吊焉若此，可乎？”

曰：“然。始也吾以为至人也，而今非也。向吾入而吊焉，有老者哭之，如哭其子；少者哭之，如哭其母。彼其所以会之，必有不蕲言而言，不蕲哭而哭者。是遁天倍情，忘其所受，古者谓之遁天之刑。适来，夫子时也；适去，夫子顺也。安时而处顺，哀乐不能入也，古者谓是帝之县解。”

指穷于为薪，火传也，不知其尽也。

品读

古代的智者老聃去世了，亲人朋友哭作一团。一位叫秦佚的人前往吊唁，他进门只哭了三声，就出门离开了。

秦佚的弟子不解地问："老聃先生难道不是先生的朋友吗？"

秦佚回答说："当然是喽。"

弟子又问："那么像先生您这样吊唁朋友可以吗？"

秦佚说："可以这样吊唁。一开始我还认为老聃是位道德至上的人，但现在我不这样看了。当初我去老聃家里吊唁的时候，有老年人在哭泣，哭得那么伤心，就像失去了自己的孩子一样；有年轻人哭泣，哭得那么无助，就好像失去了自己的母亲一样。他们都聚会在老聃的

秦佚吊老聃

家里，没人请求他们吊唁，他们却自发去吊唁；没人要求他们哭泣，他们却发自内心地哭泣。这些人的做法是违背了自然的情理，他们忘记了老聃的形体是自然赋予的，如果躲避死亡，那就是逃避上天对于老聃的塑造。当初依照自然的要求来到人世，老聃只是按自然指令准时到达；现在依照自然的要求离开人世，那么老聃只是顺应自然而已。”

一个人如果懂得生死祸福都是自然安排的话，他就会从容对待人世，无喜怒哀乐之情了。

四君子论人生 《大宗师》

子祀、子舆、子犁、子来四人相与语曰：“孰能以无为首，以生为脊，以死为尻，孰知死生存亡之一体者，吾与之友矣。”四人相视而笑，莫逆于心，遂相与为友。

俄而子舆有病，子祀往问之。曰：“伟哉夫造物者，将以予为此拘拘也！”

曲偻发背，上有五管，颐隐于齐，肩高于顶，句赘指天。阴阳之气有沴，其心闲而无事，跰躃而鉴于井，曰：“嗟乎！夫造物者又将以予为此拘拘也！”

子祀曰：“汝恶之乎？”

曰：“亡，予何恶！浸假而化予之左臂以为鸡，予因以求时夜；浸假而化予之右臂以为弹，予因以求鸮炙；浸假而化予之尻以为轮，以神为马，予因以乘之，岂更驾哉！且夫得者，时也，失者，顺也；安时而处顺，哀乐不能入也。此古之所谓县解也。而不能自解者，物有结之。且夫物不胜天久矣，吾又何恶焉！”

俄而子来有病，喘喘然将死，其妻子环而泣之。子犁往问之，曰：“叱！避！无怛化！”倚其户与之语曰：“伟哉造化！又将奚以汝为，将奚以汝适？以汝为鼠肝乎？以汝为虫臂乎？”

子来曰：“父母于子，东西南北，唯命之从。阴阳于人，不翅于父母；彼近吾死而我不听，我则悍矣，彼何罪焉！夫大块载我以形，劳我以生，佚我以老，息我以死。故善吾生者，乃所以善吾死也。今之大冶铸金，金踊跃曰‘我且必为镆铘。’大冶必以为不祥之金。今一犯人之形，而曰‘人耳人耳’，夫造化者必以为不祥之人。特犯人之形而犹喜之。若人之形者，万化而未始有极也，其为乐可胜计邪？今一以天地为大炉，以造化为大冶，恶乎往而不可哉？”成然寐，蘧然觉。

品读

子祀、子舆、子犁、子来四个人聚在一起，相互讨论，有人提出：“谁能够把‘无’作为脑袋，把‘出生’作为脊梁，把‘死亡’作为屁股，谁要是能够把‘死亡’和‘生存’看成一个整体，那么我们就可以和他做朋友了。”说完后，四个人相互看着笑了，都能够领会对方的意思，于是大家成了朋友。

不久，子舆生病了，子祀前去看望。子舆感叹道：“造物主太了不起了，给我塑造了这么一个蜷缩成一团的形象！”子舆背上生出高耸的驼峰，五官就长在上面，脸隐藏在肚脐下，肩膀又高过头顶，发髻朝天。阴阳二气虽然表现得如此混乱不协调，但他的内心却依然悠闲，淡然自娱。他徘徊到井边，临水自照，看到自己的形象，又不禁感慨一声：“造物主太了不起了，给我塑造了这么一个蜷缩成一团的形象！”

子祀问子舆说：“那么你厌恶这个形象吗？”

子舆说：“不。我有什么厌恶的呢？假使造化让我的左臂变成鸡，我就让它去叫鸣；如果造化让我的右臂变成弹丸，我就用它射鸟，烤鸟肉吃；假使造化让我的屁股变成车轮、精神变成马的话，那么我每

四君子论人生

天都在乘马坐车，还需要另外找车马吗？我能够出生，那是碰上了时机；我将来死亡，那也是顺随自然。安于时机，顺遂自然，悲伤和快乐都不会留在自己心上，这就是古人所说的解除倒悬之苦。不能做到自我解除，那是外物束缚着自己。况且一切事物都不能克服造物者，这是从古以来的情况，我对自己的形象又有什么可厌恶的呢？"

不久，子来生病了，出气多，进气少，眼看就要死了。子来的妻儿环绕着子来，伤心哭泣。子犁去子来家看望，见到这番情景，便大喝道："喂，都走开。对自然的变化不要伤心。"子犁连门都没进，只是靠在窗户边上对子来说："造物主真是了不起啊！他将要让你做什么呢？他将要让你去什么地方呢？是让你变成老鼠的肝脏呢，还是让你变成虫子的胳膊或腿呢？"

子来知道是子犁来了，好像也有了精神，也能说话了。他说："孩子对于父母，父母叫东行则东行，父母叫南行则南行，父母叫西行则西行，父母叫北行则北行，一切都听从父母的。造化对于人来说，不就像是孩子的父母吗？他要我死我不听，这不是违逆父母吗？这罪过就大了。是天地赋予了我现在的形体，让我用劳累来维持生存，用闲适来度过老年，用死亡作为睡觉。所以善待生存，也应该善待死亡。"子来歇了一会儿，又说："举个例子来说吧。现在有一位铸工正在冶炼，有一炉铜水突然从炉中飞溅出来，并且还喊着：'我一定要当宝剑！我一定要当宝剑！'那么这个铸工一定会认为这是不吉祥的铜水。现在我们就因为生成了人的形象，便一再地对造物主要求：'我还要当人！我还要当人！'那么造物主也一定会认为我们是些不吉祥的人了。现在我只是把天地作为一个大熔炉，把造物主作为大铸工，把我造成什么东西不可以呢？"说完昏然入睡，几天后又清醒了过来。

方内和方外　《大宗师》

子桑户、孟子反、子琴张三人相与语曰："孰能相与于无相与，相为于无相为？孰能登天游雾，挠挑无极；相忘以生，无所终穷？"

三人相视而笑，莫逆于心，遂相与为友。

莫然有间而子桑户死，未葬。孔子闻之，使子贡往侍事焉。或编曲，或鼓琴，相和而歌曰："嗟来桑户乎！嗟来桑户乎！而已反其真，而我犹为人猗！"子贡趋而进曰："敢问临尸而歌，礼乎？"

二人相视而笑曰："是恶知礼意！"

子贡反，以告孔子，曰："彼何人者邪？修行无有，而外其形骸，临尸而歌，颜色不变，无以命之。彼何人者邪？"

孔子曰："彼，游方之外者也；而丘，游方之内者也。外内不相及，而丘使汝往吊之，丘则陋矣。彼方且与造物者为人，而游乎天地之一气。彼以生为附赘县疣，以死为决疣溃痈，夫若然者，又恶知死生先后之所在！假于异物，托于同体；忘其肝胆，遗其耳目；反复终始，不知端倪；芒然仿徨乎尘垢之外，逍遥乎无为之业。彼又恶能愦愦然为世俗之礼，以观众人之耳目哉！"

子贡曰："然则夫子何方之依？"

孔子曰："丘，天之戮民也。虽然，吾与汝共之。"

子贡曰："敢问其方。"

孔子曰："鱼相造乎水，人相造乎道。相造乎水者，穿池而养给；相造乎道者，无事而生定。故曰，鱼相忘乎江湖，人相忘乎道术。"

子贡曰："敢问畸人。"

曰："畸人者，畸于人而侔于天。故曰，天之小人，人之君子；天之君子，人之小人也。"

品读

子桑户、孟子反、子琴张三个人聚在一起聊天，有人提出这样的问题："谁能够在不相交往中达到交往，在不互相帮助中达到互相帮助呢？谁能够乘着云雾飞到天上，在没有极限的时空中舞蹈，忘记了生存，不以死亡为终极呢？"三个人都没有说答案，只是看着对方会心微笑，很愉快地接受了对方，于是成为要好的朋友。

过了不久，子桑户死了，还没有埋葬。孔子得到这个消息，委派学生子贡前往操持葬礼。这时孟子反编了一支丧曲，由子琴张奏乐，两人在子桑户的尸体边唱歌：

回来啊，子桑户！
回来啊，子桑户！
你已经化为了本真，
可我们还辛苦地活着做人。

子贡连忙过来，不解地对二人说："我想问问你们，对着朋友的尸体唱歌，这是合乎古礼的吗？"

孟子反和子琴张相互看着笑了，说："这人真是不懂得礼的含义。”

子贡看着这两个人很疑惑，回去后就把情况告诉了孔子，并且生气地说：“那都是些什么人呢？没有礼节修饰，不注意举止行为，面对着尸体唱歌，脸上没有任何悲伤的表情。我都不知道该叫他们什么。那都是些什么人呢？”

孔子听了后说："那些人都是在人世社会以外往来的人，我孔丘只是在人世社会以内往来的人。世内世外，各不相关。我让你去吊唁子桑户，这是我考虑问题太浅陋。那些人要和造物者交朋友，和天地融为一体。他们把生存看作是人身体上的脓包血泡，认为死亡是溃脓放血。像这种情况，还管什么死亡生存谁先谁后呢？借助不同的事物，合成自己的躯体，忘记了内在的肝胆，对外面的事情不视不听，以始为终，以终为始，不理会事物的本源末节，盲目地在世俗以外遨游，自由自在地无所事事。这样的人怎么愿意谨小慎微地去实施世俗的礼节，满足普通人的视听呢？"

子贡又问："那么先生依据的是哪一种方法呢？"

孔子说："我是受到自然约束的人。尽管如此，和你一样共同依据礼法。"

子贡问："那么这个方法是什么呢？"

孔子回答："鱼都是适应水的，人都是适应自然之道的。对于适应水的鱼，我们应该给它们挖池供水；对于适应自然之道的人，就要让他们无所作为，性情安静。所以说，鱼在水中就忘记了水，人顺应自然之道的时候就忘记了道本身。"

子贡又问："那么什么是畸人呢？"

孔子回答："畸人，就是和普通人不同，却合于自然的人。所以说，在自然看来是小人的，在人类中却被当作君子；在自然看来是君子的，在人类中却被当作小人。"

孟孙才丧母　《大宗师》

颜回问仲尼曰："孟孙才，其母死，哭泣无涕，中心不戚，居丧不哀。无是三者，以善处丧盖鲁国。固有无其实而得其名者乎？回一怪之。"

仲尼曰："夫孟孙氏尽之矣，进于知矣，唯简之而不得，夫已有所简矣。孟孙氏不知所以生，不知所以死；不知孰先，不知孰后；若化为物，以待其所不知之化已乎！且方将化，恶知不化哉？方将不化，恶知已化哉？吾特与汝，其梦未始觉者邪！且彼有骇形而无损心，有旦宅而无耗精。孟孙氏特觉，人哭亦哭，是自其所以乃。且也相与吾之耳矣，庸讵知吾所谓吾之非吾乎？且汝梦为鸟而厉乎天，梦为鱼而没于渊。不识今之言者，其觉者乎，其梦者乎？造适不及笑，献笑不及排，安排而去化，乃入于寥天一。"

品读

有一次，颜渊心里有点不平，问孔子说："这个孟孙才，他的母亲去世，他居然哭泣的时候不流眼泪，心里不哀戚，守丧的时候没有哀伤的表现。三方面都做得这么不好，可是却以善于处理丧事而得到整个鲁国人的认可，没有做出像样的事情却得到了好的名声。颜回我实在感到奇怪了。"

孔子告诉颜渊说："孟孙才已经尽到了丧事的要求，而且比一般知道丧事的人更进了一步。丧事本应简单，只是世俗习惯不能简单，但他做得已经够简单了。孟孙才不知道什么是生，也不知道什么是死；

不知道什么应该在前，什么应该在后。把生死看作是事物的变化，只是不知道下一步将会变成什么东西罢了。况且我们感到要变化时，却并没有看到变化；当我们没想到变化的时候，却已经在变化了。我和你都还在做梦，没有觉醒啊。而且孟孙才认为死亡只是形象发生了变化，心神却没有损伤；只是躯体更换了，精气没有消耗。其实，孟孙才比别人都清醒，只是别人哭他跟着哭，于是就做出这个样子来。”

最后，孔子似乎是在嘲笑世俗中的人，说：“世俗之人都只知道称说自我罢了，哪里知道自己所说的自我并不是真正的自我。就像你做梦梦见自己是一只鸟，飞到了天上；梦见自己是一条鱼，潜到了深水里。不知道现在这些说话的人，现在是觉醒着，还是在做梦？当人心旷神怡的时候等不到笑，要笑的时候也没有提前安排。人的死亡变化也一样，都是由道决定的。”

孟孙才丧母

庄子妻死 《至乐》

庄子妻死，惠子吊之，庄子则方箕踞鼓盆而歌。

惠子曰："与人居，长子、老、身死，不哭，亦足矣，又鼓盆而歌，不亦甚乎！"

庄子曰："不然。是其始死也，我独何能无慨然！察其始而本无生，非徒无生也而本无形，非徒无形也而本无气。杂乎芒芴之间，变而有气，气变而有形，形变而有生，今又变而之死，是相与为春秋冬夏四时行也。人且偃然寝于巨室，而我噭噭然随而哭之，自以为不通乎命，故止也。"

品读

庄子的妻子死了，庄子的朋友惠子听说后，就前往庄子家吊唁。走进门一看，庄子正两腿平放在席子上坐着，手里拿着一个瓦盆敲打，嘴里还哇哇啦啦地高声唱歌。庄子平时最瞧不起世俗的礼义道德，这是惠子知道的，但他此时的做法也太过分了，好像要表现自己的另类一样。惠子很生气地数落起庄子，说："你和人家生活了一辈子，她又给你生子养子。现在人老了，死了，不哭泣也就够了，还要敲着瓦盆唱歌，好像天大的喜事一样，这也太过分了。"

庄子好像这时才发现惠子来了，停下了唱歌，对惠子说："不是这样的。她刚死的时候，我也不能免俗，心里怎么能没有感慨呢！但仔细想想，她开始也没有生命，不仅没有生命，连形体都没有；不仅没有形体，连气息都没有。混杂在似有似无的混沌中，逐渐变得有了气息，气息中又变出形体，形体又变得有了生命，现在又由活人变成了死人，这和春夏秋冬的四时变化一样正常。她一个人躺在宇宙这个大房间里睡觉，而我却呜哇呜哇地为她哭泣，我以为这是不通天命的变化，所以就停止了哭泣。”

滑介叔论生死 《至乐》

支离叔与滑介叔观于冥伯之丘，昆仑之虚，黄帝之所休。俄而柳生其左肘，其意蹶蹶然恶之。

支离叔曰："子恶之乎？"

滑介叔曰："亡，予何恶！生者，假借也；假之而生生者，尘垢也。死生为昼夜。且吾与子观化而化及我，我又何恶焉！"

品读

长相怪异的支离叔和糊里糊涂的滑介叔一起登上冥伯山丘瞭望，观看天地变化。因为上接青天，所以叫冥伯山，一般也叫昆仑山，黄帝经常到那里休息。

就一会儿工夫，滑介叔的左肘上生出一个瘤子来。这是要命的东西，谁遇到都是晦气的事情，但滑介叔毫不在意，好像是长在别人身上一样。支离叔觉得很奇怪，就问滑介叔："你厌恶这东西吗？"

滑介叔大剌剌地说："不厌恶！这有什么可厌恶的呢？活着，也是暂寄在人世间，暂寄人世间生存的人，只是自然中的尘埃污垢。人的生死就和白天与黑夜一样。而且我和你一起来观察宇宙的变化，现在变化发生在我的身上，我又有什么厌恶的呢？"

死生本是自然变化的一种情况，人能够理解昼夜四时变化，为什么就害怕自身的变化呢？在世俗看来糊里糊涂的人，实际上很可能是看透自然大化的人。

庄子和骷髅的对话 《至乐》

庄子之楚，见空髑髅，髐然有形，撽以马捶，因而问之，曰："夫子贪生失理，而为此乎？将子有亡国之事，斧钺之诛，而为此乎？将子有不善之行，愧遗父母妻子之丑，而为此乎？将子有冻馁之患，而为此乎？将子之春秋故及此乎？"

于是语卒，援髑髅，枕而卧。夜半，髑髅见梦曰："子之谈者似辩士。视子所言，皆生人之累也，死则无此矣。子欲闻死之说乎？”

庄子曰：“然。”

髑髅曰：“死，无君于上，无臣于下；亦无四时之事，从然以天地为春秋，虽南面王乐，不能过也。”

庄子不信，曰：“吾使司命复生子形，为子骨肉肌肤，反子父母妻子闾里知识，子欲之乎？”

髑髅深矉蹙 曰：“吾安能弃南面王乐而复为人间之劳乎？”

品读

有一次，庄子到楚国去，在路边看到一个空洞的骷髅，但整个骨架还很完整。庄子下了车，拿马鞭的杆子敲了敲这个骷髅，问道：“你是怎么死的？是不是因为贪图生存，做了违背情理的事情，变成了这种情况呢？或者因为国家灭亡，被人杀害，变成了这个情况呢？或者做了坏事，愧对父母妻子，变成这种情况呢？或者遭遇饥饿寒冷，变成了这种情况呢？”问完以后，庄子就留在这个地方，头枕着骷髅睡着了。

半夜，骷髅出现在庄子的梦中，但变成了有生命、会说话的东西。他对庄子说：“看你侃侃言谈的样子，好像是位辩说之士；听你说话的内容，都是关于活着的辛苦，死了就没有你说的这些辛苦了。那么你想不想听一听死亡的言论呢？”

庄子觉得很有意思，说：“好的。”

骷髅说："死亡以后，在你上面没有君主，在你下面也没有臣仆。没有四季的劳动，非常自由放纵，和天地一样永恒，即使是南面称王的快乐，也比不上啊！"

庄子很难理解，不相信骷髅说的是真心话，就问："我让司命神恢复你的形体，让你重新生出血肉肌肤，再送还你的父母妻儿和邻里朋友，你愿意吗？"

骷髅皱着眉头，把眼睛深藏起来，非常悲愁地说："我怎么能抛弃南面称王的快乐，回到人间去辛苦呢？"

庄子和骷髅的对话

孔子论圣人爱人 《知北游》

冉求问于仲尼曰："未有天地可知邪？"

仲尼曰："可。古犹今也。"

冉求失问而退，明日复见，曰："昔者吾问'未有天地可知乎？'夫子曰：'可。古犹今也。'昔日吾昭然，今日吾昧然，敢问何谓也？"

仲尼曰："昔之昭然也，神者先受之；今之昧然也，且又为不神者求邪！无古无今，无始无终。未有子孙而有子孙，可乎？"

冉求未对。仲尼曰："已矣，未应矣！不以生生死，不以死死生。死生有待邪？皆有所一体。有'先天地生'者物邪？物物者非物。物出不得先物也，犹其有物也。犹其有物也，无已。圣人之爱人也终无已者，亦乃取于是者也。"

品读

冉有问孔子说："没有天地之前的事情可以知道吗？"

孔子说："可以。古代就像今天一样。"

冉有无话可问，就退出去了。

第二天，冉有又来见孔子，问道："昨天我问'没有天地之前的事情可以知道吗？'先生回答：'可以。古代就像今天一样。'昨天我还清楚，今天我就糊涂了，请问先生说的是什么意思呢？"

孔子回答："昨天清楚，是因为你用精神先来接受它；今天糊涂，大概因为是用不是精神的东西去探求它了。世界上本来没有古代，也没有现代；没有开始，也没有结束。但是在没有子孙中出现了子孙，这可能吗？”

冉有无法回答。

孔子说：“算了，别回答了。人死掉了，并不是用生还让死者活过来；人还活着，也并不是用死让活着的人死掉。死亡和生存都各自需要对方吗？其实都是一个整体。在世界中，有在天地之先就出现的事物吗？创造事物的自然之道本身并不是事物。没有哪个事物比自然之道出现更早，从自然之道有了万物；从自然之道有了万物，万物就生生不息，无穷无尽。圣人爱人也是无尽的，正是因为学习了自然之道啊！”

庄周对魏王谈贫 《山木》

庄子衣大布而补之，正縻系履而过魏王。魏王曰：“何先生之惫邪？”

庄子曰：“贫也，非惫也。士有道德不能行，惫也；衣弊履穿，贫也，非惫也；此所谓非遭时也。王独不见夫腾猿乎？其得楠梓豫章也，揽蔓其枝而王长其间，虽羿、蓬蒙不能眄睨也。及其得柘棘枳枸之间也，危行侧视，振动悼栗；此筋骨非有加急而不柔也，处势不便，未足以逞其能也。今处昏上乱相之间，而欲无惫，奚可得邪？此比干之见剖心征也夫！”

品读

庄子贫困交加，来到魏国。

一天，穿着粗布衣服，还打着补丁，脚下穿着用麻绳系着的鞋，来见魏王。魏王早就知道庄子聪明绝顶，辩才无碍，虽也听说过这人玩世不恭，有点另类，但还是没有想到就是眼前这个穿得破破烂烂，蓬头垢面、形象憔悴的人，总觉得眼前这个人精神萎靡，就不经意地问了一句：“先生怎么这么疲惫呢？”

庄子不卑不亢地说：“这是贫穷，并不是疲惫。一个读书人有道德而得不到重用，那才叫疲惫；穿的衣服破了，脚下的鞋底磨穿了，那是贫穷，而不是疲惫。这就是没有遇到好的时候。大王见过跳跃的猿猴吗？它们一旦到了楠、梓、豫、樟这些高大的树上，就手把树枝，上腾下窜，左右穿梭，非常自如，连后羿、蓬蒙这些古代射箭高手也不敢小视它们。但它们一旦到了柘、棘、枳、枸这些长满小刺的树丛，也会小心慢行，不再左顾右盼，而是紧张恐惧，战战兢兢。这并不是因为它们的筋骨变得僵硬而不再柔软了，而是因为环境发生了变化，不宜于体现它们的本领。现在我生活在君臣颠倒、昏庸混乱的时代，即使想不疲惫，可能吗？当年比干被纣王剖心，就是明证啊！”

庄周对魏王谈贫

庄周告贷 《外物》

庄周家贫，故往贷粟于监河侯。监河侯曰：“诺。我将得邑金，将贷子三百金，可乎？”

庄周忿然作色曰：“周昨来，有中道而呼者。周顾视车辙中，有鲋鱼焉。周问之曰：‘鲋鱼来！子何为者邪？’对曰：‘我，东海之波臣也。君岂有斗升之水而活我哉？’周曰：‘诺。我且南游吴越之土，激西江之水而迎子，可乎？’鲋鱼忿然作色曰：‘吾失我常与，我无所处。吾得斗升之水然活耳，君乃言此，曾不如早索我于枯鱼之肆！’”

品读

庄周虽然是一位智者，但他不愿意和王公贵族往来，也不愿意为诸侯所驱使，所以家里很贫穷，自己也衣衫褴褛，而且经常吃了上顿没下顿。

有一次，实在穷得无法生活了，庄周便硬着头皮找到监河侯，想向他借贷几升粟米。

监河侯本来就很不喜欢庄周平时那种把自己不放在眼里的孤傲态度，但他知道庄周的名声很大，所以也不好发作。这次看到庄周困窘的样子，有点幸灾乐祸。于是，他表现出很大方的样子，说：“好的！我正在封邑里收取田租赋税，只要钱财一到，我马上就借给你三百黄金去买米。”

庄周听了这话，知道监河侯无意借贷给自己，而且话中还带着戏耍

的意味，虽然很生气，但还是很从容地告诉监河侯说：“昨天我庄周来的时候，途中听到有叫我的声音。我四周看了半天，最后在刚走过的车辙里，看见一条小鲫鱼正在半寸深的积水中挣扎。我就问道：‘小鲫鱼啊，你要做什么呢？’小鲫鱼气息微弱地对我说：‘我是东海里的水族，您能不能给我一升半斗的水，来救我的命啊？’我对它说：‘好的！我将要到南方去游说吴、越等国的国君，我到那里以后将疏通西江的水来迎接你，你看怎么样？’小鲫鱼面带怒色地说：‘我只是失去了正常需要的水，我现在没有可以容身的水。我只要有一升半斗的水就能存活了，你现在给我这个承诺，倒不如回头到干鱼店去找我吧！’”

楚昭王和杀羊人 《让王》

楚昭王失国，屠羊说走而从于昭王。昭王反国，将赏从者，及屠羊说。屠羊说曰："大王失国，说失屠羊；大王反国，说亦反屠羊。臣之爵禄已复矣，又何赏之有哉！"

王曰："强之！"

屠羊说曰："大王失国，非臣之罪，故不敢伏其诛；大王反国，非臣之功，故不敢当其赏。"

王曰："见之！"

屠羊说曰："楚国之法，必有重赏大功而后得见，今臣之知不足以存国而勇不足以死寇。吴军入郢，说畏难而避寇，非故随大王也。今大王欲废法毁约而见说，此非臣之所以闻于天下也。"

王谓司马子綦曰："屠羊说居处卑贱而陈义甚高，子其为我延之以三旌之位。"

屠羊说曰："夫三旌之位，吾知其贵于屠羊之肆也；万钟之禄，吾知其富于屠羊之利也；然岂可以贪爵禄而使吾君有妄施之名乎！说不敢当，愿复反吾屠羊之肆。"遂不受也。

品读

楚昭王丧失了国家，楚王的杀羊人名叫说的也逃出了楚国，跟随着昭王。后来，昭王返回了楚国，就要赏赐这些跟随者，其中自然有这位杀羊人。

杀羊人说对昭王说："大王丧失了国家，我也就失去了杀羊这个活；现在大王回来了，我也回来做我杀羊的事情。我的爵位俸禄都恢复了，又有什么可赏赐的呢？"

昭王不答应，说："必须接受赏赐。"

杀羊人说又说："大王丧失了国家，不是臣仆我的罪过，所以不敢因此接受诛罚；大王返回自己的国家，也不是臣下我的功劳，所以也不敢接受赏赐。"

昭王说："我要给你荣耀。"

杀羊人说坚决推辞，说："依照楚国的法令，必须对有大功劳的人重赏，才能让这个人荣耀。现在臣仆我的聪明不足以保卫国家，勇敢不足以和敌人拼命。吴国军队打进郢都的时候，我是因为害怕灾祸，躲避敌军，并不是有意要追随大王。现在大王要废坏国家的法令，放弃以前的誓约，这可是天底下从没有听说过的事情啊。"

昭王很为杀羊人的行为感动，他对自己的司马名叫子其的说："杀羊人说这个人地位虽然低下，但讲述的道理非常高尚，你替我把他安排在三公的位置上。"

杀羊人说还是坚决推辞，说："我知道，处在三公的位置，要比在屠宰场干活高贵多了。我也知道，每年享受万钟的粟米，也比杀羊获得的好处多多了。但我怎么能够贪恋爵位和俸禄，让大王您得到随便施舍的名声呢？臣仆我不敢接受，还是放了我，让我到杀羊的地方去吧。"

贫穷的原宪 《让王》

原宪居鲁，环堵之室，茨以生草；蓬户不完，桑以为枢；而瓮牖二室，褐以为塞；上漏下湿，匡坐而弦歌。

子贡乘大马，中绀而表素，轩车不容巷，往见原宪。原宪华冠縰履，杖藜而应门。

子贡曰："嘻！先生何病？"

原宪应之曰："宪闻之：'无财谓之贫，学道而不能行谓之病。'今宪，贫也，非病也。"

子贡逡巡而退，有愧色。

原宪笑曰："夫希世而行，比周而友，学以为人，教以为己，仁义之慝，舆马之饰，宪不忍为也。"

品读

孔子的学生原宪住在鲁国。他家里很贫穷，在四周的墙壁上看不到任何装饰，茅草屋顶都生出了野草；用篷草编成的门扇还不完整，门枢是用桑树枝圈成的；两间房子用没底的破瓦罐做窗框，用麻布堵塞窗口，头上漏雨，脚下潮湿。但原宪自得其乐，端坐在床上弹着琴。

原宪的同学子贡，口才很好，游说诸侯，做了大官。有一天，子贡驾着高头大马拉的马车，穿着紫红色的内衣和白色的外套来看原宪。因为子贡坐的车华丽高大，进不了狭窄的小巷，只好在远远的大路上就停下来，于是子贡下车，徒步走到原宪的住处。

原宪听到有人敲门，便戴上桦木皮做的冠，趿着没有后跟的破鞋，拄着藜杖来开门。

子贡见到原宪的样子，吃了一惊，说：“哎呀！老同学，你怎么困难成这个样子了？”

原宪回答说：“我听说‘没有财产叫作贫穷，学习不能实行才叫作有困难’。现在我只是贫穷，并非遇到了困难。”

子贡被堵得半天说不出话来，脸上有点惭愧尴尬的样子。

原宪笑着说：“根据社会期望去行事，广泛联系结交朋友，学习出来只是为了别人，教导别人却是为了自己，假借仁义做坏事，尽管有大马高车，但我还是不忍心这样去做。”

商汤和几位贤人 《让王》

汤将伐桀，因卞随而谋，卞随曰："非吾事也。"

汤曰："孰可?"

曰："吾不知也。"

汤又因瞀光而谋，瞀光曰："非吾事也。"

汤曰："孰可?"

曰："吾不知也。"

汤曰："伊尹何如?"

曰："强力忍垢，吾不知其他也。"

汤遂与伊尹谋伐桀，克之，以让卞随。卞随辞曰："后之伐桀也谋乎我，必以我为贼也；胜桀而让我，必以我为贪也。吾生乎乱世，而无道之人再来漫我以其辱行，吾不忍数闻也。"乃自投稠水而死。

汤又让瞀光曰："知者谋之，武者遂之，仁者居之，古之道也。吾子胡不立乎?"

瞀光辞曰："废上，非义也；杀民，非仁也；人犯其难，我享其利，非廉也。吾闻之曰：'非其义者，不受其禄，无道之世，不践其土。'况尊我乎！吾不忍久见也。"乃负石而自沈于庐水。

品读

商汤要去讨伐夏桀，想找贤人卞随给自己出谋划策。

卞随拒绝了，说："这不是我的事情。"

商汤就问卞随："那么谁可以呢？"

卞随不感兴趣，说："我不知道。"

商汤碰了钉子，又想到另一位贤人，叫瞀光。于是找到瞀光，要他给自己出谋划策。

瞀光说："这不是我的事情。"

商汤问："那么谁可以呢？"

瞀光也不感兴趣，说："我不知道。"

商汤又问："伊尹怎么样？"

瞀光回答："伊尹为人努力，而且能忍受侮辱，其他情况我就不知道了。"

于是，商汤找到伊尹，共同商量讨伐夏桀，最后，战胜了夏桀。商汤认为卞随是位贤人，要把天下让给他去治理。

卞随拒绝说："君王在讨伐夏桀的时候和我商量，肯定认为我是损害人的人；现在战胜了夏桀又要把天下让给我，肯定认为我是个贪图名利的人。我生活在乱世中，无道之人反复用他的行为来侮辱我，我不忍心再听到这些事情了。"于是投入稠水自杀了。

商汤又去找瞀光，希望把天下让给他治理。这次商汤吸取了卞随的教训，就对瞀光说："用有智慧的人商量这件事，用有武力的人完成这件事，最后是有仁心的人拥有这件事，这是自古以来的道理。先生您为什么不出来即位呢？"

瞀光拒绝说："废掉过去的天子，这是不义的；杀死了那么多人，这是不仁的；别人背了这些恶名，我却因此获利，这是没有原则的。我听说：'不赞同他的行为，就不接受他的俸禄；在无道的社会里，就不应该在这土地上行走。'更何况得到尊重啊！我不忍心长时间地受人注意。”于是，也抱着大石头沉入庐水自杀了。

曹商使秦

《列御寇》

宋人有曹商者，为宋王使秦。其往也，得车数乘；王说之，益车百乘。反于宋，见庄子曰：“夫处穷闾厄巷，困窘织屦，槁项黄馘者，商之所短也；一悟万乘之主而从车百乘者，商之所长也。”

庄子曰：“秦王有病召医，破痈溃痤者得车一乘；舐痔者得车五乘，所治愈下，得车愈多。子岂治其痔邪，何得车之多也？子行矣！”

品读

宋国有一个人，名叫曹商。

一次，他为宋王出使秦国。因为宋国是一个小国，同时宋王也没给曹商安排重要的任务，所以出发的时候，仪式很简单，跟随出使的车辆也很少。

曹商到了秦国，和秦王谈得很投机，秦王非常高兴。曹商要走了，秦王恋恋不舍，又给他送了一百辆马车。秦国是当时的大国，曹商受到如此礼遇，返回宋国后，自然觉得非常荣耀，就沾沾自喜起来。

有一天，曹商去看庄子。在庄子的破烂小屋里，曹商很得意地告诉庄子自己出使的经过，然后带着讥笑的口吻对庄子说：“住在偏僻的村落、狭窄的巷道里，靠织鞋度日，还不能维持生活，饿得面黄肌瘦，

枯槁如柴，这可是我曹商不擅长的。至于用一番话就能让拥有万乘兵车的大国国君有所感悟，得到一百辆马车，这才是我曹商所擅长的。”

庄子听了，淡淡一笑，说：“秦王生病的时候，曾经征召医师，下令说，如果能够把痈和痤疮中的脓水挤出来的，赏赐马车一辆；有能舔干净痔疮的，赏赐马车五辆；治疗的病越恶心，得到的马车越多。先生您给秦王治疗的是不是痔疮一类的病呢？为什么能得到这么多的马车呢？”

编苇人家的故事 《列御寇》

人有见宋王者，锡车十乘，以其十乘骄稚庄子。

庄子曰：“河上有家贫恃纬萧而食者，其子没于渊，得千金之珠。其父谓其子曰：‘取石来锻之！夫千金之珠，必在九重之渊而骊龙颔下，子能得珠者，必遭其睡也。使骊龙而寤，子尚奚微之有哉！’今宋国之深，非直九重之渊也；宋王之猛，非直骊龙也；子能得车者，必遭其睡也。使宋王而寤，子为齑粉夫！”

品读

有一个人去拜见宋王，宋王一高兴，就送了他十辆马车。那个人很得意，就驾着这些马车去找庄子，一路上都在招摇炫耀，希望路人都注意到他的马车。

车到庄子家附近，路太狭窄，车队进不去，只好停在路边，自己走进去。走到门口敲门，庄子出来迎接，这人也不进门，一边说着宋王给他马车的事情，一边就要拉着庄子去看他的车辆。

庄子没有动，对那个人说：“我先给你讲个故事。”

庄子见那个人停下来，好像对讲故事有兴趣，就说：“黄河边上住着一家人，家里贫穷，靠编织苇席勉强为生。他家一个孩子沉潜到水下，得到一颗价值千金的明珠。孩子很高兴，想这下不必再过辛苦的日子了，于是拿给了父亲。他父亲见了，非常紧张，说：‘快取石头

编苇人家的故事

把它砸碎。’孩子不能理解，父亲说：‘价值千金的明珠，一定是藏在九重深渊骊龙下巴底下的，你所以能得到，是因为碰上骊龙正在睡觉。假如骊龙醒着，你怎么能得到它呢？’”

庄子见那个人听得正有兴味，就直接告诉他：“现在宋国的水很深，不是九重深渊可以比拟的；宋王的凶恶，也不是骊龙比得了的。你能得到他的马车，是因为遇着宋王在睡觉；如果宋王醒着，你早就成粉末了。”

做国君的都非常贪婪吝啬，又暴虐残忍，不可能对任何人大方施舍。一旦谁在国君那里得到好处，那不过是很偶然的事情罢了，风险其实也很大。

庄子说仁义智巧

大盗的故事 《胠箧》

将为胠箧探囊发匮之盗而为守备，则必摄缄縢、固扃镝，此世俗之所谓知也。然而巨盗至，则负匮揭箧担囊而趋，唯恐缄縢扃镝之不固也。然则乡之所谓知者，不乃为大盗积者也？

故尝试论之：世俗之所谓知者，有不为大盗积者乎？所谓圣者，有不为大盗守者乎？何以知其然邪？昔者齐国邻邑相望，鸡狗之音相闻；罔罟之所布，耒耨之所刺，方二千余里。阖四竟之内，所以立宗庙社稷，治邑屋州闾乡曲者，曷尝不法圣人哉！然而田成子一旦杀齐君而盗其国。所盗者岂独其国邪？并与其圣知之法而盗之。故田成子有乎盗贼之名，而身处尧舜之安，小国不敢非，大国不敢诛，专有齐国。则是不乃窃齐国，并与其圣知之法以守其盗贼之身乎？跖之徒问于跖曰：“盗亦有道乎？”跖曰：“何适而无有道邪！夫妄意室中之藏，圣也；入先，勇也；出后，义也；知可否，知也；分均，仁也。五者不备而能成大盗者，天下未之有也。”

品读

社会中的聪明人，为了防备小偷小摸，总是把钱袋扎得紧紧的，把藏有财宝的箱柜锁得牢牢的。可是有一天，明火执仗的强盗来了，他们把柜子一扛、箱子一抱、钱袋一挑，就席卷而去，这时他们就唯恐这些袋囊箱柜捆扎得不够结实。那么，当初的捆绑、上锁，现在不正好为强盗抢劫提供了方便吗？所以，世俗社会中所说的智慧都是为强

盗做好了准备。不仅如此，世俗中的仁义道德也是为强盗守护赃物提供了理由。

周初的时候，姜太公帮助周武王打败了商纣王，周武王为了报答太公，封太公为诸侯，把泰山以东的地方划给他，这就有了齐国，姜姓子孙世代可以世袭齐国。本来，齐国国君治理齐国井井有条，在国内设置了许多小的城邑，家家户户养鸡养狗，鸡鸣犬吠，此起彼闻；山林湖河，有猎人捕兽，渔夫撒网；旷野田塍，有农夫耕作，国内人民安居乐业。齐国国君建立祖庙，祭祀社稷，包括建制邑、屋、州、闾、乡等，一切都依照古代圣人制定的制度去做。后来出了一个田成子，他杀死了齐国国君，占有了齐国。这样虽然大家都知道田成子是窃国大盗，但他拥有的地位却稳如泰山，小的国家对他不敢有所非议，大的国家也不敢去讨伐他。为什么会如此呢？这就是因为田成子窃取的不光是齐国的人民土地，他连维护这个国家的道德法律制度等都偷来为自己所用。

古代有一个非常有名的强盗，名字叫跖。人们都以为强盗除了杀人越货，就是蛮不讲理，谁胆子大，杀人多，谁就是老大。

有一次，盗跖的喽啰问盗跖说："大王，请问做强盗是不是也有道理？"

盗跖笑着说："当然有了。干什么没有道理呢？"

盗跖接着就说了："凭空可以判断出哪里有东西可抢，这就要有圣人的素质；在抢劫中能冲在最前面，不怕牺牲，这就是勇敢；抢到了东西，让弟兄们先走，自己留下断后，这就叫讲义气；知道抢哪些人能得手，抢哪些人会失手，这就叫有智慧；分赃能做到论功行赏，公正无私，摆平手下，这就叫作仁。圣、勇、义、智、仁这五方面不能同时具备的老大，在天底下是没有的。"

智慧道德，无所谓善恶，善人用之为善，恶人用之为恶，所以不能作为治理天下的法则。

老子说圣智 《在宥》

崔瞿问于老聃曰："不治天下，安藏人心？"

老聃曰："女慎无撄人心。人心排下而进上，上下囚杀，淖约柔乎刚强，廉刿雕琢，其热焦火，其寒凝冰。其疾俯仰之间，而再抚四海之外，其居也渊而静，其动也县而天。偾骄而不可系者，其唯人心乎！

昔者黄帝始以仁义撄人之心，尧舜于是乎股无胈，胫无毛，以养天下之形，愁其五藏以为仁义，矜其血气以规法度。然犹有不胜也，尧于是放欢兜于崇山，投三苗于三峗，流共工于幽都，此不胜天下也。夫施及三王而天下大骇矣。下有桀跖，上有曾史，而儒墨毕起。于是乎喜怒相疑，愚知相欺，善否相非，诞信相讥，而天下衰矣；大德不同，而性命烂漫矣；天下好知，而百姓求竭矣。于是乎釿锯制焉，绳墨杀焉，椎凿决焉。天下脊脊大乱，罪在撄人心。故贤者伏处大山嵁岩之下，而万乘之君忧栗乎庙堂之上。

今世殊死者相枕也，桁杨者相推也，刑戮者相望也，而儒墨乃始离跂攘臂乎桎梏之间。噫，甚矣哉！其无愧而不知耻也甚矣！吾未知圣知之不为桁杨椄槢也，仁义之不为桎梏凿枘也，焉知曾史之不为桀跖嚆矢也！故曰：'绝圣弃知而天下大治。'"

品读

崔瞿知道老子主张放任老百姓，反对统治者的政治行为，他不以为然，就向老聃请教，说："如果没有人治理天下，那么，怎么能让老

百姓学好呢？”

老子听后，说：“你千万不可以扰乱人的自然心情。人的自然心情是受到压抑就会低沉，得到鼓励就会激扬起来，无论低沉还是激扬，都会遭到约束或损害。能随遇而安的人，比刚强的人更能适应环境。被社会修理改造过的人，心情急躁像火在烧，恐惧一来又像掉进了冰窟。心情的迅疾变化，顷刻之间就像远离我们生活的地方，当它安然居处的时候表现得深沉而又清静，当它活动的时候又像飞到了天上。那种桀骜不可控制的，难道是人真实的心情吗？”

老子又说了：“古时候，黄帝开始用仁义来扰乱人心。接着有唐尧、虞舜这样的人出来，他们劳动非常辛苦，以致大腿不生肌肉，小腿不生毫毛，来养育天下的人，恨不得把自己的五脏拿出来行仁义，消耗自己的血气为天下规定法度，但还是解决不了问题。于是，唐尧处理了几个坏人，把欢兜流放到崇山，把三苗流放到三峗山，把共工流放到幽都，这都是因为不能治理天下的结果。后来，小人恶棍有夏桀、盗跖，正人君子有曾参、史鱼，学说辩论有儒家、墨家，他们一起出现。这样一来，喜怒是非犹疑不定，愚蠢明智互相欺骗，善良凶恶互相否定，荒唐信实相互责备，天下人心由此衰败了，共同的道德分裂了，自然本性混乱了，大家都崇尚智慧，老百姓竭尽了心力。用斧头锯子砍伐树木，用绳墨量裁木料，用锥子凿子残损木料，天下无物不受损坏，这些罪过全在于扰乱了人心。所以，贤人潜藏在山谷之下，身居朝廷的天子也忧心忡忡。”

老子愈说愈激愤：“当前社会中横死的人相互枕藉，戴着刑具的人排着队送进监狱，触犯刑法被杀头的随处可见，可是学者们还在枷锁间高谈阔论。哎呀，真是太过分了。不知惭愧以致无耻竟然到了这样的田地。我不知道圣智仁义是不是残害人类的刑具和损害自然的工具，谁能说曾参、史鱼就不是夏桀和盗跖的帮凶呢？所以说，只有抛弃了圣智，天下才能真正治理。”

许由论啮缺做天子 《天地》

尧之师曰许由，许由之师曰啮缺，啮缺之师曰王倪，王倪之师曰被衣。

尧问于许由曰："啮缺可以配天乎？吾藉王倪以要之。"

许由曰："殆哉圾乎天下！啮缺之为人也，聪明睿知，给数以敏，其性过人，而又乃以人受天。彼审乎禁过，而不知过之所由生。与之配天乎？彼且乘人而无天，方且本身而异形，方且尊知而火驰，方且为绪使，方且为物絯，方且四顾而物应，方且应众宜，方且与物化而未始有恒。夫何足以配天乎？虽然，有族，有祖，可以为众父，而不可以为众父父。治，乱之率也，北面之祸也，南面之贼也。"

品读

唐尧的老师叫许由，许由的老师叫啮缺，啮缺的老师叫王倪，王倪的老师叫披衣。

唐尧一直想找一位能代替自己的人，曾给许由说过，许由没有接受。他想到，啮缺既然是许由的老师，必然道术高深，想要啮缺做天子。于是就去请教许由，说："啮缺可以做天子吗？我想通过王倪邀请他出来。"

许由听后，大吃一惊，说道："太危险了，天下啊！"

接着，许由解释说："啮缺当然是不错的人了。他聪明而有见识，语言便捷，超过了常人，但这是用人事来接受天命。他非常清楚哪些

是不能做的过错，但又不知道这过错的缘由。这能让他做天子吗？况且他专门做人间的事情，就离自然越来越远。将会把自己和他人分开，将会崇尚智慧急功近利，将会为具体琐屑的事情驱使，将会被身外的事情束缚，将会对外来的事情应接不暇，将会设法把所有的事情做得体，将会随机应变但不能以不变应万变。这样的人怎么可以做天子呢？当然，就像一个家族一样，有家族就要有一个众人的祖父，啮缺可以给众人做父亲，但不能给那些家族中的父亲们做父亲。治理国家的法则，既是做臣属的灾难，也是做君主的祸害。”

智慧只能祸害天下，不能治理天下。许由这番话好像是说啮缺，其实也是批评黄帝。

伯成子高辞诸侯 《天地》

尧治天下，伯成子高立为诸侯。尧授舜，舜授禹，伯成子高辞为诸侯而耕。禹往见之，则耕在野。禹趋就下风，立而问焉，曰：“昔尧治天下，吾子立为诸侯。尧授舜，舜授予，而吾子辞为诸侯而耕，敢问，其故何也？”

子高曰：“昔尧治天下，不赏而民劝，不罚而民畏。今子赏罚而民且不仁，德自此衰，刑自此立，后世之乱自此始矣。夫子阖行邪？无落吾事！”俋俋乎耕而不顾。

品读

唐尧治理天下的时候，伯成子高做一国诸侯。后来，唐尧禅让虞舜，虞舜又禅让大禹。这时，伯成子高辞去诸侯，到田野中耕地自养。大禹知道这事后，亲自前往拜见子高，这时子高正在耕地。大禹小步快行到子高的下方，恭恭敬敬地站立着问道："过去尧治理天下的时候，您被立为诸侯；尧传位给舜，舜又传位给我，现在您却辞去诸侯要来耕种，这是什么原因呢？"

伯成子高说："过去，尧治理天下，对老百姓不行赏，但老百姓都努力工作；不处罚老百姓，但老百姓都不敢做坏事。现在你对老百姓既赏又罚，老百姓却还是人心涣散，胡作非为。道德由此要败坏了，刑罚由此要建立，社会的混乱将要由此开始了。"

然后，他不耐烦地又说："先生您还不离开吗？别耽误我的劳动。"说完继续埋头耕地，看都没看大禹一眼。

道德刑罚的建立，是天下大乱的开始。

门无鬼和赤张满稽观周武王之师 《天地》

门无鬼与赤张满稽观于武王之师。赤张满稽曰："不及有虞氏乎！故离此患也！"

门无鬼曰："天下均治而有虞氏治之邪？其乱而后治之与？"

赤张满稽曰："天下均治之为愿，而何计以有虞氏为！有虞氏之药疡也，秃而施髢，病而求医。孝子操药以修慈父，其色燋然，圣人羞之。

至德之世，不尚贤，不使能；上如标枝，民如野鹿；端正而不知以为义，相爱而不知以为仁，实而不知以为忠，当而不知以为信，蠢动而相使，不以为赐。是故行而无迹，事而无传。"

品读

周武王打败了商纣王，死伤众多，血流漂橹。门无鬼和赤张满稽前往周营，去观看周武王的军队。武王的军队排列整齐，进退一致，这就是打败商纣王的军队。赤张满稽看了，叹息说："武王实在是不如虞舜啊，所以才有了这样的灾祸。"

门无鬼不赞成赤张满稽，他认为武王伐纣，是天下大乱，不得不发兵，和虞舜接受禅让不同，于是就问道："虞舜是天下已经治理了才去治理呢，还是天下混乱了才去治理呢？"

赤张满稽听了，明白门无鬼的意思，就说："天下都得到治理，这是人们共同的愿望，为什么一定要虞舜来治理呢？虞舜的药只是用来治疗社会创伤的，成了秃子才想到植发，人生了病才去求医。孝子平时没有照顾好父亲，父亲病了，才拿着药献给父亲，即使面色憔悴，圣人也会感到羞愧。最太平的社会，不崇尚贤人，不使用能人，天子就像是漂浮在水上的树枝，无知无欲，随波逐流；老百姓则像山林里的野鹿，行为端正并不认为这就是义，相亲相爱并不认为这就是仁，做人实在并不知道这就是忠，处事合理并不知道这就是信，互相指使也不以为这就要感谢。所以，那个时代的行为没有留下痕迹，他们的事情也没有被记录下来。"

孔子欲藏书周室 《天道》

孔子西藏书于周室。子路谋曰："由闻周之征藏史有老聃者，免而归居。夫子欲藏书，则试往因焉。"

孔子曰："善。"

往见老聃，而老聃不许，于是翻六经以说。

老聃中其说，曰："大谩，愿闻其要。"

孔子曰："要在仁义。"

老聃曰："请问，仁义，人之性邪？"

孔子曰："然。君子不仁则不成，不义则不生。仁义，真人之性也，又将奚为矣？"

老聃曰："请问，何谓仁义？"

孔子曰："中心物恺，兼爱无私，此仁义之情也。"

老聃曰："意，几乎后言！夫兼爱，不亦迂乎？无私焉，乃私也。夫子若欲使天下无失其牧乎？则天地固有常矣，日月固有明矣，星辰固有列矣，禽兽固有群矣，树木固有立矣。夫子亦放德而行，循道而趋，已至矣。又何偈偈乎揭仁义，若击鼓而求亡子焉？意！夫子乱人之性也！"

品读

孔子看到天下将要大乱，怕古代圣人的学说毁灭，打算前往西方的洛阳，把自己的藏书收藏在周朝的书府里。学生子路为老师出主意说："仲由我听说周王室有一位典藏史名叫老聃的，将要辞官回家了。您既然想要收藏您的藏书，您不妨试着前去拜见一下。”

孔子说：“好的。”就前往拜见老聃，老聃不接受。孔子于是敷衍古代经典做了十二经游说老子。孔子滔滔不绝地说了半天，老聃不耐烦地打断了孔子，说：“内容太散漫。我想知道要点是什么。”

孔子回答说：“要点在于仁义。”

老聃说：“那么仁义是人的本性吗?”

孔子说：“是的。君子不能做到仁就不能为世人承认，君子不能做到义就不能在社会中立足。仁义，是真人的本性，不要仁义又要什么呢?”

老聃慢条斯理地问：“那么什么是仁义呢?”

孔子说：“内心和万物一起快乐，泛爱万物，没有私心，这就是仁义的本质。”

老子生气地批评道：“唉！这简直就是后代腐儒的言论。泛爱万物，真是不切实际。所谓没有私心，实则就是私心。先生的言论不是想要天下不要失去其主宰吗？天地本来就是常在的，日月本来就是光明的，星辰本来就是有序的，禽兽本来就是成群的，树木本来就是生长的，先生只要依照自然德性行为，循着自然之道做事，就已经可以了。又何必努力高举仁义的标准，这不正像敲锣打鼓地去寻找逃亡隐匿之人吗？你的做法是扰乱了人的本性。”

士成绮 《天道》

士成绮见老子而问曰："吾闻夫子圣人也，吾固不辞远道而来愿见，百舍重趼而不敢息。今吾观子，非圣人也。鼠壤有余蔬，而弃妹之者，不仁也，生熟不尽于前，而积敛无崖。"

老子漠然不应。

士成绮明日复见，曰："昔者，吾有刺于子，今吾心正却矣，何故也？"

老子曰："夫巧知神圣之人，吾自以为脱焉。昔者子呼我牛也而谓之牛，呼我马也而谓之马。苟有其实，人与之名而弗受，再受其殃。吾服也恒服，吾非以服有服。"

士成绮雁行避影，履行遂进而问："修身若何？"

老子曰："而容崖然，而目冲然，而颡頯然，而口阚然，而状义然，似系马而止也；动而持，发也机，察而审，知巧而睹于泰，凡以为不信。边竟有人焉，其名为窃。"

品读

士成绮仰慕老子已久，可见到老子后有点失望，对老子说："我听说先生是位圣人，所以不辞道路遥远前来拜见，在路上走了一百多天，脚底都磨出了老茧，匆匆忙忙，不敢休息，才赶到这里。现在见到了您，觉得您并不是真正的圣人。在您居室处的鼠洞边我看到有菜蔬食物的残余，弃掷天物的人是不仁的，这种人面前摆放着数不尽的生熟物品，不知满足地收敛。"老子不置可否，一言不发，直到士成绮离开。

士成绮

第二天，士成绮又来见老子，有点抱歉地对老子说：“昨天我对您有所讥刺，今天心里平和多了。这是什么缘故呢？”

老子说：“你说的巧智神圣这一类人，和我都没有关系。过去有人呼我为牛，我就以牛自居；有人呼我为马，我就以马自居。如果真有其事，别人给你命名，你不接受，就会有第二次遭殃。我接受顺从地接受，而不是为了接受而接受。”

士成绮这时感到惭愧，像大雁一样，避影侧行，蹑着脚，小心翼翼地走到老子跟前，问道：“我该如何修身呢？”

老子说："你的容貌傲岸，你的眼睛刺人，你的额头高挺，你的嘴巴善辩，你的身材魁梧，像要奔腾的烈马受到羁勒。本来要动却自我控制，动作机敏，观察周详，聪明能干都体现在平常的态度中，这都和自然本性不和。远方有一个人，叫作偷窃名声！"

被人呼牛呼马，都没有关系。唯独欺世盗名者，远离自然质性，是最为老子厌恶的。

大宰荡问庄子至仁 《天运》

商大宰荡问仁于庄子。庄子曰："虎狼，仁也。"

曰："何谓也？"

庄子曰："父子相亲，何为不仁？"

曰："请问至仁。"

庄子曰："至仁无亲。"

大宰曰："荡闻之，无亲则不爱，不爱则不孝。谓至仁不孝，可乎？"

庄子曰："不然。夫至仁尚矣，孝固不足以言之。此非过孝之言也，不及孝之言也。夫南行者至于郢，北面而不见冥山，是何也？则去之远也。故曰：以敬孝易，以爱孝难，以爱孝易，以忘亲难；忘亲易，使亲忘我难；使亲忘我易，兼忘天下难；兼忘天下易，使天下兼忘我难。夫德遗尧舜而不为也，利泽施于万世，天下莫知也，岂直太息而言仁孝乎哉！夫孝悌仁义，忠信贞廉，此皆自勉以役其德者也，不足多也。故曰，至贵，国爵并焉；至富，国财并焉；至显，名誉并焉。是以道不渝。"

品读

宋国的大宰荡问庄子：“什么是仁？”

庄子说：“虎狼就是仁。”

大宰不能理解，问：“为什么这么说？”

庄子没有直接回答，反问道：“父子真情，虽不叫仁，难道是不仁吗？”

大宰无话可说，只好提出一个新问题：“那么什么是至仁？”

庄子回答：“至仁没有亲情。”

大宰不解地说：“我听说，没有亲情就没有父子之爱，没有父子之爱就会出现不孝。你说至仁没有亲情，有道理吗？”

庄子说：“不是你理解的那样。至仁是最高的了，孝本来就不足以和它相提并论，这里并不是批评孝，只是说不提孝而已。譬如说，一个人向南而行，到了郢地，再往北看，就看不到北面的冥山了。这是什么原因呢？是因为离冥山远了。所以说，用恭敬来体现孝容易，用爱心来体现孝就困难了。如果用爱心来表现孝容易的话，那么要我忘记亲人就难了；如果让我忘记亲人容易，那么让亲人忘记我就难了；如果让亲人忘记我容易，那么同时忘记天下就难了；如果同时忘记天下容易，那么让天下同时忘记我就难了。有尧舜的德性，却想不起尧舜，不故意模仿，利益恩泽普施万代，天下却没有人知道，哪里仅仅是叹息你所说的仁孝这点事情呢？社会上所说的孝、悌、仁、义、忠、信、贞、廉这些品德，都是为了自我勉励，为道德之名所驱使的，并不值得肯定。所以说，至为高贵，就要摒弃国家的爵位；至为富有，就要摒弃全国的财产；至为迫切的愿望，就要摒弃名声和荣誉。这样就不会和自然之道违背了。”

《咸池》之乐 《天运》

北门成问于黄帝曰："帝张咸池之乐于洞庭之野，吾始闻之惧，复闻之怠，卒闻之而惑；荡荡默默，乃不自得。"

帝曰："汝殆其然哉！吾奏之以人，征之以天，行之以礼义，建之以太清。四时迭起，万物循生；一盛一衰，文武伦经；一清一浊，阴阳调和，流光其声；蛰虫始作，吾惊之以雷霆；其卒无尾，其始无首；一死一生，一偾一起；所常无穷，而一不可待。汝故惧也。

吾又奏之以阴阳之和，烛之以日月之明；其声能短能长，能柔能刚，变化齐一，不主故常；在谷满谷，在坑满坑；涂郤守神，以物为量。其声挥绰，其名高明。是故鬼神守其幽，日月星辰行其纪；吾止之于有穷，流之于无止。子欲虑之而不能知也，望之而不能见也，逐之而不能及也；傥然立于四虚之道，倚于槁梧而吟。心穷乎所欲知，目穷乎所欲见，力屈乎所欲逐，吾既不及已夫！形充空虚，乃至委蛇。汝委蛇，故怠。

吾又奏之以无怠之声，调之以自然之命，故若混逐丛生，林乐而无形；布挥而不曳，幽昏而无声。动于无方，居于窈冥；或谓之死，或谓之生；或谓之实，或谓之荣；行流散徙，不主常声。世疑之，稽于圣人。圣也者，达于情而遂于命也。天机不张而五官皆备，无言而心说，此之谓天乐。故有焱氏为之颂曰：'听之不闻其声，视之不见其形，充满天地，苞裹六极。'汝欲听之而无接焉，而故惑也。

乐也者，始于惧，惧故祟；吾又次之以怠，怠故遁；卒之于惑，惑故愚；愚故道，道可载而与之俱也。"

品读

北门成参与了黄帝的《咸池》舞乐活动。过后问黄帝说：“天子在洞庭湖边的旷野上演奏《咸池》之乐，我刚开始听的时候，有些恐惧；接下来，恐惧的心理减少了一些；到结束的时候，又感到迷惑难解，平正不偏，寂寞无知，听后什么也没得到。”

黄帝听了，说：“你的感觉大致是对的。我演奏的虽然是人世间的事，用的却是上天的标准；虽然用礼义来节制，又是建立在自然之道上的。四时更替出现，万物依时产生，盛极必然衰亡，治理天下文武兼采，天气轻清，地气沉浊，阴阳二气调和，让音乐的声音散布开来；从惊蛰开始，我就用雷霆之声震惊万物，结束部分听不到尾声，开始的时候也找不到起头；有死就有生，有伏就有起，以变化作为常态，这些都是不可期待的，所以你感到恐惧。接着，我又让阴声和阳声和谐起来，体现日月的明亮；声音有时候长，有时候短，有时候柔弱，有时候刚强；万物同一，不执着常态；声音充满山谷土坑，堵塞了所有的空隙，保守精神，声音大小，随物变化；宏大的声音叫作“高明”。这样，鬼神安静地待在黑暗幽深之处，日月星辰依照规律运行。穷尽的地方我随之停止，在未尽的地方我则随之流荡。你想认识却无从知晓，想遥望又遥望不到，追随又不能企及，好像茫然地立在四面空虚之道上，又好像靠在枯槁的梧桐边上吟唱。视觉有看不到的地方，力量有追逐不上的事情，你已经无法追上我的音乐了。外形充实内心空虚，所以声音连绵逶迤，你的精神也随之而连绵逶迤，就逐渐疲劳了。我再演奏让人不懈怠的声音，调和自然中间的各种生命，杂乱从生，又辨不出它们的踪迹，散布挥霍并不漫长，又幽昏暗淡似无声音。出声的时候没有征兆，总是藏在深幽冥漠之处，有时是死亡，有时是出生，有时候是实在，有时候是浮华，流动疏散没有一定的固定声音。世人有所疑惑，就去请教圣人。圣人，就是那些通达万物本质、追随自然性命的人。自然之机不必彰显，而人的五官都已具备，这就叫作“天乐”，因为它不需要声音，却让人内心愉悦。所以，有焱氏做颂说过：‘想听却听不到声音，想看却看不到形状，它充满天地，它包裹六方。你想听到它却无法接近，所以感到迷惑。音乐，从恐惧开始，恐惧好像会有灾祸；我接下来用懈怠，懈怠所以声音逃遁；最终用迷惑，迷惑人就会愚蠢，愚蠢了就接近于自然之道。自然之道就可以和你在一起。’”

黄帝的《咸池》之乐，一直被周人作为雅乐受到推崇，大概就是因为它在声音中体现了大自然的变化吧。

老子对孔子谈仁义 《天运》

孔子见老聃而语仁义。老聃曰：“夫播糠眯目，则天地四方易位矣；蚊虻噆肤，则通昔不寐矣。夫仁义憯然乃愤吾心，乱莫大焉。吾子使天下无失其朴，吾子亦放风而动，总德而立矣，又奚杰杰然揭仁义，若负建鼓而求亡子者邪？夫鹄不日浴而白，乌不日黔而黑。黑白之朴，不足以为辩；名誉之观，不足以为广。泉涸，鱼相与处于陆，相呴以湿，相濡以沫，不若相忘于江湖！”

品读

孔子见到老子，和老子讨论仁义。

老子说："簸糠皮的人，糠皮进了眼睛，眯得眼睛睁不开，这人分不清东南西北，好像天地四方的位置调换了一样；睡觉的人，晚上被蚊子叮了，总是不停地搔痒，一晚上都睡不着觉。仁义这东西，比糠皮、蚊子更害人，使人的心烦闷，搅乱人的精神，没有比它更严重的了。先生您应该让天下的人都不失去质朴，放弃政治教化，让人们自由行动，这样无所不包的德性就建立起来了。您又何必那么努力地敲着鼓去搜寻逃亡隐藏的人呢？鸥鸟虽然不用每天洗澡，但还是洁白的；乌鸦虽然并不是每天晒太阳，却依然漆黑。本质的黑白，并不能分别美丑；名誉的好坏，也对其本质的美丑没有增损。泉水干涸的时候，鱼群处在没水的地上，于是互相呼出潮气，彼此吐沫染湿，仅能维持生存，哪里比得上各自在江湖中游泳，谁也想不到谁那种自由快乐的状态呢？"

庄子认为，仁义是人类为拯救自己造出来的，它给人带来的却是扰乱不舒服。原始状态的人，没有仁义，随心所欲，才是自由快乐的。

子贡为孔子见老子 《天运》

孔子见老聃归，三日不谈，弟子问曰：“夫子见老聃，亦将何归哉？”孔子曰：“吾乃今于是乎见龙！龙，合而成体，散而成章，乘云气而养乎阴阳。予口张而不能嗋，予又何规老聃哉！”

子贡曰：“然则人固有尸居而龙见，渊默而雷声，发动如天地者乎？赐亦可得而观乎？”遂以孔子声见老聃。

老聃方将倨堂而应，微曰：“予年运而往矣，子将何以戒我乎？”

子贡曰：“夫三皇五帝之治天下不同，其系声名一也。而先生独以为非圣人，如何哉？”

老聃曰：“小子少进！子何以谓不同？”

对曰：“尧授舜，舜授禹，禹用力而汤用兵，文王顺纣而不敢逆，武王逆纣而不肯顺，故曰不同。”

老聃曰：“小子少进！余语汝三皇五帝之治天下。黄帝之治天下，使民心一，民有其亲死不哭而民不非也。尧之治天下，使民心亲，民有为其亲杀其杀而民不非也。舜之治天下，使民心竞，孕妇十月而生子，子生五月而能言，不至乎孩而始谁，则人始有夭矣。禹之治天下，使民心变，人有心而兵有顺，杀盗非杀人，自为种而天下耳，是以天下大骇，儒墨皆起。其作始有伦，而今乎妇，女何言哉！余语汝，三皇五帝之治天下，名曰治之，而乱莫甚焉。三皇之知，上悖日月之明，下睽山川之精，中堕四时之施。其知憯于虿蝎之尾，鲜规之兽，莫得安其性命之情者，而犹自以为圣人，不亦可耻乎，其无耻也？”

子贡蹴蹴然立不安。

品读

孔子拜见过老子，回到自己家里，有三天时间都不说话。孔子的学生都很奇怪，先生平时最喜欢教导学生了，这几天是怎么回事？于是就有学生问孔子："先生见到老聃，对他有什么告诫吗？"

孔子感叹地说："我今天才算是见到了真龙。龙平时隐藏在云中，在云中潜藏和显露出的各部分合在一起，才能成为完整的龙体，但即使东鳞西爪，也是文采绚烂的。老聃就像是真龙乘着云气在天上遨游，

子贡为孔子见老子

用阴阳二气修养自己。我只是张口结舌，哪里还能告诫得了他呢？”

子贡是孔子最有口才的弟子，心里不很服气，提出先去见见老子。他说：“但是有些人实际上生硬死板表现出真龙的样子，名声如雷，见到人却悄无声息，他的行动和名声也是有天渊之别的。让我端木赐去见见他吧。”子贡就代表孔子去见老子。

子贡见到老子的时候，老子正坐在房子里，用很小的声音招呼子贡，说：“我年纪已经很大了，您拿什么来告诫我呢？”

子贡问道：“三皇五帝治理天下各有不同，他们得到的声誉名望都是一样的。但你却认为三皇不是圣人，有什么道理吗？”

老子仍然小声说：“小孩子，你往跟前来点。你说说为什么三皇五帝治理天下各不相同呢？”

子贡回答道：“唐尧把天下传给了虞舜，虞舜把天下传给了夏禹，夏禹靠出力治水得到天下，商汤靠用兵得到天下，周文王顺从商纣王而不敢造反，周武王对抗商纣王而不愿顺从，所以说，他们是不同的。”

老子提高了点声音，说：“孩子，你再往前来点。我告诉你关于三皇五帝治理天下的事情。黄帝治理天下，让老百姓对所有的人都一视同仁，有人家里双亲死了不哭出来，没有人批评他。唐尧治天下，让老百姓敬重自己的亲人，有人开始为双亲尽量简化自己的礼服，也没有人批评他。虞舜治理天下，让老百姓有了竞争之心，妇人怀孕，十个月生子，这孩子五个月就能说话，未满一周岁就可以辨认不同的人了，于是，自然状态的人早早就死了。大禹治理天下，让人懂得了变化，人有了心机，用兵也为人们认可，杀盗贼并不算杀人，人们组织自己的同族来统治天下。这样一来，天下震惊，儒家、墨家都起来鼓吹自己的主张。开始有了人伦，区别男女长幼，现在又分别了女子妇人。社会弊病是说不完的。”

最后，老子总结道：“我告诉你，三皇五帝治理天下，名称上说是大治，其实给社会带来的混乱没有比这更严重的了。三皇提倡的智慧，让人们做事不再顺应日月变化，也脱离了山川的情况，废弃了四时的顺序。他们提倡的智慧，比蝎子的尾巴、脱离笼子的猛兽更为刻毒。让人们无处安置性命，还自以为是圣人，不是太可耻了吗？真是到了无耻的境地了。”

子贡听完，心神不定，坐立不安。

知识和能力都是有限的 《知北游》

颜渊问乎仲尼曰：“回尝闻诸夫子曰：‘无有所将，无有所迎。’回敢问其游。”

仲尼曰：“古之人，外化而内不化，今之人，内化而不外化。与物化者，一不化者也。安化安不化，安与之相靡，必与之莫多。狶韦氏之囿，黄帝之圃，有虞氏之宫，汤武之室。君子之人，若儒墨者师，故以是非相鳌也，而况今之人乎！圣人处物不伤物。不伤物者，物亦不能伤也。唯无所伤者，为能与人相将迎。山林与！皋壤与！使我欣欣然而乐与！乐未毕也，哀又继之。哀乐之来，吾不能御，其去弗能止。悲夫，世人直为物逆旅耳！夫知遇而不知所不遇，能能而不能所不能。无知无能者，固人之所不免也。夫务免乎人之所不免者，岂不亦悲哉！至言去言，至为去为。齐知之所知，则浅矣。”

品读

颜渊问孔子说："我曾经听先生说过：'没有什么要送走，也没有什么要迎来。'我想问一下，这是怎样的漫游呢？"

孔子说："古代的圣人，随着外物变化心里却不变化。当今的人，心里总是在变化，却不随万物变化。随万物变化的人，他有精神这一点是不变的，安于变化，也安于不变化，安然地顺应万物，一定也没有谁重视谁，物我各自独立。豨韦氏在自己的苑囿里遨游，黄帝在自己的园圃里漫游，虞舜在自己的宫殿里修养道德，商汤、周武王在自己的居室里修养心性，这都是圣人的优游啊。君子等人，像儒家、墨家的宗师们，喜欢用是非来相互排挤，更何况当今的人呢？圣人生活在万物中，却不伤及万物，所以万物也不会伤害到他们。正因为不会受到伤害，所以和人相迎也可，相送也可。是在高山深林里吗？是在曲水旷野上吗？都能让我欣欣然地愉快。接着来的又是哀伤。无论是快乐还是哀伤，我都不能阻拦它们的来临，它们离去我也不能制止。可悲啊！世俗中的人活着就像是住宿客店而已。只能知道自己遇见的，却不知道自己没有遇见的；知道能做能做的事，却不能做不能做的事。有不知道的，有不能做的，这本来就是人们免不了的事。所以，一味地追求避免人所不能避免的事，那不是太可悲了吗？最精深的语言是没有语言的，最高尚的行为是没有行为。想让不知道的和知道的一样，那就太肤浅了。"

庚桑楚论唐尧虞舜 《庚桑楚》

老聃之役，有庚桑楚者，偏得老聃之道，以北居畏垒之山，其臣之画然知者去之，其妾之挈然仁者远之；拥肿之与居，鞅掌之为使。居三年，畏垒大穰。畏垒之民相与言曰：“庚桑子之始来，吾洒然异之。今吾日计之而不足，岁计之而有余。庶几其圣人乎！子胡不相与尸而祝之，社而稷之乎？”

庚桑子闻之，南面而不释然。弟子异之。庚桑子曰：“弟子何异于予？夫春气发而百草生，秋正得而万宝成。夫春与秋，岂无得而然哉？天道已行矣！吾闻至人，尸居环堵之室，而百姓猖狂不知所如往。今以畏垒之细民而窃窃焉欲俎豆予于贤人之间，我其杓之人邪！吾是以不释于老聃之言。”

弟子曰：“不然。夫寻常之沟，巨鱼无所还其体，而鲵鳅为之制；步仞之丘，巨兽无所隐其躯，而孽狐为之祥。且夫尊贤授能，先善与利，自古尧舜以然。而况畏垒之民乎！夫子亦听矣！”

庚桑子曰：“小子来！夫函车之兽，介而离山，则不免于罔罟之患；吞舟之鱼，砀而失水，则蝼蚁能苦之。故鸟兽不厌高，鱼鳖不厌深。夫全其形生之人，藏其身也，不厌深眇而已矣。

且夫二子者，又何足以称扬哉！是其于辩也，将妄凿垣墙而殖蓬蒿也。简发而栉，数米而炊，窃窃乎又何足以济世哉！举贤则民相轧，任知则民相盗。之数物者，不足以厚民。民之于利甚勤，子有杀父，臣有杀君，正昼为盗，日中穴阫。吾语汝，大乱之本，必生于尧舜之间，其末存乎千世之后。千世之后，其必有人与人相食者也！”

品读

老子的学生中有一位叫庚桑楚的，对先生的学说掌握得最为全面。他要迁居到北方的畏垒山去，他的男仆知道后，那些以聪明自居的人都离开了他；女仆知道后，那些自以为有仁爱之心的人也离开了，只剩下一些愚蠢的和麻木的人供他驱使。

庚桑楚在畏垒山住了三年，庄稼取得了前所未有的收成。当地的老百姓都议论纷纷："庚桑楚刚来的时候，我们都觉得这人怪异，与众不同，现在我们不必计算每天的收入，年底结算还有结余。这个人大

庚桑楚论唐尧虞舜

概是圣人吧！我们为什么不把他像尸主一样每天祭祀，把他像土神、稷神一样给建个庙供奉起来呢？”

庚桑楚知道后，觉得让他南面为君，心里闷闷不乐。他的弟子都不理解。

庚桑楚对弟子说：“你们有什么觉得奇怪的呢？春天气息出现，各种草木都开始萌发；到了秋天，万物都成熟起来。这是自然运行的结果啊。我听说至人像死人一样整天待在空荡荡的房子里，老百姓昏昏沉沉，不知道自己该到什么地方去。现在畏垒这地方的老百姓，私下里打算设置礼器，把我放在贤人里面敬奉，难道我是大家的典范吗？我想到老师的言论，所以很不愉快。”

他的弟子劝告他，说：“不是这样的。在又浅又窄的河沟里，大鱼没有办法转身，而小鱼和泥鳅却可以自由折返；仅有几步高的山陵，巨兽没有地方藏身，却是小狐狸隐蔽的好地方。况且尊重贤人，重用能人，有利益先考虑有道德的人，从古代的唐尧、虞舜都是这样做的，更不用说畏垒的老百姓了。先生还是听从大家的意见吧。”

庚桑楚说：“孩子们啊！笼车里面的野兽独自离开大山，难免遭受猎人的折磨；吞舟的大鱼一旦离开了水渊，连蚂蚁也能欺负它。所以，鸟兽躲得越高越好，鱼鳖潜得越深越好。保全形体和生命的人，隐藏自己也是越深越远越好。况且你们刚才说的唐尧、虞舜有什么值得赞扬的呢？这些人对事情的分辨，将是让后世的人们凿破墙壁，种植些蓬蒿来做屏障，捡出几根头发来梳理，找出几粒谷米来做饭，小里小气，怎么能拯救整个人世呢？举用贤人则老百姓互相争夺，任用智者老百姓就学会了偷盗。如此分别事物的人，不足以给老百姓带来好处。老百姓对利益努力地去争取，就有了儿子杀父亲，臣下杀君主，白天行抢劫，正午穿墙垣的事情。我告诉你们，天下大乱的根本，开始于唐尧、虞舜这个时候，这个风气一直要传到千年以后，千年以后将会出现人吃人的情况呀。”

庚桑楚的学生黄荣趎 《庚桑楚》

南荣趎蹴然正坐曰：“若趎之年者已长矣，将恶乎托业以及此言邪？”

庚桑子曰：“全汝形，抱汝生，无使汝思虑营营。若此三年，则可以及此言矣。”

南荣趎曰：“目之与形，吾不知其异也，而盲者不能自见；耳之与形，吾不知其异也，而聋者不能自闻；心之与形，吾不知其异也，而狂者不能自得。形之与形亦辟矣，而物或间之邪，欲相求而不能相得。今谓趎曰：‘全汝形，抱汝生，勿使汝思虑营营。’趎勉闻道耳矣！”

庚桑子曰：“辞尽矣。奔蜂不能化藿蠋，越鸡不能伏鹄卵，鲁鸡固能矣。鸡之与鸡，其德非不同也，有能与不能者，其才固有巨小也。今吾才小，不足以化子。子胡不南见老子！”

南荣趎赢粮，七日七夜至老子之所。

老子曰：“子自楚之所来乎？”南荣趎曰：“唯。”

老子曰：“子何与人偕来之众也？”南荣趎惧然顾其后。

老子曰：“子不知吾所谓乎？”

南荣趎俯而惭，仰而叹曰：“今者吾忘吾答，因失吾问。”

老子曰：“何谓也？”

南荣趎曰：“不知乎？人谓我朱愚。知乎？反愁我躯。不仁则害人，仁则反愁我身；不义则伤彼，义则反愁我己。我安逃此而可？此三言者，趎之所患也，愿因楚而问之。”

老子曰：“向吾见若眉睫之间，吾因以得汝矣，今汝又言而信之。若规规然若丧父母，揭竿而求诸海也。女亡人哉，惘惘乎！汝欲反汝情性而无由入，可怜哉！”

南荣趎请入就舍，召其所好，去其所恶，十日自愁，复见老子。

老子曰：“汝自洒濯，熟哉郁郁乎！然而其中津津乎犹有恶也。夫外韄者不可繁而捉，将内揵；内韄者不可缪而捉，将外揵。外内韄者，道德不能持，而况放道而行者乎！”

南荣趎曰：“里人有病，里人问之，病者能言其病，然其病病者，犹未病也。若趎之闻大道，譬犹饮药以加病也，趎愿闻卫生之经而已矣。”

老子曰：“卫生之经，能抱一乎？能勿失乎？能无卜筮而知吉凶乎？能止乎？能已乎？能舍诸人而求诸己乎？能翛然乎？能侗然乎？能儿子乎？儿子终日嗥而嗌不嗄，和之至也；终日握而手不掜，共其德也；终日视而目不瞚，偏不在外也。行不知所之，居不知所为，与物委蛇，而同其波。是卫生之经已。”

南荣趎曰：“然则是至人之德已乎？”

曰：“非也。是乃所谓冰解冻释者，能乎？夫至人者，相与交食乎地而交乐乎天，不以人物利害相撄，不相与为怪，不相与为谋，不相与为事，翛然而往，侗然而来。是谓卫生之经已。”

曰：“然则是至乎？”

曰：“未也。吾固告汝曰：‘能儿子乎？’儿子动不知所为，行不知所之，身若槁木之枝而心若死灰。若是者，祸亦不至，福亦不来。祸福无有，恶有人灾也！”

品读

庚桑楚的学生黄荣趎坐在老子面前，突然有所警觉地端正起姿态，严肃地说：“像我现在的年龄，已经不小了，做些什么事情来履行先生您的言论呢？”

庚桑子说：“保全你的形体，守住你的本性，不要让自己苦苦思虑，这样做上三年，就可以做到我所说的了。”

南荣趎说：“眼睛的形象，我不知道人们之间有什么不同，但瞎子的眼睛却看不到东西；耳朵的形象，我不知道人们之间有什么不同，但聋子的耳朵却听不到声音；人心的形象，我不知道人们之间有什么不同，但疯子的心却不能有所收获。人的形躯可以沟通身外的形象，但是物欲可能会把他们间隔开来，想要求得对方，又相互不能求得。现在您告诉我：‘保全你的形体，守住你的本性，不要让自己苦苦思虑。’我只有努力通过耳朵来接受了。”

庚桑子说：“言辞已经到了极限了。古人说：‘土蜂不能把桑虫变成自己的儿子，越国的小鸡不能给大雁孵卵，鲁国的大鸡却是可以的。

鸡和鸡的本性虽然相同，但能力是有差别的，有的大，有的却小。现在我的能力太小，还不足以改造你，你为什么不到南方去见见老子呢？'"

南荣趎听后，就背着干粮，用了七天七夜时间到了老子那里。

老子见到南荣趎首先就问："你是从庚桑楚那里来的吗？"

南荣趎回答："是的。"

老子说："你为什么带来那么多人呢？"

南荣趎吓了一跳，就转身往后看去。

老子说：“你难道不知道我所说的意思吗？”

南荣趎惭愧地低下头，过一会儿仰头叹息，说：“现在我是忘掉了我要回答的，因此失去了我要问的。”

老子说：“什么意思呢？”

南荣趎说：“不聪明吧，别人说我为弱智；聪明吧，反倒给我增添烦恼。不仁会损害别人，但仁又会给我添烦恼；不义会伤害别人，但义又会给我添烦恼。我如何逃避他们才可以呢？这三点是我所忧虑的。所以我才愿意到庚桑先生那里去请教。”

老子说：“刚才看到你的面目，我由此知道了你的心里情况，现在你又用你的语言使我更确信了我的认识。你现在就好像失去了自己的父母，举着钓竿到大海中寻找。你真是个流亡的人啊，现在无处可去。你想要返回自己的自然本性却不得其门而入。真是可怜啊！”

南荣趎回到自己的住所，保留自己喜好的，排除自己厌恶的，花了十天时间，还是烦恼，又去见老子。

老子说：“你自己去洗濯精神，为什么还闷闷不乐呢？好像还有很多没有洗濯干净的污垢。通过耳目得到的烦扰，如果不能摆脱，就要关闭心灵拒绝它们进入；由内心产生的烦扰，如果不能制止，就要关闭耳目排斥外在的诱因。外来和内生的烦扰，有道德的人都不能够护持，更何况正在学道的人呢？”

南荣趎说：“闾里有人生了病，邻居去问病情，生病的人能说出自己的病，他能把病当作病，就不会有病了。如果像我黄荣趎听取大道理后就好像吃药反而加重了病情，那么我更愿意请教一些保护生命的常识而已。”

老子说：“保护生命的常识，你能够做到保持专一吗？能够不失去真性吗？能够不用占卜就知道未来的吉凶吗？能够没有非分的追求吗？能够知道有所节制吗？能够不关心别人只考虑自己的内心吗？能做到自由自在吗？能达到无所知的境界吗？能像小孩子一样吗？小孩子整天哭号，嗓子却不嘶哑，因为他的声音极为和谐；整天攥着拳，却不必攥住什么，因为他符合自然天性；整天睁着眼，却目不转睛，因为他不是只关注外在某一方面的物象。行走不知去什么地方，在家又不知要做什么，顺应万物的曲折变化，与之随波逐流，这就是保护生命的常识。”

南荣趎说：“那么您说的是至人的德行吗？”

老子说：“不是。这只是解除顽固不化的心灵而已。你能做到吗？真正的至人，从大地上得到食物，从上天取得快乐。不因为人或其他的事扰乱自己，不在人群中标新立异，不为社会出谋划策，不去做任何事情，自然而往，懵然而来。我刚才说的只是维护生命的一点常识。”

南荣趎问：“那么是不是这就是最好的做法了呢？”

老子说：“还不是。我刚才告诉你‘能像孩子一样吗？’孩子的活动不知道要做什么，他出行也不知道要到什么地方去，身躯像枯树枝没有欲望，心里像烧灭的灰烬一样不再思想。如果能做到这样，天灾也不会降临，福祉也不会登门，无灾无福，如何能遇到人祸呢？”

徐无鬼说魏武侯 《徐无鬼》

徐无鬼因女商见魏武侯。武侯劳之曰："先生病矣！苦于山林之劳，故乃肯见于寡人。"

徐无鬼曰："我则劳于君，君有何劳于我！君将盈耆欲，长好恶，则性命之情病矣；君将黜耆欲，掔好恶，则耳目病矣。我将劳君，君有何劳于我！"武侯超然不对。

少焉，徐无鬼曰："尝语君，吾相狗也，下之质执饱而止，是狸德也；中之质若视日；上之质若亡其一。吾相狗，又不若吾相马也。吾相马，直者中绳，曲者中钩，方者中矩，圆者中规，是国马也，而未若天下马也。天下马有成材，若恤若失，若丧其一，若是者，超轶绝尘，不知其所。"武侯大悦而笑。

徐无鬼出，女商曰："先生独何以说吾君乎？吾所以说吾君者，横说之则以《诗》《书》《礼》《乐》，从说之则以《金板》《六弢》；奉事而大有功者不可为数，而吾君未尝启齿。今先生何以说吾君，使吾君说若此乎？"

徐无鬼曰："吾直告之吾相狗马耳。"

女商曰："若是乎？"

曰："子不闻夫越之流人乎？去国数日，见其所知而喜；去国旬月，见所尝见于国中者喜；及期年也，见似人者而喜矣；不亦去人滋久，思人滋深乎？夫逃虚空者，藜藋柱乎鼪鼬之径，踉位其空，闻人足音跫然而喜矣，又况乎昆弟亲戚之謦欬其侧者乎！

久矣夫，莫以真人之言謦欬吾君之侧乎！”

徐无鬼见武侯，武侯曰：“先生居山林，食芧栗，厌葱韭，以宾寡人，久矣夫！今老邪？其欲干酒肉之味邪？其寡人亦有社稷之福邪？”

徐无鬼曰：“无鬼生于贫贱，未尝敢饮食君之酒肉，将来劳君也。”

君曰：“何哉，奚劳寡人？”

曰：“劳君之神与形。”

武侯曰：“何谓邪？”

徐无鬼曰：“天地之养也一，登高不可以为长，居下不可以为短。君独为万乘之主，以苦一国之民，以养耳目鼻口，夫神者不自许也。夫神者，好和而恶奸；夫奸，病也，故劳之。唯君所病之，何也？”

武侯曰：“欲见先生久矣。吾欲爱民而为义偃兵，其可乎？”

徐无鬼曰：“不可。爱民，害民之始也；为义偃兵，造兵之本也；君自此为之，则殆不成。凡成美，恶器也；君虽为仁义，几且伪哉！形固造形，成固有伐，变固外战。君亦必无盛鹤列于丽谯之间，无徒骥于锱坛之宫，无藏逆于得，无以巧胜人，无以谋胜人，无以战胜人。夫杀人之士民，兼人之土地，以养吾私与吾神者，其战不知孰善？胜之恶乎在？君若勿已矣，修胸中之诚，以应天地之情而勿撄。夫民死已脱矣，君将恶乎用夫偃兵哉！”

品读

魏国有一位隐士，叫徐无鬼，他通过魏国相国女商去见魏武侯。魏武侯见到徐无鬼，很高兴，慰问说："先生辛苦了。在山林里吃了那么多苦，现在肯见寡人了？"

徐无鬼说："我应该慰问大王，怎么能让大王慰问我呢？大王如果要满足嗜欲，增加好恶，那么大王性命的实质就会受到伤害。大王如果减少嗜欲，排遣是非，那么大王的眼睛耳朵又会受到伤害。所以我应该慰问大王，大王有什么可慰劳我的呢？"

魏武侯觉得无话可说，就沉默下来。

稍过了一会儿，徐无鬼打破了沉默，说："试着给大王说说吧，我是怎样考察狗的优劣的。材质下等的狗只要吃饱就满足了，这是野猫的品质；材质中等的狗抬头望远，好像在看太阳；材质上等的狗，一动不动，好像忘了自己的存在。我考察狗的本事，又不及我考察马的本事。我考察马的优劣，认为牙齿整齐合于绳墨，脖子圆润合于曲钩，头型方正合于方矩，眼睛浑圆合于圆规，这是一国的骏马。但还是赶不上天下的骏马。天下的骏马具备自然的材质，像是受到惊吓，像要举足飞奔，他的状态好像忘了自己。像这样的马，一旦奔跑起来，只见尘土飞扬，马已没了踪影。"

魏武侯听后，很高兴地大笑起来。

女商在门外等着徐无鬼，徐无鬼一出门，女商就问徐无鬼说："先生怎么只有你能说得让我们大王高兴呢？我平时给大王横说《诗经》《尚书》《礼经》《乐经》，竖说《金版》《六韬》，为他做事体现出的

徐无鬼说魏武侯

功效数也数不清，大王从来没有这么开心地笑过。这次先生用了什么方法取悦了大王呢？你有什么办法让我也能取悦大王吗？”

徐无鬼淡淡地说：“我只是告诉他我如何考察狗和考察马。”

女商不太相信，说：“是这样吗？”

徐无鬼回答：“你没有听说过越国流放在荒野中的人说的话吗？离开故乡几天，见到自己熟知的事物就会喜悦；离开故乡十天半月，见到在故乡见过的东西就会喜悦；离开故乡一年以后，见到一个像人形的东西都会喜悦。这不正是离开人类越久，对人类的思念越深啊。所以，那些逃到荒山坟冢中的人，满眼见到的都是生长繁密的荆、杞、藜、藿，看到黄鼠狼、野鼠在空地上窜来跑去，这时能听到人的脚步声，心里会非常喜悦，更何况能听到身边父母兄弟的言笑声音！我们大王也是很久在身边没有听到过真人的说话声了。”

徐无鬼又去见魏武侯。武侯说：“先生住在山林中，每天吃山栗土芋为生，吃腻了青葱、韭菜，远离寡人已经有很久了。现在年纪老了吧？想要来辅助寡人，尝尝酒肉的味道吗？这对寡人的国家也是一种福祉吧。”

徐无鬼说：“在下出生贫贱，从来没有敢想过享用大王的酒肉，只是想慰问一下大王。”

武侯有点诧异，说：“什么？你如何慰问寡人？”

徐无鬼说：“慰问大王的形体和精神。”

武侯不解地问：“那是什么意思？”

徐无鬼说：“天地养育万物都是一样。登上高处并不能让一个人变高，处于低处也不能让一个人变矮。大王一个人做大国的君主，辛苦全国的老百姓，来满足自己的视觉、听觉、嗅觉、味觉，但心神中还有不能满足的地方。人的精神喜欢平和，不喜欢进取。要进取，心里就会有忧患，所以在下来慰问大王。大王心里的忧患是什么呢？”

武侯说：“我很早就想见先生了。我希望爱护老百姓，履行仁义，制止战争，可以吗？”

徐无鬼说：“不可。爱民是害民的开始，履行仁义、制止战争是生产战争的根本。大王从这两方面做事，大概是不成的。凡是世俗做成的美好东西，都是丑恶的器物。大王您虽然想行仁义，其实接近于伪善了。为了树立形象来塑造形象，有了成就，就会自我夸耀。改变了自然常态，就会对外争夺战斗。大王一定不要用楼船战车陈列军队，不要在壁垒之间准备马军步军。不要收藏本分以外的东西，不要在技巧方面压倒别人，不要用智谋战胜别人，不要用战争击败别人。杀别人的老百姓，兼并别人的土地，来养育自己的躯体和满足自己的心神的行为，这种战争不知哪方为善，取得的胜利在哪里？大王不如停止战争，修养内心的真性，来应和天地的本性而不是相反。这样老百姓已经脱离了死亡，大王又有什么必要来制止战争呢？"

管仲举荐隰朋 《徐无鬼》

管仲有病，桓公问之曰："仲父之病病矣，可不讳云；至于大病，则寡人恶乎属国而可？"

管仲曰："公谁欲与？"

公曰："鲍叔牙。"

曰："不可。其为人洁廉善士也；其于不己若者不比之；又一闻人之过，终身不忘。使之治国，上且钩乎君，下且逆乎民。其得罪于君也，将弗久矣！"

公曰："然则孰可？"

对曰："勿已，则隰朋可。其为人也，上忘而下畔，愧不若黄帝而哀不己若者。以德分人谓之圣，以财分人谓之贤。以贤临人，未有得人者也；以贤下人，未有不得人者也。其于国有不闻也；其于家有不见也。勿已，则隰朋可。"

品读

管仲生病了。管仲是齐桓公倚重的大臣，称为仲父。所以，齐桓公忧心忡忡地去看望管仲，并问国事，说：“仲父的病严重了，不可以讳而不言。如果仲父的病再加重了，寡人应该把国家托付给谁呢？”

管仲没有直接回答，反问了一句：“主公打算用谁呢？”

齐桓公首先就想到了鲍叔牙。因为鲍叔牙为人正派，又是管仲的好

管仲举荐隰朋

朋友，管仲不会不同意吧？就把自己的想法告诉了管仲。

管仲说：“不可。鲍叔牙是位廉洁善良的人，他对人要求很高，和那些赶不上他的人不能共事；而且他又是疾恶如仇的人，听说到某人有过错，终身都不会忘记。让他去治理国家，他将会严格约束君主，违逆老百姓的自然人情。他将会得罪君主，很难长久干下去。”

齐桓公听了，觉得有道理，又问：“那么谁可以呢？”

管仲说：“实在不行，就用隰朋。他在高位不自傲，下面的人们也愿意拥戴他。他常常惭愧自己赶不上黄帝，又能同情那些不如自己的人。能把德性分给别人的人就是圣人，能把财产分给别人的人就是贤人。依仗自己的贤才俯视众人的人，没有能够得到人心的；具备贤才又能降低身份的人，没有不得人心的。隰朋在齐国并不是处处受人关注的，在大夫家里也常常默默无闻。实在不行，就用隰朋。”

宽容，并能够顺应人情的人，表面上看来平庸，却能受人拥戴，这种人才是治国的材料。

吴王射猴 《徐无鬼》

吴王浮于江，登乎狙之山。众狙见之，恂然弃而走，逃于深蓁。有一狙焉，委蛇攫搔，见巧于王。王射之，敏给搏捷矢。王命相者趋射之，狙既死。王顾谓其友颜不疑曰：“之狙也，伐其巧，恃其便以敖予，以至此殛也！戒之哉！嗟乎，无以汝色骄人哉！”颜不疑归而师董梧，以助其色，去乐辞显，三年而国人称之。

品读

吴王渡过长江，登上猴山。吴王的侍从浩浩荡荡，打着旌旗，遮天蔽日，敲钟击鼓，惊天动地。猴子们长期生活在安静的深山里，哪里见过这种场景，吓得纷纷逃跑，躲到更为深大的榛树林里。

只有一只猴子，是猴群里最有本领的一只，它想，即使吴王来了，也会对自己无奈，于是就留了下来。它在山涧和树林里有时奔跑，有时散步，有时在树梢上跳跃腾挪，它的巧捷行为引起吴王的注意。吴王于是取来弓箭射这只猴子，猴子上下翻跃，躲避飞箭，有时甚至把飞来的箭用手拨开。吴王费了很多力气，居然不能射中这只猴子。一生气，叫陪同而来的射手，数箭齐发，猴子躲避不及，中箭而亡。

事后，吴王对朋友颜不疑说：“这只猴子，炫耀自己的灵巧，仰仗自己的敏捷，在我面前表现出傲慢，所以得到了被杀死的结果。一定要警惕啊！千万不要在脸上表现出瞧不起人的态度。”

颜不疑听了后，心里吃了一惊，乞求返回故乡。到了故乡，拜高人董梧为师，除去傲慢之色，屏弃音乐，辞去显荣。三年以后，越国人都称颂颜不疑的道德。

柏矩在齐 《则阳》

柏矩学于老聃，曰：“请之天下游。”

老聃曰：“已矣！天下犹是也。”

又请之，老聃曰：“汝将何始？”

曰：“始于齐。”

至齐，见辜人焉，推而强之，解朝服而幕之，号天而哭之曰：“子乎子乎！天下有大灾，子独先离之，日莫为盗！莫为杀人！荣辱立，然后睹所病；货财聚，然后睹所争。今立人之所病，聚人之所争，穷困人之身使无休时，欲无至此，得乎！

古之君人者，以得为在民，以失为在己；以正为在民，以枉为在己；故一形有失其形者，退而自责。今则不然。匿为物，而过不识；大为难而罪不敢；重为任而罚不胜，远其涂，而诛不至。民知力竭，则以伪继之。日出多伪，士民安取不伪！夫力不足则伪，知不足则欺，财不足则盗。盗窃之行，于谁责而可乎？”

品读

有一位叫柏矩的人，跟随老子学习。学了一段时间后，向老子提出想要到天下各处去看一看。老子说："算了吧！天下到处都一样。"

过了几天，柏矩又向老子提出要到各处看一看。老子看柏矩执意要出去，也就不再阻拦，只问道：“从哪里做第一站呢？”

柏矩回答：“齐国做第一站。”

柏矩到了齐国，看到有一个被杀的人，横尸街头。就上前使劲把尸体推扶端正，解下自己的朝服把尸体覆盖起来，然后朝天放声大哭，说：“你啊！你啊！上天有大的灾难，偏偏第一个就叫你给遇上。”

接着，柏矩又哭着说：“难道你抢了人家的东西！难道你杀了人！有了荣辱的标准，于是有了忧患；有了财富的积累，于是有了争夺。现在树立起人们产生忧患的东西，聚集了人们争夺的东西，人们因此身不由己。让他们不要停留在这些事情上，可以吗？古代的那些做君主的，有所成就就让给老百姓，有了过失就自己独揽；事情做好了认为是老百姓行为端正，遇到邪恶的事情认为是自己行为不检点。现在却不是这样，掩盖真相却责备不了解情况的人，要求做太艰难的事情却加罪不敢做的人，交给太重的任务却处罚不能胜任的人，要行的道路遥远却声讨不能到达的人。人们的智慧和能力都衰竭了，只好用作假来完成要求，一天比一天的作假更多，民众怎么能不虚假呢？力气不够就作假，智慧不够就骗人，财富不够就偷盗，现在盗窃盛行，到底应该责备谁呢？”

儒以诗礼发冢 《外物》

儒以《诗》《礼》发冢。

大儒胪传曰："东方作矣！事之何若？"

小儒曰："未解裙襦，口中有珠。

《诗》固有之曰：'青青之麦，生于陵陂。生不布施，死何含珠为？'接其鬓，压其顪，而以金椎控其颐，徐别其颊，无伤口中珠。"

品读

过去的人死后，总是要陪葬很多金银财宝，希望在另一个世界仍然能享受荣华富贵，于是招来很多掘墓者。掘墓者也希望盗取墓中财宝，来获得现实的富贵。

读书人看起来儒雅斯文，实际上和掘墓者是一样的。不过，一般掘墓者是用镢头铲子来掘墓，而读书人是用诗礼这些东西来掘墓。

一天，有读书人师徒俩趁着天黑，摸到墓地里掘墓。弟子已经下到墓穴里去了，好半天不见出来。师傅在墓穴外等得有些着急，于是从上面向下面传话，说："东边的太阳就要出来了，你在下面的事情做得咋样了？"

弟子正忙得满头是汗，气喘吁吁地回答说："死者的裙袄还没有解下来，发现他的嘴里还含着一颗明珠。"

师傅听了，就在上面告诫说："古诗里本来就有这样的话：'绿油油的麦子，生长在山坡。生前不做好事，死了含珠为什么？'你抓住他的鬓发，按住他的胡须，把铜椎从嘴里塞进去固定住他的下巴，慢慢

地别开他的面颊，千万别损坏了嘴里那颗明珠啊。”

读书人开口周公孔子，闭口子曰《诗》云，在死去的人物和典籍中讨生活，和盗墓贼有什么两样呢？

宋元君梦神龟 《外物》

宋元君夜半而梦人被发窥阿门，曰："予自宰路之渊，予为清江使河伯之所，渔者余且得予。"

元君觉，使人占之，曰："此神龟也。"

君曰："渔者有余且乎？"

左右曰："有。"

君曰："令余且会朝。"

明日，余且朝。君曰："渔何得？"

对曰："且之网得白龟焉，其圆五尺。"

君曰："献若之龟。"

龟至，君再欲杀之，再欲活之，心疑，卜之，曰："杀龟以卜，吉。"乃刳龟以卜，七十二钻，而无遗策。

仲尼曰："神龟能见梦于元君，而不能避余且之网；知能七十二钻而无遗策，不能避刳肠之患。如是，则知有所困，神有所不及也。虽有至知，万人谋之。鱼不畏网而畏鹈鹕。去小知而大知明，去善而自善矣。"

品读

一次，宋元君在半夜做梦，梦见有一个人披头散发趴在侧门上往里偷看，说道："我原来住在宰路的深渊里，我为清江之神，到河伯那里出使，不幸途中被余且捉到。"

宋元君醒来后，就找人给他占梦。占梦的人告诉他说：“这是一只神龟。”

宋元君又问身边的人：“这里有一个叫余且的渔夫吗？”

元君身边的人说：“有这么一个人。”

宋元君于是下令说：“让他明天来见寡人。”

第二天，余且前来上朝。宋元君问道：“你昨天在水里捕捞到什么没有？”

余且老老实实地说：“在下我撒网，得到一只白色的龟，圆周有五尺长。”

宋元君说：“把你的龟献上来。”

余且献上了神龟。宋元君几次想杀了，又几次不忍心杀，心里犹豫不决，于是请人占卜。卜辞说：“杀一只龟来占卜，吉祥。”于是，剖开这只神龟，剔去肠肚内脏，用这龟甲占卜了七十二次，次次应验，没有一次失误。

孔子听说以后，感慨地说：“这只神龟能出现在宋元君梦里，却不能逃避渔夫的渔网；能占卜七十二次不失误，却不能逃避剖肠开肚的灾祸。这样看来，智慧也有受困的时候，神灵也有做不到的事情。虽然有至高无上的智慧，却也无法躲避万人的算计。鱼不怕渔网却怕鹈鹕。放弃小的智慧大的智慧就体现出来了，抛弃小的善良就自然善良了。”

列子不受粟 《让王》

子列子穷，容貌有饥色。

客有言之于郑子阳者曰："列御寇，盖有道之士也，居君之国而穷，君无乃为不好士乎?"郑子阳即令官遗之粟。子列子见使者，再拜而辞。

使者去，子列子入，其妻望之而拊心曰："妾闻为有道者之妻子，皆得佚乐，今有饥色。君过而遗先生食，先生不受，岂不命邪!"

子列子笑谓之曰："君非自知我也。以人之言而遗我粟，至其罪我也又且以人之言，此吾所以不受也。"其卒，民果作难而杀子阳。

品读

列子家里很穷，自己也面黄肌瘦，形销骨立。列子门下有人想帮助列子，就找到了郑国的相国郑子阳，对子阳说："列御寇是位得到道术的高人，现在生活在您的国家里，生活陷于贫困。您不是喜爱那些有学问有本事的人吗？怎么能在您这里发生这种事情呢?"

郑子阳想也是，让人们知道了也是不光彩的事情，当即就命令官府拿出粟米送给列子。列子见到郑子阳派来的使者，再三婉言谢绝。

郑使者走后，列子回到家中。列子的妻子看着丈夫，拍着胸脯，埋怨地说："我听说，得到道术的人，家里的妻儿都生活得安逸快乐，可现在我们家里个个面有饥色。相国派人到我们家，给我们送来食物，您却不接受，这难道不是命运的安排吗？”

列子笑了笑，对妻子说：“你不是真正了解我的。听了别人的话送给我粟米，将来给我定罪，也将会是听到别人的话。这就是我不能接受的原因啊。”

后来，郑国老百姓起来造反，杀了郑子阳。

没有自己的主见，受外部影响做事的人总是不可信的。

伯夷叔齐的故事 《让王》

昔周之兴，有士二人处于孤竹，曰伯夷、叔齐。二人相谓曰：“吾闻西方有人，似有道者，试往观焉。”至于岐阳。武王闻之，使叔旦往见之，与之盟曰：“加富二等，就官一列。”血牲而埋之。

二人相视而笑曰：“嘻！异哉！此非吾所谓道也。昔者神农之有天下也，时祀尽敬而不祈喜；其于人也，忠信尽治而无求焉。乐与政为政，乐与治为治，不以人之坏自成也，不以人之卑自高也，不以遭时自利也。今周见殷之乱而遽为政，上谋而行货，阻兵而保威，割牲而盟以为信，扬行以说众，杀伐以要利，是推乱以易暴也。吾闻古之士，遭治世不避其任，遇乱世不为苟存。今天下暗，周德衰，其并乎周以涂吾身也，不如避之以洁吾行。”二子北至于首阳之山，遂饿而死焉。若伯夷叔齐者，其于富贵也，苟可得已，则必不赖。高节戾行，独乐其志，不事于世，此二士之节也。

品读

当年，正是周国崛起的时候，孤竹国有两位高士，一位名叫伯夷，一位名叫叔齐，二人为同胞兄弟。他们知道了周国的情况，商量说："听说西方有一个人，似乎是得到治国之道的，我们试着去看看。"

二人到了周国国都岐阳。周武王听说后，派他的弟弟叔旦，即后来的周公旦，前往接见二人，并和他们订立盟约称："将来伐纣成功，每人加俸禄二等，封官一列。"并且杀牛埋血以为仪式。

伯夷、叔齐相视而笑，说："嘻！好奇怪。这并不是我们说的治国之道。过去神农氏得到了天下，祭祀四时都很恭敬，却从没想到要祈求福禧，他对于人们，只希望他们忠实诚信、和谐太平，此外一无所求。人们乐于端正行为就去端正他们，人们乐于接受治理神农氏就去治理他们，不因为别人的毁坏来完成自己，不因为别人处在低处来抬高自己，也不借着时势来为自己获利。现在的周国看到殷朝混乱，马上就要去征伐，崇尚谋略实行贿赂，依仗军队树立威望，杀牛立盟取信天下，宣扬自己的行为来取悦大众，杀人讨伐追求利益，这都是施行混乱替代暴虐。我听说古代的读书人，遇到太平时代不躲避任命，遇到混乱的时代也不苟且偷生。现在天下昏暗，周国道德衰败，与其依靠周国受到侮辱，倒不如避居深山以保持我们行为的清洁。"

于是，二人就到首阳山上，最终饥饿而死。

孔子和盗跖 《盗跖》

孔子与柳下季为友，柳下季之弟，名曰盗跖。盗跖从卒九千人，横行天下，侵暴诸侯，穴室枢户，驱人牛马，取人妇女，贪得忘亲，不顾父母兄弟，不祭先祖。所过之邑，大国守城，小国入保，万民苦之。

孔子谓柳下季曰："夫为人父者，必能诏其子；为人兄者，必能教其弟。若父不能诏其子，兄不能教其弟，则无贵父子兄弟之亲矣。今先生，世之才士也，弟为盗跖，为天下害，而弗能教也，丘窃为先生羞之。丘请为先生往说之。"

柳下季曰："先生言为人父者必能诏其子，为人兄者必能教其弟，若子不听父之诏，弟不受兄之教，虽今先生之辩，将柰之何哉！且跖之为人也，心如涌泉，意如飘风，强足以距敌，辩足以饰非，顺其心则喜，逆其心则怒，易辱人以言。先生必无往。"

孔子不听，颜回为驭，子贡为右，往见盗跖。盗跖乃方休卒徒于太山之阳，脍人肝而餔之。孔子下车而前，见谒者曰："鲁人孔丘，闻将军高义，敬再拜谒者。"

谒者入通，盗跖闻之大怒，目如明星，发上指冠，曰："此夫鲁国之巧伪人孔丘非邪？为我告之：'尔作言造语，妄称文武，冠枝木之冠，带死牛之胁，多辞缪说，不耕而食，不织而衣，摇唇鼓舌，擅生是非，以迷天下之主，使天下学士不反其本，妄作孝弟而侥幸于封侯富贵者也。子之罪大极重，疾走归！不然，我将以子肝益昼餔之膳！'"

孔子复通曰："丘得幸于季，愿望履幕下。"

谒者复通，盗跖曰："使来前！"

孔子趋而进，避席反走，再拜盗跖。盗跖大怒，两展其足，案剑瞋目，声如乳虎，曰："丘来前！若所言，顺吾意则生，逆吾心则死。"

孔子曰："丘闻之，凡天下人有三德：生而长大，美好无双，少长贵贱见而皆说之，此上德也；知维天地，能辩诸物，此中德也；勇悍果敢，聚众率兵，此下德也。凡人有此一德者，足以南面称孤矣。今将军兼此三者，身长八尺二寸，面目有光，唇如激丹，齿如齐贝，音中黄钟，而名曰盗跖，丘窃为将军耻不取焉。将军有意听臣，臣请南使吴越，北使齐鲁，东使宋卫，西使晋楚，使为将军造大城数百里，立数十万户之邑，尊将军为诸侯，与天下更始，罢兵休卒，收养昆弟，共祭先祖。此圣人才士之行，而天下之愿也。"

盗跖大怒曰："丘来前！夫可规以利而可谏以言者，皆愚陋恒民之谓耳。今长大美好，人见而悦之者，此吾父母之遗德也。丘虽不吾誉，吾独不自知邪？

且吾闻之，好面誉人者，亦好背而毁之。今丘告我以大城众民，是欲规我以利而恒民畜我也，安可久长也！城之大者，莫大乎天下矣。尧舜有天下，子孙无置锥之地；汤武立为天子，而后世绝灭；非以其利大故邪？

且吾闻之，古者禽兽多而人少，于是民皆巢居以避之，昼拾橡栗，暮栖木上，故命之曰'有巢氏之民'。古者民不知衣服，夏多积薪，冬则炀之，故命之曰'知生之民'。神农之世，卧则居居，起则于于，民知其母，不知其父，与麋鹿共处，耕而食，织而衣，无有相害之心，此至德之隆也。然而黄帝不能致德，与蚩尤战于涿鹿之野，流血百里。尧舜作，立群臣，汤放其主，武王杀纣。自是以后，以强陵弱，以众暴寡。汤武以来，皆乱人之徒也。

今子修文武之道，掌天下之辩，以教后世，缝衣浅带，矫言伪行，以迷惑天下之主，而欲求富贵焉，盗莫大于子。天下何故不谓子为盗丘，而乃谓我为盗跖？子以甘辞说子路而使从之，使子路去其危冠，解其长剑，而受教于子，天下皆曰孔丘能止暴禁非。其卒之也，子路欲杀卫君而事不成，身菹于卫东门之上，子教子路菹此患，上无以为身，下无以为人，是子教之不至也。子自谓才士圣人邪？则再逐于鲁，削迹于卫，穷于齐，围于陈蔡，不容身于天下。子之道岂足贵邪？

世之所高，莫若黄帝，黄帝尚不能全德，而战涿鹿之野，流血百里。尧不慈，舜不孝，禹偏枯，汤放其主，武王伐纣，此六子者，世之所高也。孰论之，皆以利惑其真而强反其情性，其行乃甚可羞也。

世之所谓贤士，莫若伯夷叔齐。伯夷叔齐辞孤竹之君而饿死于首阳之山，骨肉不葬。鲍焦饰行非世，抱木而死。申徒狄谏而不听，负石自投于河，为鱼鳖所食。介子推至忠也，自割其股以食文公，文公后背之，子推怒而去，抱木而燔死。尾生与女子期于梁下，女子不来，水至不去，抱梁柱而死。此六子者，无异于磔犬流豕、操瓢而乞者，皆离名轻死，不念本养寿命者也。

世之所谓忠臣者，莫若王子比干伍子胥。子胥沉江，比干剖心，此二子者，世谓忠臣也，然卒为天下笑。自上观之，至于子胥比干，皆不足贵也。

丘之所以说我者，若告我以鬼事，则我不能知也；若告我以人事者，不过此矣，皆吾所闻知也。

今吾告子以人之情，目欲视色，耳欲听声，口欲察味，志气欲盈。人上寿百岁，中寿八十，下寿六十，除病庾死丧忧患，其中开口而笑者，一月之中不过四五日而已矣。天与地无穷，人死者有时，操有时之具而托于无穷之间，忽然无异骐骥之驰过隙也。不能说其志意，养其寿命者，皆非通道者也。

丘之所言，皆吾之所弃也，亟去走归，无复言之！子之道，狂狂汲汲，诈巧虚伪事也，非可以全真也，奚足论哉！”

孔子再拜趋走，出门上车，执辔三失，目芒然无见，色若死灰，据轼低头，不能出气。归到鲁东门外，适遇柳下季。

柳下季曰：“今者阙然数日不见，车马有行色，得微往见跖邪？”

孔子仰天而叹曰：“然。”

柳下季曰：“跖得无逆汝意若前乎？”

孔子曰：“然。丘所谓无病而自灸也，疾走料虎头，编虎须，几不免虎口哉！”

品读

孔子和柳下惠是朋友。柳下惠道德非常高尚，但他有个弟弟，人称盗跖。盗跖率领九千盗贼横行天下，攻打诸侯，撬门毁屋，抢人牛马，掠人妇女，贪图财产，甚至忘记亲人，不管父母兄弟，也不祭祀自己的祖先。凡是盗跖经过的地方，大国坚守城池，小国闭城自保，老百姓深为盗跖祸害。

有一天，孔子对柳下惠说：“作为父亲的要能够告诫儿子，作为兄长的要能教导弟弟。如果父亲不能告诫儿子，兄长不能教导弟弟，就不必看重父子兄弟之间的恩情了。先生您是当今著名的有才之士，弟弟却是强盗，危害天下又不能教导。孔丘我真为先生感到害羞。我希望替您前往去说服盗跖。”

柳下惠了解自己的弟弟，知道孔子的做法很危险，就劝阻孔子道：“先生说的‘作为父亲的要能够告诫儿子，作为兄长的要能教导弟弟’，如果儿子不听父亲的告诫，弟弟不听兄长的教导，即使像先生您这样善于言辩的人，也没有什么办法。而且跖这个人，思维敏捷犹如疾风和涌泉，强壮有力足以抗拒敌人，辩才无碍足以文过饰非，顺从他他就高兴，违逆他他就暴怒，喜欢说侮辱人的话，先生千万别去。”

孔子没听柳下惠的话，让颜渊驾着车，子贡陪伴着，前往去见盗跖。

这时，盗跖正在泰山南边休养士兵，拿人的心肝做午餐。孔子到了军营门口，下了车，走到守卫的士兵前，作了个揖，说：“鲁国人孔丘，听说你们跖将军义气高尚，请求拜见。”

守卫士兵也听过孔子的名字，知道这人有来头，急忙进入通报。

盗跖一听孔子来了，非常生气，两眼圆睁，怒发冲冠，对守门士兵说：“这不就是鲁国那个机巧伪诈的孔丘吗？替我告诉他，就说：‘你制造谎言，假托文王、武王的言论，头顶漂亮的冠冕，腰扎牛皮大带，不耕不织，游手好闲，摇唇鼓舌，播弄是非，迷惑天下的君主，让无数读书人误入歧途，妄想用孝悌为幌子，侥幸得到功名富贵。你罪大恶极，马上离开，否则，我要用你的心肝做午饭。'”

卫兵把盗跖的话对孔子说了一遍，但孔子坚决不走，希望卫兵传话给盗跖，说："我孔丘如果有幸得到将军的允许，能远远看一下将军所在的帷幕也行。"

卫兵又去通报。盗跖听了，想了想说："那就让他来。"

孔子小步快行，到了盗跖面前，先后退几步，再给盗跖连着拜了两拜。盗跖气呼呼地两腿平伸坐在那里，手握宝剑，两眼圆睁，声音像猛虎一样喝道："孔丘，到我跟前来！你的言论如果能顺从我的心意，我就让你走回去；如果不顺我的心意，我就叫你死在这儿！"

孔子吓了一跳，稳定了一下心情，小心翼翼地说："我孔丘听说，天下有三种品质：身高体壮，美好无双，无论老少贵贱，见了都很喜欢，这是上等的品质；智慧能够经天纬地，具备分辨是非善恶美丑的能力，这是中等的品质；勇敢彪悍，处事果断，受人拥戴，能率兵作战，这时下等的品质。任何人具有其中一项品质，就足以南面称孤。现在将军您兼有这三种品质，身高八尺二寸，面目光彩照人，嘴唇红得像朱砂，牙齿整齐洁白像编排整齐的白色贝壳，声音洪亮像钟声，却被人们称为盗跖。在下孔丘实在为将军感到羞耻啊。将军如果愿意接受在下的意见，在下希望为将军做点事情，出使南方的吴、越等国，北方的齐、鲁等国，东方的宋、卫等国，西方的晋、楚等国，让他们为将军建造数百里的大城，建立数十万人家的都邑，推尊将军做诸侯，和天下的诸侯一样，重新开始。将军解散士兵，收养自己的兄弟，共同祭祀祖先。这才是圣人和有本领的人应该做的事情，也是天下人的共同心愿。"

孔子和盗跖

盗跖听了大怒，厉声喝道："孔丘！到我跟前来。可以用利益来规劝，用语言来劝诫的话，都是下等蠢人的想法。我高大漂亮，人人喜欢，这是我的父母留给我的品质。你孔丘没有称誉，难道我自己不知道吗？而且我听说：'喜欢当面称誉人的人，也喜欢背地里说人的坏话。'现在孔丘你告诉我让我建大城，聚集民众，是想用利益来规范我，让普通人来供养我，如此做来怎么可以长久呢？要说大城，没有比天下更大的了。尧、舜拥有天下，他们的子孙却没有立锥之地；商汤和周武王虽然做了天子，但他们的后代也没能延绵不绝。这不正是利益太大的原因吗？而且我听说，古时候，人民少而禽兽多，于是人们都在树上筑巢躲避禽兽，白天捡拾橡栗为食，晚上住在树上。所以后来人们把他们叫作有巢氏的人民。古代的人民不知道穿衣服，夏天大量储蓄柴草，冬天烧火取暖，所以后来人们把他们叫作知道生存的人民。神农氏的时候，人们安静地休息，自由自在地往来，只知道有母亲，不知道有父亲，和麋鹿住在一起，自耕自食，自织自衣，相互之间没有损害之心，这是社会道德达到顶峰的时候。后来黄帝赶不上神农的道德，和蚩尤在涿鹿作战，血流百里。尧、舜出现，确立了群臣的位置，商汤流放自己的君主，周武王又杀了商纣。从此以后，强壮的欺压弱小的，人多的残害人少的，所以商汤和周武王以来，大家都是扰乱天下者的追随者。”

盗跖话锋一转，直指孔子，说：“现在你重拾文王、武王的办法，标榜仁义，教导后世之人，宽衣窄带，巧言伪行，迷惑当今的人主，想以此攫取富贵，没有任何盗贼比得上你更可恶。可是天下的人不称你为盗丘，却称我为盗跖。真是岂有此理！”

接着，盗跖又例举事实叙说孔子的荒谬，说：“你用甜言蜜语哄骗子路，让他听从你，让他卸去高冠，解下长剑，听从你的教导。天下的人都说：‘孔子能制止暴力，能够阻拦胡作非为。’后来子路打算杀卫国国君没能成功，让人砍死在卫国东门，这就是你教导得不够。你不是自认为是有才之人，是圣人吗？被鲁国撵出去，在卫国、齐国混不下去，到了陈国、蔡国，又被人们包围起来，不被天下的人接受。你既不能修养自己，又不能替别人打算，你的那套主张有什么可贵！在社会中，被人们尊重的莫过于黄帝，黄帝都不能让自己得到完善，所以在涿鹿郊外作战，流血百里。唐尧没有慈爱，虞舜缺乏孝悌，大禹半身不遂，商汤流放自己的君主，文王囚在羑里，武王讨伐商纣。这六位都是在社会中被高看的，但仔细去想，都是为利益所惑，失去真性，勉强改变了自己的自然本性，他们的行为实际上是太可耻了。社会中那些被人们认可的贤人有伯夷、叔齐，他俩都不愿做孤竹国的国君，最后饿死在首阳山上，尸骨都没人埋葬。鲍焦修饰行为，批评社会，不食周粟，不踩周土，抱在树上干枯而死。申徒狄劝谏君主而君主不听，就背着石头跳入黄河，被鱼鳖所食。介之推忠心耿耿，割下自己的大腿肉为晋文公充饥，文公后来忘记了他，子推一生气就跑到山里，宁可抱着大树被烧死。尾生和女子相约在桥下会面，女子未来，遭遇大水，尾生守约不走，抱着桥墩被淹死。以上六位，和祭祀山川用的猪狗、持瓢乞讨的乞丐有什么不同，他们都是一些沽名钓誉，蔑视死亡，不知道保养寿命的人。社会上所说的忠臣，没有能超过商王子比干和楚国伍子胥的，但是子胥被杀后投入江中，比干被纣王杀死后剖心。这两个人，社会上的人都许为忠臣，却为天下的得道者所嗤笑。所以，这两个人也并不可贵。你孔丘用来告诉我的如果是关于鬼的事情，那我是不知道的；如果告诉我人的事情，也不过如此，我都知道。现在我告诉你人之常情：人的眼睛都喜欢看美色，人的耳朵都喜欢听乐音，人的嘴都愿意品尝滋味，志气都希望饱满。人的上寿是一百岁，中寿是八十岁，下寿是六十岁，除了生病、送葬、忧虑外，其余开口笑的时间，一月之中不超过四五天而已。天地无穷无尽，人都会死亡的，把有限的生命放在无限的天地之间，就好像是白驹过隙。不能让自己心意愉快，保养自己生命的人，都不是通晓自然之道的。”

盗跖最后告诉孔子说：“你孔丘所说的都是被我唾弃了的。马上回去，不要再说！你的那些道理，啰哩啰唆，都是些欺诈虚伪的事情，不可以用来保存人的真性，何曾值得一驳？”

孔子待盗跖说完，抓紧时间连续拜了两拜，转身就跑。出门上了马车，紧张得手都抓不住缰绳，一连掉了三次，恍恍惚惚，眼前什么也看不见，脸色如死灰，手扶车前的横木，吓得大气都不敢出，赶紧返回鲁国。

回来刚走到鲁国东门，恰巧就遇到了柳下惠。柳下惠问孔子：“好几天没有见到先生，先生驾着车马，行色匆匆，不会是会见我的兄弟跖去了吧？”

孔子仰天而叹，说：“是去会见跖了。”

柳下惠说：“跖没有像我前面对您说的冒犯您吧？”

孔子又叹了口气，说：“确实如您所说。我孔丘真是没病给自己扎针，鲁莽地撞虎头、捋虎须，几乎不免喂了老虎！”

柳下惠和盗跖根本就不是同一时代的人，孔子更不可能见到过盗跖，这个故事纯属虚构。作者不过要借此嘲笑孔子提倡的道德连强盗都瞧不起而已。

满苟得 《盗跖》

子张问于满苟得曰："盍不为行？无行则不信，不信则不任，不任则不利。故观之名，计之利，而义真是也。若弃名利，反之于心，则夫士之为行，不可一日不为乎！"

满苟得曰："无耻者富，多信者显。夫名利之大者，几在无耻而信。故观之名，计之利，而信真是也。若弃名利，反之于心，则夫士之为行，抱其天乎！"

子张曰："昔者桀纣贵为天子，富有天下，今谓臧聚曰'汝行如桀纣'，则有怍色，有不服之心者，小人所贱也。仲尼墨翟，穷为匹夫，今谓宰相曰，'子行如仲尼墨翟'，则变容易色称不足者，士诚贵也。故势为天子，未必贵也；穷为匹夫，未必贱也；贵贱之分，在行之美恶。"

满苟得曰："小盗者拘，大盗者为诸侯，诸侯之门，仁义存焉。昔者桓公小白杀兄入嫂，而管仲为臣；田成子常杀君窃国，而孔子受币。论则贱之，行则下之，则是言行之情悖战于胸中也，不亦拂乎！故《书》曰：'孰恶孰美？成者为首，不成者为尾。'"

子张曰："子不为行，即将疏戚无伦，贵贱无义，长幼无序；五纪六位，将何以为别乎？"

满苟得曰："尧杀长子，舜流母弟，疏戚有伦乎？汤放桀，武王杀纣，贵贱有义乎？王季为适，周公杀兄，长幼有序乎？儒者伪辞，墨者兼爱，五纪六位将有别乎？

且子正为名，我正为利。名利之实，不顺于理，不监于道。

吾日与子讼于无约曰：‘小人殉财，君子殉名。其所以变其情，易其性，则异矣；乃至于弃其所为而殉其所不为，则一也。’故曰，无为小人，反殉而天；无为君子，从天之理。若枉若直，相而天极；面观四方，与时消息。若是若非，执而圆机；独成而意，与道徘徊。无转而行，无成而义，将失而所为。无赴而富，无殉而成，将弃而天。

比干剖心，子胥抉眼，忠之祸也；直躬证父，尾生溺死，信之患也；鲍子立干，申子自埋，廉之害也；孔子不见母，匡子不见父，义之失也。此上世之所传，下世之所语，以为士者正其言，必其行，故服其殃，离其患也。”

品读

社会上有这样一些人，满足于眼前利益，没有人生抱负。庄子给这类人起了一个绰号，叫满苟得。

有一次，孔子的学生子张教训满苟得说：“你为什么不做一些仁义的事情呢？一个人如果没有好的行为，就不能取信别人；如果不能取信别人，就不能被人任用；不被任用，就没有利益。所以，考察名声，计算利益，只有做仁义之事才是值得肯定的。如果抛弃名声利益，返回到自己内心的满足，那么作为读书人的行为，也不是不能一天不做事情吗？”

满苟得说：“当今社会，没有羞耻之心的人，往往富有；善于自我吹嘘的人，往往有名。获得名声和利益最大的，往往是一些无耻而且好吹嘘的人。所以，考察名声，计算利益，只有多自我吹嘘才是值得肯定的。如果抛弃名声利益，返回到自己内心的满足，那么作为读书人的行为，也不是不能怀抱着自然吗？”

子张说：“古时候，夏桀和商纣虽然贵为天子，拥有天下的财富，可现在你对那些地位低下的奴仆说：‘你的行为就像是夏桀和商纣。’他们有的会感到惭愧，有的甚至表现出不服气，说明连下等的小人都瞧不起这种人。孔仲尼和墨翟是穷困潦倒的平民，现在你如果对那些

宰相、大夫们说：‘你的行为就像是孔仲尼和墨翟一样。’他们一定会表现出谦卑恭敬的样子，称道自己还远远比不上，说明有地位的人都很珍视孔墨。所以，有天子一样的权势，未必就可贵；和老百姓一样穷困，也未必就低贱。贵贱的区分，在于行为的美好和丑陋。”

满苟得说：“小偷小摸被人抓起来，最大的强盗却成了诸侯，社会中所谓的仁义，都藏在这些诸侯家里。过去，齐桓公做公子的时候，杀死了自己的哥哥，娶嫂子为妻，但管仲这样的贤人却给他做大臣；田成子杀了自己的国君，抢夺齐国为己有，但连孔子这样的人都愿意接受他的邀请。从道理上讲，瞧不起这些人，但在行为上却表现出对大盗的顺服。这就是言论和行为在人内心的相互矛盾斗争，不是相互违背吗？所以，古书里说：‘哪个美？哪个丑？成者为王，败者为寇。’”

子张说：“你不修饰自己的行为，亲人和旁人将没法分别，高贵和低贱相处将不能合适，年长和年幼将没有顺序，那么人们的五种伦理、六种关系怎么能区别开来呢？”

满苟得说：“唐尧杀了自己的长子，虞舜流放了自己的同胞兄弟，那么亲人和旁人有区别么？商汤流放夏桀，周武王讨伐商纣王，高贵和低贱的相处合适吗？周文王的父亲王季代替哥哥做了太子，周公旦杀了哥哥管叔、蔡叔，年长和年幼有顺序吗？儒者制造一些荒唐的言论，墨家提倡不分别的相爱，那么人们的五种伦理、六种关系区别开了吗？而且你看中的是名声，我看中的是利益，无论名声还是利益，都不符合自然事理，不能体现出自然之道。我和你曾经在无约那里辩论过，说：‘下层人为钱财去付出，上层人为了名声去付出。他们改变了自己原本的品质和性情，但他们都在抛弃了应该做的，去追求不

应该做的这方面却是一致的。’所以说，不要像下层人一样，要追求自然；也不要像上层人一样，要顺从自然道理。无论邪曲还是正直，先要考察自然的标准，观看四方情况，跟着四时去作息；无论是对还是不对，先要把握自然的运转，形成自己的心意，和自然之道往来。不要一意孤行，不要实施仁义，否则将会失去你的真性；不要追求财富，不要期望成功，否则将会丢弃你的天性。比干被剖心，子胥被剜眼，这就是忠诚的祸患；直躬举报父亲偷羊，尾生守约被淹死，这都是诚信的祸患；鲍焦抱着大树干枯而死，申生为表明清白上吊而死，这都是有操守的祸害；孔子奔走列国，未见临终的母亲，匡章为父不容，未见临终的父亲，这是仁义的过失。这些都是前代流传下来，后人口耳相传的事情。你认为读书人要端正言论，要确定行为，所以就要准备接受祸患。”

庄子说剑

《说剑》

昔赵文王喜剑，剑士夹门而客三千余人，日夜相击于前，死伤者岁百余人，好之不厌。如是三年，国衰，诸侯谋之。

太子悝患之，募左右曰：“孰能说王之意止剑士者，赐之千金。”左右曰：“庄子当能。”

太子乃使人以千金奉庄子。庄子弗受，与使者俱，往见太子曰：“太子何以教周，赐周千金？”

太子曰：“闻夫子明圣，谨奉千金以币从者。夫子弗受，悝尚何敢言！”

庄子曰：“闻太子所欲用周者，欲绝王之喜好也。使臣上说大王而逆王意，下不当太子，则身刑而死，周尚安所事金乎？使臣上说大王，下当太子，赵国何求而不得也！”

太子曰：“然。吾王所见，唯剑士也。”

庄子曰：“诺。周善为剑。”

太子曰：“然吾王所见剑士，皆蓬头突鬓垂冠，曼胡之缨，短后之衣，瞋目而语难，王乃说之。今夫子必儒服而见王，事必大逆。”

庄子曰：“请治剑服。”治剑服三日，乃见太子。

太子乃与见王，王脱白刃待之。庄子入殿门不趋，见王不拜。王曰：“子欲何以教寡人，使太子先焉？”曰：“臣闻大王喜剑，故以剑见王。”

王曰：“子之剑何能禁制？”

曰：“臣之剑，十步一人，千里不留行！”

王大悦之，曰：“天下无敌矣！”

庄子曰：“夫为剑者，示之以虚，开之以利，后之以发，先之以至。愿得试之。”

王曰：“夫子休就舍，待命设戏请夫子。”

王乃校剑士七日，死伤者六十余人，得五六人，使奉剑于殿下，乃召庄子。王曰：“今日试使士敦剑。”

庄子曰：“望之久矣。”

王曰：“夫子所御杖，长短何如？”

曰：“臣之所奉皆可。然臣有三剑，唯王所用，请先言而后试。”

王曰：“愿闻三剑。”

曰：“有天子之剑，有诸侯之剑，有庶人之剑。”

王曰：“天子之剑何如？”

曰：“天子之剑，以燕溪石城为锋，齐岱为锷，晋魏为脊，周宋为镡，韩魏为夹；包以四夷，裹以四时，绕以渤海，带以常山；制以五行，论以刑德；开以阴阳，持以春夏，行以秋冬。此剑，直之无前，举之无上，案之无下，运之无旁；上决浮云，下绝地纪。此剑一用，匡诸侯，天下服矣。此天子之剑也。”

文王芒然自失，曰：“诸侯之剑何如？”

曰：“诸侯之剑，以知勇士为锋，以清廉士为锷，以贤良士为脊，以忠圣士为镡，以豪桀士为夹。此剑，直之亦无前，举之亦无上，案之亦无下，运之亦无旁；上法圆天以顺三光；下法方地以顺四时，中和民意以安四乡。此剑一用，如雷霆之震也，四封之内，无不宾服而听从君命者矣。此诸侯之剑也。”

王曰：“庶人之剑何如？”

曰：“庶人之剑，蓬头突鬓垂冠，曼胡之缨，短后之衣，瞋目而语难。相击于前，上斩颈领，下决肝肺。此庶人之剑，无异于鬬鸡，一旦命已绝矣，无所用于国事。今大王有天子之位而好庶人之剑，臣窃为大王薄之。”

王乃牵而上殿。宰人上食，王三环之。庄子曰：“大王安坐定气，剑事已毕奏矣。”

于是文王不出宫三月，剑士皆服毙其处也。

品读

过去，赵文王喜欢剑术。剑客们挤在赵王门下的多达三千人，每天昼夜不停地在赵王面前击剑争雄，每年因击剑被刺死的人就有一百多，但赵王仍然乐此不疲。这种情况持续了三年，赵国日益衰落，其他诸侯都在谋划攻打赵国。

赵国的太子悝很为此忧虑，就对身边的人说："如有人能说服赵王，制止剑客的行为，将赏赐一千斤黄金。"

有人说："庄子应该可以。"

太子就派人拿着千斤黄金去请庄子。庄子没有接受黄金，但跟着使臣来拜见太子，他说："太子对我庄周有什么教导，给我送来这么多黄金？"

太子说："听说先生无所不知，谨献上千斤黄金，送给你的跟随者。先生您要是不接受，我怎敢再提什么要求呢？"

庄子笑了，说："听说太子您想要让庄周我戒断大王的喜好。如果臣仆我没说服赵王，违背了赵王的心意，当然也不能满足太子的愿望，受到了死刑，我庄周还要黄金做什么呢？如果臣仆我说服了大王，也满足了太子您的愿望，那么我向赵国要什么不能得到呢？"

太子说："是这样！但我们大王只接见剑客。"

庄子说："没问题！我庄周也擅长击剑。"

太子看了看庄子，摇了摇头，说："我们大王要见的剑客可不是先生您这样的。他要见的剑客一般都蓬乱着头发，鬓角翘起，冠冕前倾，系冠的缨穗没有任何修饰，穿着短窄的衣服，见人两眼怒视，半天不说一句话。见到这种剑客大王很高兴。像你这样穿着读书人的服装去见大王，事情肯定做不成。”

庄子说：“那就给我准备一套剑客的服装。”

用了三天时间，服装做好了。庄子穿上，去见太子。太子看庄子的打扮，觉得可以了，就和庄子一起去见赵王，赵王正拿着一把出鞘的剑接待二人。庄子进宫门不小步快行，而是大摇大摆；走到大王面前也不行跪拜礼，只简单作个揖，读书人的所有礼节都不用。

赵王说：“先生派太子先来引见，有什么要教诲寡人的吗？”

庄子说：“臣仆我听说大王喜欢剑术，所以想凭借剑术拜见大王。”

赵王说：“你的剑术如何制止敌人？”

庄子说：“我的剑术，十步之内可以杀死一人；千里之远，杀人无数，剑锋无损。”

赵王一听，非常高兴，赞叹道：“你这样的剑术可以天下无敌了。”

庄子说：“用剑的人，给人显示的是虚招，使出来的是锋利，动手在后，剑却先到。我先给你试一下。”说着，庄子就做出要拔剑的样子。

赵王益发敬佩，说：“先生先到馆舍中休息，等待发布命令，安排好比赛时间，再来请先生。”

赵王于是花了七天时间来考察剑客，这七天死伤的剑客有六十多人，从中选拔出五六个人，让他们手捧宝剑站在大殿之下，然后把庄子召来。

赵王说：“今天先试着和我的剑客们较量剑术。”

庄周做出很迫切的样子说：“期待已久。”

赵王问道：“先生所用的剑，是长的还是短的？”

庄子轻松地说：“臣下我用什么样的剑都可以。不过我有三把剑，只可以供大王选用。请允许我在这里介绍一下，再去试用。”

赵王听了，很喜欢，便说：“愿意听一听你的这三把剑。”

庄子说：“它们有天子用的剑，有诸侯用的剑，有平民用的剑。”

赵王闻所未闻，很好奇，就问：“天子用的剑是怎样的？”

庄子回答：“天子用的剑，它以北边的燕溪和石城作为剑锋，以东边的齐国和泰山作为剑刃，以魏国作为剑背，以东周和宋国作为剑柄，以韩国和卫国作为剑鞘。它包含四周边远国家，容纳春夏秋冬四时，远绕渤海，近连常山，用金、木、水、火、土五行做约束，依照处罚、赏赐来使用，按照阴阳变化抽出，春夏季节收藏保养，秋冬季节再去挥舞。这把剑所向无敌，举起来上无阻拦，按下去深不可测，运行起来前后左右翻飞自如，向上可以击散浮云，向下可以斩断地脉。这把剑一旦使用，诸侯们行为端正，天下的人都会顺从。这就是天子用的剑。”

赵王听了，茫茫然不知所措，就问：“那么诸侯用的剑又是怎样的呢？”

庄子回答：“诸侯用的剑，以有智慧有勇气的人作为剑锋，以清洁有原则的人作为剑刃，以贤明善良的人作为剑背，以忠诚无所不知的人作为剑柄，以各个地方的领袖人物作为剑鞘。这种剑也是所向无敌，也是举起来上无阻拦，按下去深不可测，运行起来前后左右翻飞自如，向上效法上天日月星辰的运行，向下效法大地的顺应四时变化，用在中间可以和谐民众，安定四周。这把剑一旦使用，就像雷霆震动，四境之内没有人不服从，没有人不接受命令的。这就是诸侯用的剑。”

赵王又问：“那么普通人用的剑是怎样的？”

庄子回答：“普通人用的剑，蓬乱着头发，鬓角翘起，冠冕前倾，系冠的缨穗没有任何修饰，穿着短窄的衣服，见人两眼怒视，半天不说一句话，在大王面前相互搏击，向上砍断对方的脖子，向下刺穿对方的肝肺。普通人的这种用剑和斗鸡没有两样，一旦毙命，就不再能为国家做事。现在大王有天子的地位，却喜好平民式的用剑，臣仆我私下里鄙视大王的这种行为啊。”

赵王听完，一言不发走到殿下，一把拉着庄子又走上大殿。这时，厨人送上食物，赵王看着食物，转了三圈，吃不下去。

庄子这时说："大王请坐下，安定安定情绪吧。介绍用剑的事情臣仆已经说完了。"

庄子走后，赵王一直在宫殿里，三个月没有露面。原来的剑客们也惭愧之极，一个个都自杀了。

技术只能解决局部问题，而且带来的弊病很大。对于治理者来说，见识和胸襟才是最重要的，就好像庄子的剑术和普通剑客的剑术，真是天上和地下的差别啊。

列子和伯昏瞀人 《列御寇》

列御寇之齐，中道而反，遇伯昏瞀人。

伯昏瞀人曰："奚方而反？"

曰："吾惊焉。"

曰："恶乎惊？"

曰："吾尝食于十饕，而五饕先馈。"

伯昏瞀人曰："若是，则汝何为惊已？"

曰："夫内诚不解，形谍成光，以外镇人心，使人轻乎贵老，而鳌其所患。夫饕人特为食羹之货，无多余之赢，其为利也薄，其为权也轻，而犹若是，而况于万乘之主乎！身劳于国而知尽于事。彼将任我以事而效我以功。吾是以惊。"

伯昏瞀人曰："善哉观乎！汝处己，人将保汝矣！"

无几何而往，则户外之屦满矣。伯昏瞀人北面而立，敦杖蹙之乎颐，立有间，不言而出。

宾者以告列子，列子提屦，跣而走，暨乎门，曰："先生既来，曾不发药乎？"

曰："已矣，吾固告汝曰人将保汝，果保汝矣。非汝能使人保汝，而汝不能使人无保汝也，而焉用之感豫出异也！必且有感摇而本才，又无谓也。与汝游者又莫汝告也，彼所小言，尽人毒也。莫觉莫悟，何相孰也！巧者劳而知者忧，无能者无所求，饱食而敖游，泛若不系之舟，虚而敖游者也。"

品读

一次，列子到齐国去，走到半路，又急急忙忙地返回，路上遇到了伯昏瞀人。伯昏瞀人问道："你为什么要返回呢？"

列子说："我害怕了。"

伯昏瞀人又问："你害怕什么呢？"

列子说："我在路上喝了十家人的水，其中有五家人先给我送来。"

伯昏瞀人好像不以为然地说："哦，原来就这事！那有什么可害怕的呢？"

列子说："内心的诚实未能疏解，就会形成儒雅的行为举止，让人们顺服我的外在形象，以至忽视了尊老的习尚，这将会造成很多祸患。那些卖水的只是制造一些饮用的货物，并没有多余的物品，他们所能获得的利润很微薄，可以使用的权力也很渺小，他们对我尚且如此，更何况对那些拥有万乘兵车的国君呢？我去齐国，为国事劳累躯体，做工作竭尽智慧，国君将会委任我职官，考核我的业绩。我因此感到了害怕。”

伯昏瞀人点点头，说：“你观察人情很准确啊。你只是住在家里，人们将会来依附你。”

过了不久，伯昏瞀人前往列子家，见到室门外已经脱了一大片鞋子。伯昏瞀人面朝北对室门站住，用拐杖拄着下巴，待了一会儿，没说一句话就往大门外走。

伯昏瞀人的行为被列子的门人看在眼里，赶紧就向列子报告。列子

列子和伯昏瞀人

听说，提着鞋子，光着脚追到大门口，喊道：“先生已经来了，为什么不给在下一点有益的教导呢？”

伯昏瞀人边走边回答说：“算了吧。我已经告诉你‘人们将会依附你’，果然依附你了。不是你能让人们依附你，而是你不能让人们不依附你，何必要用取悦人心来显示与众不同呢？你一定将要动摇你的本性，就没有什么可说的了。和你交往的人也不会告诉你，他们说的那些琐细的言论，尽是些毒害人的。没人觉悟，谁又能够熟知呢？有技巧的人操劳多，有智谋的人忧虑多，没本领的人也无所求，吃饱饭到处游玩，自由流荡好像是随水漂流的船，内心空虚自由地遨游。”

庄子说齐物

庄子梦为蝴蝶 《齐物论》

昔者庄周梦为胡蝶，栩栩然胡蝶也，自喻适志与！不知周也。俄然觉，则蘧蘧然周也。不知周之梦为胡蝶与，胡蝶之梦为周与？周与胡蝶，则必有分矣。此之谓“物化”。

品读

庄周辛苦劳作了一天，晚上倒头便睡。这时他梦见自己变成了一只蝴蝶。一只飘飘然的蝴蝶飞在空中，身躯那么轻盈，在微风中上下起舞，下面是五颜六色的花朵，散发出阵阵香气。蝴蝶自由地飞翔，不时在花丛中嬉戏玩耍，好像从未感受过的轻松愉快。突然，耳边响起雷声，莫非是天要下雨了吧？庄周吃了一惊，睁开了眼。看到天已经亮了，原来刚才的一切都是在做梦呢。庄周回味刚才的梦境，还有点依恋不舍。这时，隐隐觉出自己的腰背还略有些酸疼，躯体又变得那么沉重。没办法，今天还要下地劳动，辛苦的一天又要开始了。这时，庄周思考起一个重要的问题：到底是庄周在做梦，梦见自己变成了化蝶呢？还是蝴蝶在做梦，梦见自己变成了庄周呢？

其实，梦也是生命的一部分，梦中的自由才应该是真正的自由啊！

河伯和北海若的对话 《秋水》

秋水时至，百川灌河，泾流之大，两涘渚崖之间不辩牛马。于是焉河伯欣然自喜，以天下之美为尽在己。顺流而东行，至于北海，东面而视，不见水端，于是焉河伯始旋其面目，望洋向若而叹曰：“野语有之曰‘闻道百以为莫己若者’，我之谓也。且夫我尝闻少仲尼之闻而轻伯夷之义者，始吾弗信；今我睹子之难穷也，吾非至于子之门，则殆矣，吾长见笑于大方之家。”

北海若曰：“井蛙不可以语于海者，拘于虚也；夏虫不可以语于冰者，笃于时也；曲士不可以语于道者，束于教也。今尔出于崖涘，观于大海，乃知尔丑，尔将可与语大理矣。天下之水，莫大于海，万川归之，不知何时止而不盈，尾闾泄之，不知何时已而不虚；春秋不变，水旱不知。此其过江河之流，不可为量数。而吾未尝以此自多者，自以比形于天地而受气于阴阳，吾在天地之间，犹小石小木之在大山也，方存乎见少，又奚以自多！计四海之在天地之间也，不似罍空之在大泽乎？计中国之在海内，不似稊米之在大仓乎？号物之数谓之万，人处一焉；人卒九州，谷食之所生，舟车之所通，人处一焉；此其比万物也，不似毫末之在于马体乎？五帝之所运，三王之所争，仁人之所忧，任士之所劳，尽此矣。伯夷辞之以为名，仲尼语之以为博，此其自多也，不似尔向之自多于水乎？”

河伯曰：“然则吾大天地而小毫末，可乎？”

北海若曰：“否，夫物，量无穷，时无止，分无常，终始无故。是故大知观于远近，故小而不寡，大而不多，知量无穷；证向今故，故遥而不闷，掇而不跂，知时无止；察乎盈虚，故得而不喜，失而不忧，知分之无常也；明乎坦涂，故生而不说，死而不祸，知终始之不可故也。计人之所知，不若其所不知；其生之时，不若未生之时；以其至小求穷其至大之域，是故迷乱而不能自得也。由此观之，又何以知毫末之足以定至细之倪！又何以知天地之足以穷至大之域！"

河伯曰："世之议者皆曰：'至精无形，至大不可围。'是信情乎？"

北海若曰："夫自细视大者不尽，自大视细者不明。故异便，此势之有也。夫精，小之微也；垺，大之殷也；夫精粗者，期于有形者也；无形者，数之所不能分也；不可围者，数之所不能穷也。可以言论者，物之粗也；可以意致者，物之精也；言之所不能论，意之所不能致者，不期精粗焉。

是故大人之行，不出乎害人，不多仁恩；动不为利，不贱门隶；货财弗争，不多辞让；事焉不借人，不多食乎力，不贱贪污；行殊乎俗，不多辟异；为在从众，不贱佞谄；世之爵禄不足以为劝，戮耻不足以为辱；知是非之不可为分，细大之不可为倪。闻曰：'道人不闻，至德不得，大人无己。'约分之至也。"

河伯曰："若物之外，若物之内，恶至而倪贵贱？恶至而倪小大？"

北海若曰："以道观之，物无贵贱；以物观之，自贵而相贱；以俗观之，贵贱不在己。以差观之，因其所大而大之，则万物莫

不大；因其所小而小之，则万物莫不小，知天地之为稊米也，知毫末之为丘山也，则差数睹矣。以功观之，因其所有而有之，则万物莫不有；因其所无而无之，则万物莫不无；知东西之相反而不可以相无，则功分定矣。以趣观之，因其所然而然之，则万物莫不然；因其所非而非之，则万物莫不非；知尧舜之自然而相非，则趣操睹矣。

昔者尧舜让而帝，之噌让而绝；汤武争而王，白公争而灭。由此观之，争让之礼，尧桀之行，贵贱有时，未可以为常也。梁丽可以冲城，而不可以窒穴，言殊器也；骐骥骅骝，一日而驰千里，捕鼠不如狸狌，言殊技也；鸱夜撮蚤，察毫末，昼出瞋目而不见丘山，言殊性也。故曰，盖师是而无非，师治而无乱乎？是未明天地之理，万物之情者也。是犹师天而无地，师阴而无阳，其不可行明矣。然且语而不舍，非愚则诬也。帝王殊禅，三代殊继。差其时，逆其俗者，谓之篡夫；当其时，顺其俗者，谓之义之徒。默默乎河伯！女恶知贵贱之门，小大之家！”

河伯曰：“然则我何为乎，何不为乎？吾辞受趣舍，吾终奈何？”

北海若曰：“以道观之，何贵何贱，是谓反衍；无拘而志，与道大蹇。何少何多，是谓谢施；无一而行，与道参差。严严乎若国之有君，其无私德；繇繇乎若祭之有社，其无私福；泛泛乎其若四方之无穷，其无所畛域。兼怀万物，其孰承翼？是谓无方。万物一齐，孰短孰长？道无终始，物有死生，不恃其成；一虚一盈，不位乎其形。年不可举，时不可止；消息盈虚，终则有始。是所以语大义之方，论万物之理也。物之生也，若骤若驰，无动而不变，无时而不移。何为乎，何不为乎？夫固将自化。”

河伯曰：“然则何贵于道邪?”

北海若曰：“知道者必达于理，达于理者必明于权，明于权者不以物害己。至德者，火弗能热，水弗能溺，寒暑弗能害，禽兽弗能贼。非谓其薄之也，言察乎安危，宁于祸福，谨于去就，莫之能害也。故曰：天在内，人在外，德在乎天。知天人之行，本乎天，位乎德；蹢躅而屈伸，反要而语极。”

河伯曰：“何谓天？何谓人?”

北海若曰：“牛马四足，是谓天；落马首，穿牛鼻，是谓人。故曰：无以人灭天，无以故灭命，无以得殉名。谨守而勿失，是谓反其真。”

品读

秋天的时候，雨水连绵。无数溪谷小河的水都流进了黄河，这时河水陡然增涨，河道也宽阔起来。河水两岸之间可以看到牲畜来来往往，但分辨不出河对岸的是牛是马。

这时，河伯非常高兴自负，认为天下最美好的事物都收在黄河之上。于是乘着水流向东而行，浩浩荡荡，很快就出了黄河口，一直来到北海边上。抬头向东望去，只见大海辽阔，苍茫无际，从没见过如此大的气势。这时，河伯才回过头，仰头面向北海若，感叹地说：

"老百姓说：'听过无数的道理以为总不如自己的道理。'这话说的就是我啊。过去听说有人认为孔子见识浅陋，轻视伯夷的道义。开始我还不相信真有这样的人，现在我看到你的大海无穷无尽，我要不是亲自来到你的门前的话，我也可能会和那些轻薄之徒一样了啊，我将会被那些明白大道理的人长久地讥笑。"

北海若点了点头，表示对河伯的赞同，说："井底之蛙，你是不能告诉它大海广阔的，因为它只是生活在狭小的空间里；只活在夏天的虫子你没办法告诉它什么是冰，因为夏天以外的季节它都没有经历过；三家村的博士们你不能告诉他大道理，因为浅陋的教育约束了他的思想。现在你从山崖堤岸间走出来，观看了大海，才认识到自己的不足，现在可以对你谈论大道理了。"

接着，他说："天下的水，没有比海水更多的了，无数河流都奔流入海，这些水来之不竭，不知道什么时候可以流完，但海里的水从来没有溢出过。海里还有一个泄水的地方，叫作尾闾，它每天都在排水，但大海也从来没有枯涸过。无论春夏秋冬，还是干旱水涝，都不曾影响大海。它的水量远远超过长江黄河，是无法用数量单位计算的。但我并不敢因此自以为是，因为我寄身在天地之间，受阴阳二气的养育，在天地之间就像是泰山上的一棵小草、一块石头，只感到自己不足，哪里还敢自我满足！再想想，东南西北四海如果放在天地之间来看，不就像是小小的螺壳在大湖泊中吗？再想想，把我们生活的中原放在东南西北四个大海以内来看，不就像天子粮仓里的一粒小米吗？对事物的多我们常常用万来计数，人类只是万物中的一类；人们生活在九州，这里生长稻谷，这里通行车船，个人也只是万人中间的一个。这单个的人再去和万物相比，不正像马身上的一根毫毛一样微不足道吗？

河伯和北海若的对话

五帝相互禅让，三皇发兵征讨，仁义之人忧国忧民，贤人为众人辛苦，都不过如此。伯夷逃避君位是为了获得名声，孔子放言立说是为了炫耀博学，他们自以为是，不正和你以黄河水为天下最多而自负一样吗！”

河伯听后，若有所思地问道：“那么，认为天地大毫毛小，可以吗？”

北海若摇摇头说：“不可以。任何事物，从数量上讲都是无穷多的，从时间上讲都是永恒的，人的命运差别是没有一定的，开始和末尾也是相对的。所以，真正大智慧的人对远处和近处的事物都会关照到，小的事物并不表示少，大的事物也不表示多，因为他知道任何事物的数量都是无穷尽的；了解古今变化，所以对久远的事情，并不为不能追随而郁闷；对于眼前的事情，也不一定要求得，因为他知道时间是没有停留的；考察完满和缺失的变化，所以有所获得并不高兴，有所损失也不忧郁，因为他知道人的际遇也是没有一定规律的；了解生死的通途，所以活着并不喜悦，死亡也并不以为是灾祸，因为他知道生命的开始和生命的结束也不是固定的，生命的开始是前面生命的结束，生命的结束又是后面生命的开始。想一想，人所能知道的，实际上不如他所不知道的多；人出生的时间，不如他没有出生的时间长；用极小去探究极大的区域，这样就会自我迷惑而一无所获。由此观之，怎能知道毫毛的末端就能确定极小的限度，又怎能知道天地就能够穷尽极大的区域呢？”

河伯又问：“社会上有些辩者说：‘极精微的事物是看不到形体的，极巨大的事物是不能围抱的。’这话是确实可信的吗？”

北海若回答说：“从细微的方面看大事物必然看不全面，从大的方面看细微的事物也是看不清楚的，所以，大有大的便利，小有小的便利。这是形势造成的。常说的精，是细小中间的细微；垺，是粗大中间的巨大。所谓精微和粗大，都是从有形迹来说的，看不到形体，就不能用数量分别；不可以围抱，也不能用数量穷尽。可以用语言说出来的东西，往往是事物粗浅的部分；只能用心意体会的东西，往往是事物精微的部分。语言不能讨论的，心意达不到的，就是精微和粗大以外的东西。”

河伯又问：“那么，万物的外表、万物的内里，从哪里分别贵贱呢？从哪里分别大小的呢？”

北海若回答说：“从道的角度说，万物本没有贵贱差别；从事物的角度来说，都是以自己为贵，以他物为贱；从世俗的角度看，贵和贱都是外来的，并不在于自己。就差别而言，从大的方面看大，没有事物不大；从小的方面看小，没有事物不小。可以认为天地只有米粒大小，也可以认为毫毛末端和泰山一样巨大。如果能这样的话，差别的数量就清楚了。从拥有的方面看拥有，其实所有事物都是拥有的；从没有的方面看没有，其实所有的事物都是没有的。了解到虽然东西方向相反，但没有对方就没有本方，所以双方对于对方都有作用。用取向来考察事物，从事物本来的情况来肯定事物，那么所有的事物都应该肯定；根据事物不应该的情况来责备事物，那么所有的事物都应该受到责备。你知道唐尧和夏桀都认为自己正确，却批评对方，他们的取向操守也就清楚明白了。”

这时，北海若似乎觉得讲得有点抽象，于是就举例说：“古时候，唐尧、虞舜都通过禅让做了天子，燕王哙打算让位给相国子之，结果丢掉了王位；商汤和周武王用战争都得到了天下，楚平王用战争却送掉了性命。由此看来，争夺和禅让的礼仪，唐尧和夏桀的行为，有时被当作尊贵的，有时被当作低下的，并没有一定的规律。梁柱可以用来冲撞城门，却不可以用来堵洞穴，这说明器形有差别。骐骥骅骝是一天奔跑千里的骏马，让它们捕捉老鼠却比不上野猫、黄鼠狼，这说明本领也有差别。夜猫子黑夜捉跳蚤，看得清毫毛末端，大白天，眼睛睁得圆圆，却看不见大山，这说明天性有别。所以有人说，为什么不效法正确的排斥错误的，不效法治理的排斥混乱的呢？这是不明白天地之间的道理和万物变化的情况。就好像只效法上天不效法大地，只效法阴气不要阳气一样，这很明白是行不通的。如果还说这样的话，那不是愚蠢就是胡说了。古代帝王传位有所不同，夏、商、周的即位也有差别，不合时代要求，违背世俗意愿的人都被认为是篡夺者。你怎么能区别贵和贱的门径，大和小的区域呢？”

河伯觉得这么复杂，不知到底该怎么办，于是又问：“那么我该做些什么，不该做什么呢？我在推辞和接受、在获取和舍弃这些方面，到底该怎么办？”

北海若说：“从道的角度来看，无所谓贵和贱，二者反复变化，不要约束了你的心志，和自然之道严重冲突；无所谓多和少，二者也相互交替，不要朝着一个方向前行，和自然之道相差错。体察到的自然之道，有时候庄重就像一个国家有君主一样，对国民普施恩惠；有时绵长就像祭祀中的社神，对所有的人遍降福祇；有时广大就像四方一样没有边际。不分区域，关怀一切事物，哪个得到过它特别关照呢？这就叫作无方。万物都平等对待，没有长短差别。自然之道没有开始和结束，万物都有死亡和出生，不要凭借一时的成功。有时空虚，有时饱满，事物没有定型。年代不能拉住，时间也无法留下，消亡、出生、饱满、空虚，这个结束那个开始。这就是表明自然达到的方法，讨论万物的玄理。每一事物出生，就像骏马奔驰，每次运动都在变化，无时无刻不在迁移。你问做些什么，不做什么，其实万物本来就在变化。”

河伯听了北海若的话，有点不太明白，问：“既然万物齐一，那么你为什么把道看得那么贵重呢？”

北海若说：“只有了解了自然之道，才能通达万物变化的条理；通达了万物生息的条理，就能把握人事的变化；把握了人事的变化，就能不受外物伤害。得到自然之理的人，面对烈火感不到炙热，掉进水里也不会沉溺，寒暑不能影响，禽兽不能伤害，并不是这种人轻视外物，而是他能够清楚地分辨安危，宁静地对待祸福，认真地选择接近和离开，没有什么能伤害他。所以说，内心保持着天然的东西，行为举止又表现为人为的做法，德性合于天然。知道人的行为，以自然为根本，以自得为处事方法，依循时事变化，就返回了问题的要害，语言说到了极致之处。”

河伯又问：“什么是天然？什么是人为？”

北海若说：“譬如说，牛和马都有四条腿，这就是天生的；给马带上辔头，给牛拴上鼻子，这都是人为的。所以说，不要用人为的事情泯灭了天然的东西，不要用愿望破坏自然命运，不要用实际的获得代替无意义的名词。能小心记住，这就叫反归到自然本真。”

物与物相互羡慕 《秋水》

夔怜蚿，蚿怜蛇，蛇怜风，风怜目，目怜心。

夔谓蚿曰：“吾以一足趻踔而行，予无如矣。今子之使万足，独奈何？”

蚿曰：“不然。子不见夫唾者乎？喷则大者如珠，小者如雾，杂而下者不可胜数也。今予动吾天机，而不知其所以然。”

蚿谓蛇曰：“吾以众足行，而不及子之无足，何也？”

蛇曰：“夫天机之所动，何可易邪？吾安用足哉！”

蛇谓风曰：“予动吾脊胁而行，则有似也。今子蓬蓬然起于北海，蓬蓬然入于南海，而似无有，何也？”

风曰：“然。予蓬蓬然起于北海而入于南海也，然而指我则胜我，鰌我亦胜我。虽然，夫折大木，蜚大屋者，唯我能也，故以众小不胜为大胜也。为大胜者，唯圣人能之。”

品读

夔羡慕蜈蚣，蜈蚣羡慕蛇，蛇羡慕风，风羡慕眼睛，眼睛羡慕心。

一天，夔对蜈蚣说："我只有一只脚，一跳一跳地走路，没谁比我更简单了。你现在有上万只脚，这么多脚你怎么协调呢？"

蜈蚣说："不是这样。你见过人吐唾沫吗？喷出的大滴口水像珍珠，喷出的小滴口水像细雾，两者混杂洒下来数都数不清。这不正和我走路一个道理吗？我行动时完全靠天然的机理，虽然不知道其中的道理，却能自然行走。"

蜈蚣对蛇说："我有许许多多的脚，但赶不上你没有脚跑得快，这是什么原因？"

蛇回答说："我走路靠的是天然机理的运行，怎么能用别的方式替代呢？我怎么能用脚走呢？"

蛇又对风说："我是用脊骨和胸肋爬行，和脚的走路类似，你呼呼呼从北海吹起，又呼呼呼到了南海，谁也看不到你的形象，这是什么原因？"

风回答说："是这样。我是呼呼呼从北海吹起，一直吹到南海。但是人用手指可以指我，我却不能吹折它；人用脚踢我，我也不能损害它，它们都能胜过我。但是，吹折大树，吹飞屋舍，只有我能做到，所以不能征服许多小的事物，就是最大的取胜。能做到大胜，只有圣人能做到啊！"

风要移动，可眼睛不用移动就可看到远处的东西；眼睛要睁开才能看东西，心只是藏在胸腔里，就可以想到眼睛看不到的东西。所以，一切事物在比较他物的时候，总对自己有所不满。其实，每一事物都是造物者创造的，都具备他物所不具备的长处，相互羡慕没有必要。

魏牟子论庄子之学 《秋水》

公孙龙问于魏牟曰："龙少学先王之道，长而明仁义之行；合同异，离坚白；然不然，可不可；困百家之知，穷众口之辩；吾自以为至达已。今吾闻庄子之言，汒焉异之。不知论之不及与，知之弗若与？今吾无所开吾喙，敢问其方。"

公子牟隐机大息，仰天而笑曰："子独不闻夫坎井之蛙乎？谓东海之鳖曰：'吾乐与！出跳梁乎井干之上，入休乎缺甃之崖；赴水则接腋持颐，蹶泥则没足灭跗；还视虷蟹与科斗，莫吾能若也。且夫擅一壑之水，而跨跱坎井之乐，此亦至矣，夫子奚不时来入观乎！'东海之鳖左足未入，而右膝已絷矣。于是逡巡而却，告之海曰：'夫千里之远，不足以举其大；千仞之高，不足以极其深。禹之时十年九潦，而水弗为加益；汤之时八年七旱，而崖不为加损。夫不为顷久推移，不以多少进退者，此亦东海之大乐也。'于是坎井之蛙闻之，适适然惊，规规然自失也。

且夫知不知是非之竟，而犹欲观于庄子之言，是犹使蚊虻负山，商蚷驰河也，必不胜任矣，且夫知不知论极妙之言而自适一时之利者，是非坎井之蛙与？且彼方跐黄泉而登大皇，无南无北，奭然四解，沦于不测；无东无西，始于玄冥，反于大通。子乃规规然而求之以察，索之以辩，是直用管窥天，用锥指地也，不亦小乎！子往矣！且子独不闻夫寿陵余子之学行于邯郸与？未得国能，又失其故行矣，直匍匐而归耳。今子不去，将忘子之故，失子之业。"

公孙龙口呿而不合，舌举而不下，乃逸而走。

品读

诡辩者公孙龙子问魏牟子说："我少年时就学习您的道术，长大后又懂得了仁义的行为，认为在大的方面看不同的东西其实都是相同的。白石头的坚硬和白色是相关的，不对的事情就是对的事情，不可以就

魏牟子论庄子之学

是可以，让百家的聪明无用武之地，让众多智者理屈词穷，我自认为在当今社会中无人可比。现在我听到了庄子的言论，简直闻所未闻，不知道是我的议论赶不上他呢，还是我的智慧不如他呢？我现在连插嘴的机会都没有，你能告诉一下其中的道理吗？”

魏牟子靠着台几叹了口气，然后仰天大笑，说：“你知道井底之蛙的故事吗？他有一次对东海里的一只鳖说：‘我非常快乐啊！在井栏上跳来跳去，到了井下就在壁砖破损处休息，下水后手臂划水，头露水面，脚踩在泥里，泥浆没过了我的膝盖，即使水里的蝇虫、螃蟹、蝌蚪这些小虫，都没有我这么快乐。占有一个水坑，盘踞其中的快乐，是达到了生命的极致。你为什么不找个时间来看看呢？’东海里的鳖听后果然来了，左脚还没迈进浅井，右腿膝盖已经被困住了，只好退回，告诉井蛙说，千里的遥远不能形容大海的浩瀚，千仞的高度不能探测大海的渊深。大禹时代十年九涝，并没能让海水有所增加；商汤时代八年七旱，也没让海水有所减少。不因为时间的长短而改变，也不因为水的多少而进入或退出，这就是东海里的快乐。井蛙听了后，非常吃惊，如有所失。”

魏牟子接着又对公孙龙子说：“况且你的智慧还不足以了解是与非的分界，却想认识庄子的言论，这就好比让蚊子背负大山，让马蚿渡过黄河，肯定做不到。智慧不足以认识要言妙道，只为一时嘴利而沾沾自喜，不就是井底之蛙吗？庄子这种人，还处在黄泉之深的时候就已经登上了苍天，他不分辨南方和北方，四面开放，进入不可窥测的境界；也不分辨东方和西方，从自然大道开始，回归到无所不通的状态。你还想用常规的方式去考察辨别，简直就是以管窥天，以锥指地，能认识的部分太小了吧！你还是回去吧。你不知听过这么件事没有？

寿陵地方的一个小孩子，听说邯郸人走路很好看，就前往学习，学了三年，没能学到邯郸人的步伐姿态，连原来的走路都忘了，只好爬着回到了故乡。你现在不迷途知返，恐怕连原来学到的一点东西都会忘掉。”

一番话说得公孙龙子张口结舌，羞愧难当，就逃跑了。

惠子相梁 《秋水》

惠子相梁，庄子往见之。或谓惠子曰：“庄子来，欲代子相。”于是惠子恐，搜于国中三日三夜。

庄子往见之，曰：“南方有鸟，其名为鹓雏，子知之乎？夫鹓雏，发于南海而飞于北海，非梧桐不止，非练实不食，非醴泉不饮。于是鸱得腐鼠，鹓雏过之，仰而视之曰：‘吓！’今子欲以子之梁国而吓我邪？”

品读

庄子的好朋友惠子在梁国做了相国，可以说是位极人臣，每次出门都车马相随，浩浩荡荡，好不威风。庄子听说后，就去梁国看望惠子。

这时，惠子的门下就对惠子说：“听说庄周来了。这个人家里贫穷，肯定急于做官，设法脱贫，又能说会道，很不服气你，这会儿来，一定是想抢你的相位。”惠子一想，是有道理，想来想去，愈加害怕。于是下令全国，搜捕三天，一旦捉到，投入监狱。第二天，庄周乔装

惠子相梁

打扮，改换名姓，找到惠子府上。惠子一见，大惊失色。庄子笑了，说："请别紧张。我给你讲个故事就走。在远远的南方，有一只凤凰，你听说过吧！这只凤凰呢，要从南海出发，飞到北海去，在飞行的路上，它如果要栖息就一定要栖息在梧桐树上，否则一直不停地飞行；如果要吃东西就一定要吃楝树上的果实，如果要喝水就一定要喝甜井的泉水，否则宁可挨饿受渴。有一天，有一只猫头鹰得到一只腐臭的死鼠，这时刚好那只凤凰从它头上飞过，这猫头鹰生怕凤凰抢去了自己的死鼠，于是朝着天空大叫：'嚇！'想要吓走凤凰。你现在是不是得到了一个梁国，就想吓走我呢？"

相国虽然是大多数人羡慕的位置，但对于喜欢自由的庄子来说，确实像腐鼠一样恶心。

濠梁之游 《秋水》

庄子与惠子游于濠梁之上。

庄子曰："鯈鱼出游从容，是鱼之乐也。"

惠子曰："子非鱼，安知鱼之乐？"

庄子曰："子非我，安知我不知鱼之乐？"

惠子曰："我非子，固不知子矣；子固非鱼也，子之不知鱼之乐，全矣。"

庄子曰："请循其本。子曰'汝安知鱼乐'云者，既已知吾知之而问我，我知之濠上也。"

品读

有一天，庄子和惠子在小河的桥上散步，心情非常愉快。

这时，庄子看到桥下有一群小鱼在透明的水中游来游去，就对惠子说："这些小鱼自由自在地游泳，这大概是鱼类的快乐吧！"

惠子本来好辩，听到这话，就和庄子抬起杠来，说："你又不是鱼，你怎么知道鱼是快乐的呢？"

庄子笑着说："你也不是我，你怎么知道我就不知道鱼是快乐的呢？"

这时，惠子认真起来，用逻辑推理说："我不是你，当然我不知道你的心情了；那么你也不是鱼，你当然不知道鱼是否快乐了。”

庄子又笑笑，说：“咱们现在回到刚才的话头上去。你刚才问我怎么知道鱼的快乐的时候，是你已经知道了我知道鱼的快乐，才来问我，我的知道鱼的快乐，也是在这水沟边上知道的。”

人和任何事物的关系都是平等的，没有差别的，所以也就没有了隔阂，所以可以理解，可以沟通。

美丑两妇人的故事 《山木》

阳子之宋，宿于逆旅。逆旅人有妾二人，其一人美，其一人恶，恶者贵而美者贱。阳子问其故，逆旅小子对曰：“其美者自美，吾不知其美也；其恶者自恶，吾不知其恶也。”

阳子曰：“弟子记之！行贤而去自贤之行，安往而不爱哉！”

品读

一次，阳子到宋国去，住在旅社里。旅社里有两个妇人，一个非常漂亮，一个丑陋之极。漂亮女子鬓发高耸乌黑，眉目清秀，眸子如秋水流动，肌肤洁白，体态婉约，举止得体，可地位低下，装饰简单，只是给那个丑陋的妇人做仆人；相反，做主人的妇人长得又黑又粗，眼斜鼻歪，门牙暴露，但却穿金戴银，颐指气使，蛮横霸道，经常辱骂那个漂亮的妇人。

阳子很想不通，觉得简直乾坤颠倒，这么漂亮的妇人怎么能给丑陋

的妇人做仆人，如此丑陋的妇人怎么能给漂亮的妇人做主人呢？阳子的弟子也觉得很奇怪。于是，旅店伙计进房间送饭的时候，阳子就向店里的伙计了解其中的原委。

伙计放下饭，面无表情地说：“漂亮的人是她自己漂亮，我没看到她漂亮；丑陋的人也是她自己丑陋，我也没看到她的丑陋。”一边说着，就离开了。

阳子听后，就对身边的弟子说：“孩子们记着，做贤者的事情一定不要在心里想着自己是在做贤者的事情，这样，到了哪里会得不到人的接受呢？”

运斤成风 《山木》

庄子送葬，过惠子之墓，顾谓从者曰：“郢人垩慢其鼻端，若蝇翼，使匠石斫之。匠石运斤成风，听而斫之，尽垩而鼻不伤，郢人立不失容。宋元君闻之，召匠石曰：‘尝试为寡人为之。’匠石曰：‘臣则尝能斫之。虽然，臣之质死久矣。’自夫子之死也，吾无以为质矣！吾无与言之矣！”

品读

庄子给人送葬，走到墓地里，只见坟冢累累，满目凄凉。

走过一个坟冢时，庄子站了下来，脸色惨淡，注视着坟丘看了一会儿。学生们都知道这是惠施的坟墓，但他们很难理解，惠施和自己的老师斗了一辈子嘴，现在惠施已经去世，少了一个敌人，虽然不能说高兴，但也不必这么伤心。

这时，庄子好像看透了学生的心理，回过头给学生讲了一个故事：“楚国郢都有一个人，鼻尖上落了一点白粉浆，就一点点，薄薄一层，像蝉翼一样薄到透明。于是，他把一位名叫石的木匠叫来，请他用斧头砍掉。这位木匠来了以后，二话不说，只是仔细看了看鼻尖上的那点粉浆，然后手持斧头，抡圆手臂，带着呼呼的风就朝那人鼻尖砍去，那人站在木匠面前，像个石雕一样一动不动，等着木匠砍来。斧头砍过之后，郢都人鼻尖油亮，不留一点粉浆，鼻尖上也没有一点擦伤，郢都人还是平静地站着，脸色也和平常一样，没有任何受到惊吓的神色。宋元君是位重视技艺的人，听到这件事，就把那位木匠招来，对木

匠说：‘听说你曾经给郢都人砍过鼻尖上的粉浆，现在你试着为寡人砍一下好吗？’木匠说：‘臣下确实砍斫过。但大王的俺可不敢砍。因为那个郢都人已经死了，和我配合的对象再也没有了。’”

故事说完后，庄子感叹地说：“自从惠子死后，我也再没有配合的对象了，没有人可以和我在一起辩论了。”

世人往往把对手作为敌人，亟欲灭之而后快。其实很少人想到，对手的存在恰恰是自己得以发展的动力。

庄子将死 《列御寇》

庄子将死，弟子欲厚葬之。

庄子曰：“吾以天地为棺椁，以日月为连璧，星辰为珠玑，万物为赍送。吾葬具岂不备邪？何以加此！”弟子曰：“吾恐乌鸢之食夫子也！”

庄子曰：“在上为乌鸢食，在下为蝼蚁食，夺彼与此，何其偏也！”

品读

庄子快要死了，给弟子们留下遗言，自己死了以后就直接抬到旷野里扔了。古人是很讲究丧葬的。孟子就曾讲过丧葬的缘由，他说上古时候，有人不埋葬父母，父母死后直接扔在山沟里。后来有一天路过山沟，看到有几只狐狸正在吃着自己父母的尸体，成群的蚊蝇落在尸体上吸吮脂血。他再也不忍看下去了，赶快回到家拿锄头和畚箕把父母的尸体埋葬了。此后，人们越来越重视丧葬，死者死后一定要给换上干净的衣服，盖上干净的被子，还要放在棺材里，棺材再放在椁里，然后埋入深深的地下。有地位、条件好的死者用的棺椁还不止一层，另外，还要用各种珍宝殉葬。庄子的弟子们觉得先生的要求有点不近人情，作为弟子真要按老师说的去做，恐怕太对不起老师了。所以决定在老师离世后，一定要按世俗办法来厚葬老师。他们把想法告诉了庄子。

庄子听了，摇摇头不赞成，他说："我把天地看作我的棺椁，把日月看作是装饰棺椁的玉璧，把星辰看作是许许多多的珍珠，把自然万物看作是我的殉葬品。还要怎么厚葬呢?"

弟子忧虑地说："如果像先生您说的那样，直接扔在旷野里，我们怕天上的乌鸦、老鹰们会下来把您给吃了。我们也不忍心看到这样的情况呀。"

庄子叹口气，说："唉！给你们总是说万物齐一，这时候怎么忘了呢？把我扔在旷野里，给天上的乌鸦、老鹰们吃，那么埋在地底下，还不是给蚂蚁、蚯蚓吃吗？你们在天上地下之间厚此薄彼，不是太偏心了吗?"

后 记

一般读过《庄子》的人往往被文中深邃的人生见解、机智的对话和异想天开的想象所吸引，以至终身都会喜欢上这部天才般的作品。笔者做这部小书的时候，常常为原书中的精彩文字所震撼，自惭难于充分表现其中的思想和文字精华，古人说“糟粕所传非粹美，丹青难写是精神”，此时的感受尤为深刻。在写作中，既有自己的语言难于充分达意的痛苦，有时又有和古人心灵冥会的愉悦。如果读者通过阅读此书，能产生对《庄子》元典进一步阅读的愿望，笔者将会感到无限欣慰。现在此简单提供一点相关的参考目录，从易到难，以备读者进一步阅读之用：

杨义：《庄子选评》，岳麓书社出版；

陆永品：《庄子选注》，人民文学出版社出版；

陈鼓应：《庄子今注今译》，中华书局出版；

曹础基：《庄子浅注》，中华书局出版；

清王先谦：《庄子集解》，中华书局出版；

清郭庆藩：《庄子集释》，中华书局出版。

在2012年6、7月间，西北师范大学文学院马世年教授和笔者谈起要做一个古代文化方面的大型丛书，由西北师范大学文学院院长韩高年教授担任主编，问是否愿意参加。先秦典籍一直是笔者所喜爱的，韩、马二位教授既是多年的好友，他们的为人严谨及对学术的认真态度又素为笔者钦佩，当然很高兴地接受了任务，并选下《庄子》部分的写作。本人生性疏懒，又琐事缠身，好在韩、马二兄时常电话督促，所以在较短时间内完成了这部小书。当此小书付梓之际，以上经过犹历历在目，难于忘怀，故特志于此，以表达对朋友的谢意。

郭令原

2013年1月23日记